AF311882

UN MUSICIEN EN VACANCES

ÉTUDES ET SOUVENIRS

BOULOGNE (SEINE) – IMP. JULES BOYER ET Cie

EUGÈNE GAUTIER

UN MUSICIEN

EN VACANCES

ÉTUDES ET SOUVENIRS

Paris, ALPHONSE LEDUC, Éditeur

35, RUE LE PELETIER, 35

Tous droits réservés.

A MONSIEUR BEULÉ

MEMBRE DE L'INSTITUT

---

12 *avril* 1873.

CHER MAÎTRE,

Acceptez cette dédicace :

Écrit sur ce petit livre, votre nom, illustré par tant de beaux travaux, doit lui porter bonheur.

Ainsi, dans cette Grèce que vous avez si bien vue, et où vous avez retrouvé et ramené au soleil de l'Attique les degrés sacrés qu'a touchés le pied de Phidias, on aperçoit, au faîte d'une humble cabane, quelque marbre précieux qui met le modeste édifice sous la protection d'un noble souvenir.

EUGÈNE GAUTIER.

UN MUSICIEN EN VACANCES

J'ÉTAIS à Beuzeval depuis trois jours ; l'heure bénie des vacances avait enfin sonné ! Comme tant d'autres, je m'étais persuadé que le devoir seul me retenait, et que fatigué de Paris et de son bruit éternel, j'avais un réel besoin du calme de la campagne et de cette douce tranquillité que donnent si bien la solitude et l'aspect du grand horizon de la mer ! Aussi, à peine les concours du Conservatoire terminés, entassant au plus vite mon mince bagage sur une petite voiture, je m'étais fait conduire au chemin de fer de l'Ouest.

Tout va bien au moment du départ ; on vous a tant dit que vous ne partiriez pas, que l'on est fier de partir. Et, tout imprégné de cette majesté que donnent les grandes résolutions accomplies, c'est avec l'accent d'une ferme décision que l'on fait enregistrer sa malle ; c'est d'une voix brève que l'on jette au guichet des billets le nom du pays vers lequel on se dirige, et l'on monte en chantonnant, l'escalier qui mène aux salles d'attente, — afin peut-être de ne pas entendre le murmure que font en vous-même les douces petites voix des habitudes rompues et des amitiés délaissées ! Puis vient le dernier coup de sifflet brisant bien décidément les mille fils invisibles qui vous liaient encore. La locomotive tressaille comme un monstre qui va se réveiller, les chaînes s'agitent, les tampons se heurtent ; puis tout à coup, des deux côtés du wagon, les paysages se mettent à fuir éperdus.

Je vis passer tour à tour encadrées dans la vitre des portières, comme sous les glaces d'un passe-partout, d'abord les vieilles tours de l'église de Poissy, qui regardent depuis si longtemps la campagne, que leurs antiques fenêtres aux pleins cintres romans paraissent éraillées et fatiguées comme des yeux de vieillard. Puis la silhouette d'Évreux avec sa cathédrale en filigrane.

La journée s'avance, le soleil incline doucement vers le couchant.

Voici Conches et son vieux château ruiné ; puis en approchant de Lisieux, ces délicieuses vallées aux chaumines couvertes de roses, aux mille petites rivières qui serpentent dans les prairies en faisant des sinuosités prétentieuses, se cachant sous les roseaux, écumant avec des colères de marquises dans des chutes de trois pieds de haut, murmurant en passant à travers l'arche conique d'un vieux pont moussu sur lequel vont venir tout à l'heure Mathurin avec son âne, puis Lucas et Lucette se tenant par la main ; tandis que l'orchestre fredonnera tout bas un refrain de Dezède ou de Philidor.

Paysages poncifs et charmants, placés là tout exprès pour attester la vérité de cette nature riante dont Boucher a été le peintre réaliste et dont Trianon n'est qu'un pastiche plus ou moin réussi.

Arrivé à Trouville, le chemin de fer qui s'arrête là vous confie pour achever la route à de grandes voitures desservant les localités environnantes.

Ces omnibus sont sous la conduite et la puissance absolues d'une espèce de maître Jacques, à la fois commissionnaire, receveur et cocher; celui qui dirigeait le nôtre n'était pas dans son assiette ordinaire, — sa casquette de loutre couvrait un front chagrin, — des murmures mal contenus s'échappaient de ses lèvres ; il prenait les colis avec une fureur concentrée et les jetait sur l'impériale avec rage ; les valises tremblaient à son aspect, les sacs de nuit semblaient vouloir se dérober à ses regards furieux ; il allait toujours, entassant Pelion sur Ossa ; parfois la pyramide mal assujettie tremblait sur sa base, et les bagages s'écroulant au hasard venaient frapper les reins des voyageurs innocents assis comme moi sur la banquette ; alors un sourire amer se dessinait sur ses lèvres, et, avec un jurement à faire fendre le ciel, il se remettait à l'œuvre. Près de la croupe des chevaux, une vieille jeune femme coiffée d'un chapeau en godiveau examinait avec une douleur silencieuse les ravages que causaient dans ses cartons les fureurs de cet iconoclaste. Un vieux monsieur, le pied sur une des palettes de fer de la voiture, lui tendait — sans mot dire et depuis quelques instants — un faisceau de cannes et de parapluies, qui le faisait ressembler au vieil Horace de David. Notre homme, sous le coup d'une émotion violente, ne voyait rien, n'entendait rien ! Enfin s'asseyant sur son siége il enveloppa tout le monde d'un regard farouche : « Qué malheur ! murmura-t-il, savoyards de bourgeois ! si j'avais toujours des affaires com'ça, j'aurais bientôt envoyé la voiture à la balançoire ! » Puis d'une voix terrible : « En voiture ! » cria-t-il. La vieille demoiselle monta en soupirant ; le vieux monsieur rassembla ses parapluies sur son cœur ; notre conducteur enveloppa ses chevaux d'un coup de fouet plein de rancune, et la voiture partit.

Ce n'est certes pas chose indifférente, en voyage, que la bonne ou mauvaise humeur d'un cocher, surtout lorsqu'on est assis près de lui ! Aussi, et suivant l'exemple de Dumas, qui plutôt que de supporter la bouderie de son domestique, était près, dit-il, de se jeter à ses pieds pour lui demander pardon, j'osai lui offrir un cigare ; il refusa en secouant mélancoliquement la tête.

Évidemment, comme Rachel, cet homme ne voulait pas être consolé.

Nous traversâmes Trouville, puis Deauville. Deauville avec sa plage au sable d'or semé de diamants, où toutes nos belles patriciennes viennent poser leurs pieds nus. Petite ville née d'hier, et où se réunissent à tous les plaisirs chers au grand monde, toutes les libertés et tous les charmes d'une bourgade de pêcheurs. Bals, concerts, courses, régates, horizons splendides, promenades solitaires, collines herbues, du sommet desquelles le dos tourné à la mer on a devant les yeux la campagne immense et « tout le gai damier de glèbe et de verdure. »

Nous commencions à gravir la côte qui conduit à Villers, lorsque la voiture fut attaquée par six petits normands et normandes ; profitant de l'allure paisible des chevaux, ils s'accrochèrent aux portières et nous accompagnèrent d'une psalmodie suppliante et nasillarde.

Je regardais d'un air pitoyable les pieds nus, souillés de poussière, les robes déchiquetées comme des lambrequins de blason, les pantalons qui, comme la caisse de Bilboquet, manquaient absolument de fonds, et ma main se dirigeait doucement vers la poche de mon gilet, lorsqu'au détour de la route, auprès d'une petite fontaine, j'aperçus un spectacle singulier. Auprès de six bonnets de coton assez propres et d'un nombre pareil de culottes et de jupons pliés avec soin, gisaient fraternellement dans l'herbe six paires d'assez bons souliers.

Mes petits mendiants étaient des acteurs, et ce petit coin était le vestiaire où ils échangeaient leurs habits ordinaires contre ce que monsieur Prudhomme appelle « la livrée de l'indigence. »

Je n'en jetai pas moins quelque monnaie à ces dignes petits compatriotes de Guillaume le Conquérant, et la voiture entra dans Villers.

A Villers, étant descendu pour ouvrir en grommelant à ceux qui s'arrêtaient là, notre conducteur s'attrappa, je ne sais pou quelle cause, avec un grand normand évidemment pris de cidre, et qu'une Antigone ornée d'un casque à mèche ramenait péniblement du côté des maisons. La colère bouillonnait dans l'âme du cocher ; le cidre fermentait dans l'estomac de l'ivrogne ; il fit un mouvement formidable pour se jeter sur son adversaire, qui jugea prudent de remonter rapidement, mais sans dignité, sur son siége ; de là, comme Ajax, fils de Télamon — était-il bien fils de Télamon ? — il fit pleuvoir sur son ennemi mille épithètes injurieuses. Fainéant ! propre à rien ! bon à tuer ! soûlard !

L'ivrogne ramassant des pierres, notre homme jugea prudent de mettre sa voiture au galop. Mais cette dernière défaite avait brisé sa fierté. Il en était arrivé à ce moment où un confident devient absolument indispensable : aussi, attendri par toutes les avances que j'avais la lâcheté de lui faire, afin de ramener la sérénité dans son âme, son secret s'échappa enfin de son cœur brisé. Il venait de recevoir un formidable savon de son administration, et, de plus, un voyageur arrivé la veille à Houlgate lui avait retenu avec acharnement sur le port de ses bagages la somme de trente et un sous !

Ce déni de justice l'exaspérait ; il confondait, dans ses malédictions et ses projets de vengeance, son chef et le client récalcitrant ; il fonderait une concurrence ; il traînerait le voyageur devant le juge. Je le plaignais doucement.

Pendant ce temps, nous traversions des paysages adorables ; de grandes brises tout imprégnées d'une fraîcheur salée roulaient sur la campagne. La route tourne, voici la mer ! Houlgate, où nous laissons bon nombre de voyageurs ; puis enfin Beuzeval, et l'hôtel *de la Mer* où je descends. Je glisse dans la main du conducteur un pourboire satisfaisant, ce qui amène sur ses lèvres un pâle sourire. Il descend mon bagage avec quelque empressement, et sa casquette de loutre, que j'avais cru jusqu'alors scellée sur son crâne, se soulève doucement en signe d'adieu.

Allons, allons, cet homme est susceptible ; mais il possède un cœur reconnaissant.

J'était donc à Beuzeval, établi au beau milieu de mon rêve ; devant mes fenêtres, la mer ; derrière la maison, des campagnes délicieuses ; l'hôtel est excellent et tenu par Imbert, que sa ressemblance avec Gueymard rendrait célèbre si sa cuisine n'y suffisait pas. Eh bien, il faut l'avouer, nous autres Parisiens nous faisons de médiocres solitaires ; au bout de deux jours je ne sentais plus mon bonheur, et, sans oser me l'avouer à moi-même, je m'ennuyais comme une montre arrêtée. Je m'étais même blasé sur le plaisir le plus vif que l'on puisse goûter à mer basse sur ces plages de sable, lorsque, comme moi, on n'éprouve qu'un goût médiocre pour l'eau salée, et que d'ailleurs on est éloigné de cette distraction de dix minutes appelée le bain, par la crainte salutaire d'affliger les yeux de ses concitoyennes en exhibant une silhouette et des formes auxquelles Phidias aurait peut-être trouvé quelque chose à reprendre.

Ce plaisir, que j'indique ici dans un but essentiellement philanthropique, consiste à retourner sur le dos avec un bâton les crabes paresseux ou enguignonnés qui ont manqué la marée et restent pour leur malheur exposés à l'attention d'un Parisien désœuvré.

Une fois renversé, le crabe a mille peines à reprendre sa position naturelle ; comme un chevalier désarçonné, son armure l'empêche de se retourner ; il agite ses bras dans le vide, et lorsqu'enfin il a réussi à s'appuyer sur un de ses quinze ou vingt coudes, et à se remettre sur le ventre, c'est avec une maussaderie tout à fait réjouissante qu'il reprend en courant sa marche oblique ; si alors on lui barre le passage avec le bâton, il entre en fureur, et comme il est brave, il attaque l'obstacle de front. Son petit casque fait, en heurtant le bois, un bruit sec, il agite et ferme ses pinces, comme s'il voulait vous déchirer, puis lorsque vous l'avez bienveillamment poussé dans un des flaques d'eau salées qui lui servent de retraite en attendant le retour de la mer, il s'enfonce dans le sable humide avec des airs fâchés à mourir de rire, disant évidemment en lui-même : « la peste de l'importun et de l'imbécile ! ce grand niais ne peut-il donc s'amuser à autre chose qu'à tourmenter d'honnêtes crabes, dont la montre retarde, ou qui sont demeurés trop longtemps à se prélasser au soleil. » Il faut joindre à ce plaisir celui non moins vif de s'asseoir sur le sable, en guettant à l'horizon si l'on n'aperçoit pas la voile d'un bâtiment, qui n'a pas à s'occuper de vous, et duquel vous n'avez rien à attendre.

Après trois jours de cette existence de naufragé, on arrive à se demander sérieusement si pendant l'année et dans le courant de ses occupations on ne fait pas assez de courses inutiles, sans venir ainsi à propos de rien, très-vite et très-loin, dans un pays où l'on n'a que faire.

. . . . . C'était dimanche, il tombait une de ces bonnes pluies tenaces, pour lesquelles la Normandie a une certaine réputation. Sur le ciel d'un blanc de perle de grands nuages couleur d'étain s'amassaient lourdement et se confondaient à l'horizon avec le vert noir de la mer. Il n'y avait vraiment plus moyen d'y tenir.

J'appelai mon hôte ! Imbert, lui dis-je, que peut-on faire dans ce pays quand on s'ennuie et qu'il pleut ? — Monsieur, me répondit-il avec un sourire gracieux, nous avons d'abord la promenade, puis.... et son œil se leva sur moi avec timidité ; il craignait évidemment de trop s'avancer et d'avoir l'air de me donner un conseil. C'est l'heure de la grand'messe, on sonne à Dives ! — Pardieu, m'écriai-je, malgré la pluie, je prendrai les deux plaisirs à la fois. Cinq minutes après, abrité sous un vaste parapluie, je franchissais la petite distance qui sépare de Dives les dernières maisons de Beuzeval. J'arrivai bientôt devant l'église du pied de laquelle partirent, pour conquérir l'Angleterre, Guillaume et ses compagnons. Il ne convient pas à un musicien en vacances de faire ici de l'archéologie, mais évidemment le monument n'est pas contemporain de l'événement.

On doit avoir appliqué à la cathédrale de Dives le procédé employé pour réparer le couteau de Janot. On aura sans doute refait d'abord une tour à l'église, puis une église à la tour, car presque tout l'édifice nous a paru dater au plus du quatorzième siècle, et encore !... J'arrivai devant le portail. Une petite porte de bois taillée dans la grand'porte, qui ne s'ouvre jamais, donne accès dans l'église.

Je posai le doigt sur la petite palette de fer et j'entrai.

Les monuments finissent par se conformer aux allures et aux habitudes de ceux qui les fréquentent.

L'église de Dives, entièrement blanchie à la chaux, a l'air d'une grande ferme proprement et sévèrement tenue. On y sent, plus que dans nos *églises-boudoirs*, la présence de ce maître équitable « qui ne paye pas ses ouvriers tous les soirs, mais qui finit toujours par payer. »

La nef dans toute sa longueur est occupée par deux rangées de bancs en bois de chêne, séparés par un étroit passage. Ces bancs étant déjà remplis et fermés, je m'assis au bas de l'église ; autour de moi l'auditoire était composé entièrement de paysans et de paysannes. Mon entrée, l'entrée d'un Parisien en costume de voyage, et le bruit de la porte que le vent m'avait arrachée de la main, ne produisirent aucun effet sur cette foule attentive. A ma droite, un vieux paysan, grand et maigre, véritable figure de puritain catholique, qui faisait songer au vieux David Deans de Walter Scott, ne rouvrit seulement pas ses yeux fermés par la prière. Seule, une grande et belle fille, de dix-huit à vingt ans, tourna un instant vers moi son visage encadré de cheveux blonds un peu ternis par la pluie et le soleil, et son regard bleu chastement hardi. Son corps souple et sans embonpoint avait cependant les grâces d'une jeunesse un peu virile ; il y avait en elle de la pastoure et du jeune soldat. La cuirasse aurait pu, sans l'écraser, couvrir ce buste médiocrement bombé. Ses mains longues et un peu fortes pouvaient aussi bien agiter l'étendard que dévider la quenouille. Elle me regarda sans curiosité ; puis, s'agenouillant près de sa mère, elle reporta toute son attention vers le maître-autel.

Telle devait être, dans la pauvre église de Domrémy, l'héroïque bergère assistant à l'office divin près de sa mère, Isabelle Romée.

A ma gauche, à genoux sur la dalle nue, priait un jeune marin de l'État, aux boucles d'oreilles d'or, à la chevelure rouillée par l'eau de mer. Le grand col de sa chemise bleue, soutachée de fil blanc, s'évasait largement sur sa veste d'uniforme. Véritable croyant, celui-là ; parfaitement capable de répondre à un blasphème par un coup de sabre, et auquel la Vierge était sans doute réellement apparue dans un coin de ciel bleu, pendant l'orage, alors que la science et le courage deviennent impuissants, et que la froide divinité des mathématiques ne peut plus rien pour ses adorateurs.

Devant moi, derrière moi, à mes côtés, partout une nuée de Normandes en costume du dimanche, aux pieds chaussés, non pas de l'agaçante bottine, mais de bons souliers plats et lacés, souliers sans sexe pour ainsi dire, que peuvent se prêter le mari et la femme ; honnêtes chaussures, faites pour défendre le pied, et non pour le faire regarder. Et les bons jupons de futaine noire ou grise tombaient sur les talons droits comme des fils à plomb. Et les petits fichus blancs à dessins violâtres s'étalaient sur les omoplates et venaient engager la pointe frangée de leur maigre triangle dans le cordon du tablier tendu sur l'abdomen. Et quels bonnets ! Non pas de ces bonnets parisiens, papillons toujours prêts à s'envoler ; mais ces chastes bonnets normands qui, sans laisser voir un seul cheveu, enserrent le crâne comme un morion ; bonnets collants, tenus seulement un peu plus larges sur l'extrême sommet de la tête (*le huvet*, comme on dit en Normandie) et qui se terminent sur le front par un rang de grands tuyaux, roides d'empois, figurant assez bien un buffet d'orgue en miniature. Bonnets que le devoir attache ; frères endimanchés et pas fiers des bonnets de coton de la semaine et sur lesquels soufflerait en vain, sans en détacher une épingle, le vent qui fait tourner tous les moulins de France !

Attaché au mur et dominant toute l'assemblée, était placé un grand crucifix de bois, débité à coup de hache par quelque bûcheron très-pressé, et peinturluré de rouge et de bleu comme une idole caraïbe.

La grand'messe était commencée, un vieux prêtre accablé d'années officiait lentement ; pour toute musique, l'antique plain-chant romain, exécuté sans accompagnement par trois choristes. L'un pourvu d'une assez bonne voix de baryton, remplissant les fonctions de récitant, chantait les soli, avec tous ces agréments, ces ports de voix, ces tremblements que le *bon goût* a chassés avec indignation des antiques chants de l'église catholique, et qui, d'après des découvertes récentes, étaient bien plus près de la véritable exécution antique, que cette belle simplicité dont on a fait si gratuitement l'honneur à nos vieux chants sacrés.

Parfois, les trois voix reprenaient ensemble et avaient bien de la peine à se tenir à l'unisson.

Nos trois voyageurs musicaux parcouraient péniblement les grandes pages du livre pleines d'inégalités et d'accidents de terrain, ils s'entendaient pour monter lourdement, appuyés les uns sur les autres, les fragments de gammes ascendantes. Lorsque ces fragments descendaient, au contraire, entraînés par la déclivité de la pente, le second et le troisième dévalaient de compagnie, tandis que le premier, au grand dommage de l'ensemble, arrivait à conserver à peu près son aplomb.

Parfois l'un, arrivé le premier au bord d'un de ces fossés musicaux que l'on appelle une quarte ou une quinte, attendait en tenant le son que les deux autres l'eussent rejoint, puis prenant tous trois leur élan, ils atteignaient, au moins deux, la note supérieure de l'intervalle, pendant que le troisième, sauteur malheureux, n'arrivait qu'au revers d'intérieur du fossé, et retombait lourdement au beau milieu.

Pourtant, et malgré ses imperfections, ce noble chant romain conservait encore un peu de ce caractère singulier et saisissant

que l'absence des notes sensibles donne à ses inflexibles cadences.

Parfois aussi, le chant s'interrompait, le prêtre psalmodiait
alors quelques paroles auxquelles répondait un petit chucho-
tement à voix basse, qui semblait venir de loin, comme si
les voix des morts couchés dans le riant cimetière, autour
de·la vieille église, venaient mêler leurs prières à celles
de leurs anciens amis. Un silence se fit, la porte de la chaire
s'ouvrit, un jeune ecclésiastique en monta les degrés, son
-profil d'un ferme dessin, son teint pâle glacé de ton gris,
et son aube de toile blanche, s'enlevèrent sur le blanc mat de
la muraille, dans la tonalité sobre et froide de certains tableaux
de Lesueur.

Il venait solliciter la charité publique pour je ne sais quel
séminaire de prêtres anglais catholiques établi au milieu de
l'Angleterre protestante; sans prononcer une seule fois les
mots de schisme et d'hérésie, il se borna à raconter les services
rendus en 1793 par la ville de Londres, à nos prêtres exilés,
et les touchantes histoires de marchands anglais refusant de
recevoir de l'argent des pauvres proscrits, et remettant, à leur
insu, cet argent au milieu des fruits ou des denrées qu'ils venaient d'acheter. Il rappela aussi cette édition du bréviaire
romain imprimée tout exprès pour eux, par la soi-disant in-
tolérante université d'Oxford.

Ce simple et évangélique sermon fut enfin, non pas un de
ces sermons que le précieux M. André Fairservice, appelle dans
Rob-Roy, des os de perdrix froide, mais, et toujours suivant
ses expressions, un discours véritablement savoureux.

Après le *Credo* et le *Sanctus*, et au moment de l'élévation, un
grand drôle de sacristain, couvert d'une demi-blouse bleue roide
et neuve aux reflets métalliques, et ornée au collet (ce qui est
la suprême élégance en Normandie) de deux mains en argent
tenant une chaîne de même métal, s'empara de deux cordes
qui tombaient de la voûte à l'entrée du chœur et les balança
mollement à la vue de tout Israël ; on entendit alors les grosses

cloches s'éveiller doucement dans la vieille tour, elles sonnaient lentement pendant que la petite clochette de l'autel faisait entendre un grelottement argentin pressé et continu.

Le vieux curé éleva au dessus de sa tête un modeste ciboire. C'est une antique et touchante coutume que celle d'annoncer ainsi, au pauvre malade retenu chez lui, au laboureur qui n'a pu quitter son sillon, au berger qui ne peut abandonner son troupeau sur la prairie, le moment précis où Dieu vient de descendre sur l'autel. Que de fois n'avons-nous pas vu dans la campagne bretonne ou normande, au son de cette cloche, le pasteur sur la bruyère, soulever lentement son bonnet en se signant, pendant que le bœuf et l'âne, ces deux vieux compagnons de l'étable de Bethléem, jetaient au loin leur regard sans rayon, comme si un souvenir imparfait traversait leur intelligence obscure. L'office touchait à sa fin; l'*Ite missa est* fut prononcé, la porte s'ouvrit, et l'église de Dives restitua au village sa population tout entière qu'elle avait avalée. La pluie avait cessé, on entendait sur les marches de l'église divers dialogues :

— Ohé! Jean, vé tu bé un ver ed'cidre?

— Non, j'men vas quiller (jouer aux quilles) avé l'gros Thomas.

— Dé donc, Piarre, el'vieux Briot, va ti bétot f'ni d'fieffer (louer) sa maison à ces gas de Paris?

Pendant ce temps, les jeunes gens et les jeunes filles de Dives descendaient en se tenant par la main la grande rue du village; ils s'étaient mis à chanter en alternant une vieille chanson normande :

> Quand j'étais de chez mon père,
> Fillette de quatorze ans,
> On m'envoyait à l'herbette,
> Mes moutons j'allais gardant.
> Brunette allons gai,
> Brunette allons gaiement!

> J'étais encore trop jeunette,
> Je m'assis en passant temps.
> Brunette allons gai,
> Brunette allons gaiement !
>
> Par le bout de ma pâture
> Passa deux gentils galants.
> Brunette allons gai,
> Brunette allons gaiement !
>
> Dieu vous gard' la belle fille ;
> Combien gagnez-vous par an ?
> Brunette allons gai,
> Brunette allons gaiement !
>
> Par ma fy, mon gentilhomme,
> Je ne gagne que six blancs !
> Que six blancs, Vierge Marie !
> Vous deussiez (*sic*) gagner six francs.
> Brunette allons gai,
> Brunette allons gaiement !

Aussitôt qu'ils avaient fini, sans hésitation et sans fatigue, ils recommençaient ! Je les suivis pendant quelque temps sur la route de Cabourg, puis, lorsque j'eus retenu l'air singulier et les paroles extranaïves de leur chanson, je repris le chemin de Beuzeval et de l'hôtel *de la Mer*.

La chanson s'éloignait constatant encore une fois l'appréciation monnayée que la vue des grâces et des attraits d'une antique Normande avait arrachée jadis à deux gentilshommes, certainement plus galants que magnifiques. Ainsi se termina la meilleure et la mieux remplie de mes matinées, pendant les huit jours que j'ai passés en Normandie.

UN CABINET D'ARMES

DISONS-LE tout d'abord, celui qui écrit ces lignes n'est ni un archéologue, ni un antiquaire, ni, non plus, un de ces riches amateurs apparaissant d'ordinaire sur le champ de bataille des enchères, comme Desaix à Marengo, pour arracher la victoire des mains qui croyaient déjà la tenir ; l'auteur de ces lignes est tout simplement un artiste. Mais à force de vivre dans les œuvres des poëtes et des historiens avec les hommes d'autrefois, il s'est fait du passé comme une jeunesse lointaine, et considère certaines reliques qui nous en restent avec le pieux attendrissement que l'on éprouve à l'aspect d'objets ayant appartenu à des ancêtres vénérés, ou à des amis depuis longtemps endormis du sommeil éternel. Cette sensation indéfinissable où les rêves semblent prendre la forme des souvenirs, nous l'avons éprouvée dans toute sa force, l'autre jour, au musée rétrospectif du palais de l'Industrie, en entrant dans la salle où sont exposées des collections d'armes. Avant de s'arrêter sur les merveilleux assemblages de casques, de boucliers, d'épées, d'armes d'Hast, qui composent ces magnifiques collections, le regard est attiré tout d'abord par le

spectacle singulier et. martial que présentent trente-deux
armures complètes, rangées sur deux lignes, dans toute la
longueur de la salle. Ces pièces incomparables, chefs-d'œuvre des plus célèbres armuriers italiens et allemands, dont
quelques-unes portent la signature incontestée, semblent
trente-deux chevaliers armés de pied en cap. Appuyés sur
de magnifiques épées, serrant dans les doigts articulés des
gantelets, la hallebarde ou le fauchard de guerre, ils sont là
immobiles, la visière baissée sur le casque silencieux ; ils semblent accomplir une dernière et éternelle faction ! sentinelles
à jamais immobiles, devant l'horloge arrêtée du temps, tandis
que d'un vol égal passent sur eux les siècles et les minutes.
Où sont les corps, où sont les âmes qui habitaient jadis ces
moules d'acier ?

C'est en vain qu'Henri Smith, de Perth, et Lorenzo Guiano,
de Milan, ont fortifié la pansière, doublé le plastron, dissimulé
les articulations du gorgerin et des épaulières. La mort a toujours trouvé un joint mal fermé, une fissure invisible. La vieille
porte-faux a renversé le fier homme d'armes, et le flot des ans en
s'écoulant a laissé parmi nous ces armures, comme ces coquilla-
ges vides que la mer en se retirant dépose sur le sable et qui con-
servent encore la trace et les allures de leurs habitants évanouis.

Voici d'abord, inscrit sous le numéro 1 du catalogue, une
armure complète du quinzième siècle, remarquable par un
détail singulier. Le premier propriétaire de cette armure
n'admettant sans doute pas dans sa confiance hautaine la
possibilité d'être désarçonné, a fait orner ses souliers de
fer, autrement dit les solerets, d'une poulaine démesurée
qui, se recourbant vers la terre, rend la marche à pied complétement impossible. Les numéros 2, 3, 4, et 5, pièces de
la plus grande rareté et de la plus belle fabrication, sont
des armures de joute allemandes du même temps. Moins armures qu'enclumes, elles écrasent et font gémir les blocs de
chêne qui les soutiennent, et avec leurs larges targes de cornes de cerf, et leur attirail de rondelles et de faucres, elles

donnent l'idée de je ne sais quelle race de géants disparus, espèces de taureaux humains qui, dans leurs terribles jeux, au
lourd galop de leurs chevaux colosses, se heurtaient le front
et la poitrine avec de grands arbres déracinés.

Triangulaires, afin de ne présenter à la lance ennemie
qu'une arête glissante d'acier poli, les heaumes de ces armures,
blocs de fer creusés dans lesquels un enfant tiendrait à l'aise,
sont, à l'exception d'une fente transversale large d'un demi
travers de doigt pratiquée tout en haut du frontail, complètement clos et fermés. Une fois la tête prise dans cette boîte in-
humaine — ô mon Dieu ! la migraine n'était donc pas encore
inventée — il fallait respirer, souffler, renifler, dans l'épais
capiton dont elle était garnie ; le gigantesque cavalier, droit
sur sa selle et attendant le moment du choc, ne voyait plus
rien ni devant, ni autour de lui, seulement par le toit de son
casque, le ciel, le haut des grands chênes, et peut-être, le
front dans les nuages, les dernières tours du Burg, où l'atten-
daient après la fête les tables gigantesques, les monceaux de
chair grillée, les verres grands comme des tonneaux et les tonneaux grands comme des caves !

Parmi les six élégantes armures cannelées dites maximilien-
nes inscrites au catalogue sous les numéros suivants, il
faut remarquer l'armure numéro 8 ; par sa fière tournure et
l'heureuse harmonie de ses proportions elle semble avoir appartenu à un élégant cavalier ; un ceinturon de velours rouge entoure
sa taille fine presque autant que celle d'une fille. Cette armure
peut avoir été celle d'un de ces dangereux vainqueurs qui, après
le jugement de Dieu, venaient devant quelque belle éplorée lever leur visière et plier la genouillère de fer sur le sable de
l'arène encore tout imprégné du sang d'un félon discourtois.

Le chevalier sans reproche a peut-être porté ce harnais
n° 12, si positivement de l'époque de François Iᵉʳ ; peut-être
est-ce à lui qu'il songeait en Italie, pendant cette nuit où, tenu
éveillé par l'instinct de l'homme de guerre qui pressent le danger, il rencontra la tête de l'armée espagnole en marche pour

surprendre le camp français ; fermant alors derrière lui la barrière du pont étroit sur lequel elle venait de s'engager, il entreprit d'arrêter cette armée, seul, comme un héros d'Homère ! Le bon chevalier n'avait gardé que son colletin d'acier, son buffle et son épée, dont il frappa de si rudes coups que les premiers soldats, interdits, s'arrêtèrent !

Il se disait sans doute en combattant : « Voilà là-bas le camp qui s'éveille ; ils viennent enfin.

« Si seulement le loyal serviteur pensait à m'apporter mon armure pendue sous ma tente au chevet de mon lit, ma bonne armure qui va si bien à ma taille, avec son arête médiane qui donne tant de force au plastron, avec ses cubitières et ses tassettes, si solides et si joliment gravées, comme je prendrais l'offensive, et comme je chargerais tous ces *dons* qui commencent à regarder derrière eux ! »

Un peu plus loin on s'arrête, ému et étonné, devant une énigme de fer. Une belle armure allemande du seizième siècle, aux bandes ciselées, au plastron relevé en pointe, porte au côté droit de la poitrine une inscription douloureuse et désespérée :

Dieu ne conserve plus amour, âme, bien et honneur.

Quelle infidélité, quel parjure, quelle injustice avait donc soufferts ce grand chevalier qui prenait aussi pour emblème, gravé au milieu de cette triste légende, Daniel entouré de bêtes féroces ?

Dahs quelle mêlée trouva-t-il cette mort, qu'il cherchait sans doute ? Sur quel champ de bataille ce harnais fut-il ramassé sanglant ? et dans quelle hécatombe humaine cette riche armure a-t-elle perdu son casque, qui roula sous les pieds des chevaux avec la tête du chevalier maudit et déshérité ?

Voici l'armure du bon gouverneur de Nuremberg, Christophe Furer, avec sa dague, ses éperons, son épée, et le livre dans [lequel, 'devançant de trois siècles Alexandre Dumas, il consigna ses impressions de voyage pendant un pieux pèlerinage qu'il fit à Jérusalem. Cependant le temps des grands voyages d'outre-mer était un peu passé : Luther venait de rompre avec Rome ; cette terrible convulsion avait déchiré en deux parties le voile du temple et troublait profondément les consciences.

Par pressentiment des guerres de religion, les maîtres armuriers commençaient à délaisser la fabrication de l'armure étincelante et de la lance chevaleresque pour l'arquebuse traîtresse et le poignard félon.

Placé au beau milieu des disputes théologiques, qui commençaient à devenir des luttes à main armée, il est possible que le pieux allemand ait senti le doute entamer sa foi, jusqu'alors pure et entière comme sa cuirasse, et qu'il ait voulu aller s'agenouiller près du berceau et de la tombe de ce dieu, près de lui échapper.

Après le n° 21, splendide armure italienne couverte de gravures et de dorures adoucies par la patine harmonieuse du temps, on trouve sous les n°ˢ 22 et 23 deux armures de joute françaises du temps de Henri II. A la place des heaumes massifs allemands, l'armure de tête offre cette mode nouvelle et imprudente que l'on appelait la haute pièce. Ce fut à travers un de ces casques mal fermés que passa ce tronçon de lance dirigé par le hasard ou la vengeance contre le front de l'époux de Catherine de Médicis.

L'armure n° 25, à bandes alternativement blanches et dorées, nous paraît avoir été destinée à contenir un de ces torses pantagruéliques, comme Metzu en prête quelquefois à ses gros gentilshommes flamands qui, au milieu d'un riche intérieur, auprès d'une jolie dame blonde, sourient d'un large sourire en tenant un verre à la main.

Quand cette armure entrait dans le gros guerrier qu'elle était soi-disant destinée à contenir, ce devait être à la façon dont entre dans la pâte molle le moule à pâtisserie ; c'est-à-dire en en laissant beaucoup en dehors ; aussi il ne fallait pas

lui parler du casque fermé, ni même de la visière grillagée ;
il avait déjà bien de la peine, en soufflant d'ahan, à contenir
les cascades de ses joues vermeilles dans les deux côtés d'une
bourguignote dont le nasal mobile préservait seulement d'une
balafre transversale son nez précieux, sur lequel sans doute,
comme sur l'enseigne souvent repeinte à neuf d'un cabaret, le
violet disputait la place au vermillon et à l'azur !

A droite, contre le mur, nous avons considéré avec étonnement deux petites armures de joute, du quinzième siècle, elles
paraissent avoir contenu deux enfants de huit à dix ans.

Les précautions sérieuses prises contre le heurt des lances,
le faucre, la braconnière articulée, tout annonce qu'elles ont
véritablement servi, portées par de jeunes apprentis héros. Il
y avait donc autrefois des tournois d'enfants, comme il y a aujourd'hui des bals d'enfants. Alors il faut admettre, la proportion de l'âge gardée, que la reine de beauté et des amours
devait quitter le sein de sa nourrice pour poser la couronne
du vainqueur sur ces heaumes qui ont un faux air de bourre-
lets. Lorsque ces mômes valeureux combattaient sous les yeux
des auteurs de leurs jours, nous comprenons jusqu'à un certain point le plaisir que devaient éprouver les pères à voir
leurs petits se donner de précoces torgnolles, et dans l'âge du
cerceau et de la toupie apprendre à se défoncer la poitrine et
à s'écraser le museau suivant les régles de la chevalerie, mais
c'est les mamans qui ne devaient pas être contentes. Près de ces
deux pièces singulières sont montés deux autres harnais de
cérémonie appartenant au milieu du dix-septième siècle. Ils
ont été portés par deux jeunes gens de 16 à 17 ans et pro-
menés sans doute dans les carrousels inoffensifs et dans les ré-
ceptions officielles des cours de Louis XIII et de Louis XIV.

Malgré la beauté du travail et la conservation parfaite de
ces armures, nous sommes passé froidement devant elles, le
souvenir de ces deux gandins cuirassés nous ayant laissé parfaitement indifférent. Au milieu de la salle, comme un général
devant le front de ses troupes, est une magnifique armure

équestre ; elle a appartenu, selon toute probabilité, au roi Louis XIII lui-même. Voilà donc la coquille de fer qui renfermait ce roi chétif et mal venu. Comme dans l'armure authentique du musée des souverains, la cuirasse modelée sur le buste accuse une taille courte et une poitrine trop étroite pour contenir un cœur de roi. Du reste, cette difformité (est-ce une flatterie à l'endroit du maître ?) se retrouve dans beaucoup d'armures de ce temps. Le harnais tout entier, quoique portant au cimier la fleur de lis de France, a conservé un certain air timide et décontenancé comme s'il sentait encore peser sur lui le regard de ce terrible maître à la robe écarlate qui ne permettait pas tous les jours au fils de Henri IV de revêtir son armure de guerre et de faire son métier de roi !

Que d'admirables choses il nous resterait à signaler dans cette collection formée avec la fleur de tant de collections célèbres ! Recommandons cependant à tous ceux qui la visiteront de ne pas s'éloigner sans admirer la cuirasse et le casque n° 43, véritable orfévrerie d'acier, que Benvenuto Cellini a dû signer, ainsi que le petit bouclier chef-d'œuvre, placé tout auprès sous le n° 182. Si à ces trois pièces on joignait la selle d'armes n° 68 et l'épée n° 234, on composerait alors une armure comme le bon Dieu n'en pourrait pas souhaiter de plus belle, s'il lui prenait fantaisie de réarmer à neuf le général de sa cavalerie, l'archange Michel.

Et maintenant que notre visite est finie pour aujourd'hui, en sortant des salles qui contiennent cette intéressante et magnifique collection, retournons-nous une dernière fois vers ces armes, et songeons que, malgré leur marque de fabrique étrangère, beaucoup ont été portées par nos ancêtres, que ces vaillants ont beaucoup souffert pour nous, qu'ils ont supporté la poussière embrasée et la pluie glacée filtrant sous la cuirasse, qu'ils ont beaucoup grelotté, beaucoup sué et beaucoup saigné dans ces armures avant de nous faire la patrie ! les yeux tournés vers la frontière, car l'Anglais menaçait le Nord, l'Espagnol, le Midi, sans compter Bourgogne et Normandie qui trahissaient, il fallait vieillir sous l'armet, toujours le pied à l'étrier. Ces grandes épées et ces grandes lances ont été les ontils avec lesquels ils ont construit une partie du magnifique édifice qui nous abrite aujourd'hui.

Qu'ils reposent donc en paix, couchés, soit dans la terre grasse des champs de bataille, soit sous les arceaux humides des chapelles funéraires : ils ont rudement et utilement travaillé ; et lorsque Dieu, leur Dieu à eux, dont rien n'avait encore ébranlé la croyance dans leur âme fidèle, leur a, là-haut, payé le prix de la journée finie, c'est avec une conscience tranquille qu'ils ont dû le recevoir. En mourant pour la palissade et le fossé, pour le suzerain et la terre, gardiens du corps sacré de la patrie, ils ont fait leur part de la tâche ; ceux qui devaient à ce corps donner une âme, répandre cette âme sur le monde entier, et soldats, alertes et marcheurs, mourir la poitrine nue, sous le drapeau tricolore pour les causes plus larges de l'humanité et de la justice, ceux-là dormaient encore cachés dans les ombres de l'avenir.

LE CHANTEUR NERON

FANTAISIE

I

Dans ses curieux et intéressants Mémoires, Alexandre Dumas, arrivé à cette époque de sa jeunesse où il entra comme quatrième clerc chez M° Mennesson, à Villers-Coterets, raconte les belles soirées qu'il passait le dimanche sous es grands chênes de la forêt, alors qu'aux douces senteurs de la verdure, aux tintements d'une cloche lointaine, à l'aspect de ces molles pelouses que tour à tour le soleil couchant faisait de cuivre rouge et la lune d'argent étincelant, il éprouvait ces émotions indéfinissables, ces premiers et profonds attendrissements, signes presque toujours certains d'une mission poétique à accomplir, et qu'il les constatait avec la joie bénie qu'éprouve une jeune épouse aux premiers tressaillements de l'enfant qu'elle porte dans son sein. Il vit ! dit-elle. Loué soit Dieu ! je serai mère !

Puis, se rappelant avec quelle peine il reprenait le lundi matin la fastidieuse besogne de l'étude, et ses rages enfan-

tines à l'aspect des exploits de M° Mennesson, Dumas s'écrie :
Non ! il n'est pas de plus grand malheur que celui dé se sentir
né pour une besogne et d'être condamné à en faire une
autre !

Cette exclamation de l'auteur de *Caligula* nous revenait en
mémoire, l'autre jour, en relisant dans Suétonne la vie de
Néron, racontée avec cette abondance de faits, avec cette mi-
nutie de détails qui rendent aujourd'hui si curieuse l'œuvre du
Dangeau romain.

Avoir reçu des dieux des aptitudes spéciales, pour réussir
dans un état et être obligé d'en adopter un autre (le premier
de tous, il est vrai), tel fut le malheur de Néron. Elevé pour
les jeux du théâtre et du cirque, vivant en chantant et pour
chanter, mourant en regrettant plus son talent que sa vie, Néron fut un ténor déclassé ! Il eut, il est vrai, ces mauvaises
fortunes, d'abord d'être souvent dérangé au milieu de ces
préoccupations artistiques par de vieux politiques moroses, ne
parlant que de gouvernement et de guerre, sujets qui, à ce
qu'il paraît, ne l'intéressaient que médiocrement ; ensuite, de
pouvoir employer sa toute-puissance à servir ses colères de
poëte et d'artiste, c'est-à-dire à persécuter et à détruire ses
rivaux.

Et nous avouons ici tout bas, qu'aujourd'hui, malgré les progrès incontestables faits par l'humanité, nous ne voudrions pas
voir l'épée et la balance dans la main d'un ténor ou d'un auteur dramatique, le lendemain d'un *couac* authentique ou d'une
pièce tombée.

En lisant donc, comme la biographie d'un acteur célèbre, la
curieuse vie de Néron écrite par l'auteur auquel ses contemporains durent plus tard l'histoire, aujourd'hui perdue, des
spectacles et des habillements, on a ce plaisir singulier de voir
revivre et presque d'entendre chanter un comédien antique ;
puis, en groupant autour de cette figure étrange mille détails
intimes et techniques dédaignés par les historiens modernes,
d'être initié aux travaux, aux précautions hygiéniques, enfin,

aux intrigues de coulisses d'un chanteur en l'an 60 après Jésus-Christ.

Car nous maintenons qu'il était inutile de forcer à se frapper d'un coup de poignard Néron, ce pauvre chanteur qu'un coup de sifflet aurait tué.

Quoique appartenant à l'illustre famille Domitia, le descendant de *Domitius Barbe de Cuivre*, le fils de ce Domitius qui, discutant contre un chevalier romain, ne trouva pas de meilleur argument, pour le convaincre, que de lui arracher un œil, Néron, demeuré orphelin à trois ans, réduit à l'indigence par la mauvaise foi de Caïus, fut élevé par charité dans la maison de sa tante Lepida. Lepida s'occupa fort peu, à ce qu'il paraît du pauvre fils d'Agrippine alors exilée. Aussi, se sentant un étranger dans ce cœur froid et dans cette maison froide, le petit Néron passait les longs jours que fait dans ce climat le soleil d'Italie, à errer, seul et abandonné, du péristyle au jardin, de la salle à manger au cellier. Aucun des nombreux domestiques ne faisait attention au pauvre abandonné. Deux des plus humbles commensaux de Lepida le prirent en amitié et s'occupèrent de son éducation : un barbier et un danseur, tels furent les premiers maîtres du futur élève de Sénèque !

Ce fut surtout au danseur que s'attacha le petit Néron. Le pauvre baladin lui racontait de si belles histoires sur l'histrion Mnester et le danseur Appelle ! C'est alors qu'il entendit louer Caligula, de cette modestie qui le poussait à envoyer réveiller dans la nuit trois personnages consulaires, afin d'avoir leur avis sur un pas nouveau, qu'il dansa devant eux, de toute sa force en habit de comédien.

O hasard ! si, au lieu du pauvre histrion, le fils d'Agrippine eût rencontré parmi les clients de la noble patricienne quelque vieux vétéran d'Auguste chauffant ses blessures au soleil en attendant la sportule, il eût entendu, à cet âge où le cœur se forme et où les impressions deviennent ineffaçables, raconter les glorieuse campagnes contre les Cantabres ou les

Allemands, et les actions mémorables des deux premiers Césars, vainqueurs du monde !

Il n'en fut pas ainsi. Élevé par le pauvre danseur, le petit patricien, ruiné et dédaigné, tourna ses regards vers les modèles qu'on lui proposait, et fit tous ses efforts pour les imiter. Aussi, bien avant l'âge de onze ans, il s'était fait applaudir des Romains dans les jeux floraux ! De quels encouragements, de quelles louanges le petit Néron ne devait-il pas être couvert par ses deux amis, le danseur et le barbier, lorsqu'il revenait près d'eux après ses premiers succès dans le cirque ! C'est ainsi qu'il apprit à préférer les applaudissements stériles du peuple à sa reconnaissance et à son admiration, et que la gloire du joueur de harpe Terpnus finit par effacer entièrement à ses yeux celle même du premier César, dont le tondeur et l'histrion ne lui parlèrent peut-être jamais.

En suivant le but que nous nous sommes proposé, en tâchant de ressusciter sous les yeux du lecteur le chanteur et le joueur de lyre Néron, en essayant de faire comprendre quels devaient être sa voix, son talent et enfin la musique qu'il exécuta sur les théâtres grecs et romains, nous laisserons de côté, autant que nous le pourrons, le récit de ses crimes.

Il avait fallu bien des causes pour préparer les temps impurs où ces crimes furent commis ! D'abord, Rome commençait à s'infecter profondément de l'or et des vices de tant de peuples vaincus. Disons aussi que dans les derniers temps du paganisme, et malgré quelques nobles exceptions que le contraste avec leur temps fait paraître encore plus magnifiques, le culte des faux dieux, presque entièrement basé sur la satisfaction des mauvais appétits de l'homme, avait tellement abaissé le niveau du caractère humain, que d'horribles personnalités comme Néron n'étaient pas alors des phénomènes absolument isolés.— Claude ne valait pas beaucoup mieux ; plus tard, Héliogabale, sous certains rapports, le dépassa peut-être. Or donc, et malgré les merveilles des arts dont ils étaient entourés, il ne faut pas beaucoup plus s'étonner des folies, des meurtres et des impudicités de ces malheureux, que de trouver aujourd'hui chez les sauvages idolâtres (ces pauvres et derniers attardés de l'humanité) une morale relâchée et des instincts grossiers et sanguinaires.

La chasteté et la charité, ces eaux vives qui devaient laver et régénérer le monde, avaient à peine commencé à couler des plaies du sublime crucifié.

Laissant passer quelque temps, nous reprendrons Néron à l'âge de dix-sept ans, et à l'heure où, adopté depuis six années par l'imbécile Claude, qu'un plat de champignons bien apprêtés venaient de rendre immortel, il parut sur les degrés du palais. Il était environ midi et demi, une pluie battante lavait à grands flots, depuis le matin, les rues et les palais de Rome. Profitant d'une éclaircie, Néron se rendit en litière au camp, parla rapidement aux soldats rassemblés à la hâte, puis revint au plus vite s'enfermer dans son palais, maudissant sans doute cette première journée et les soins qui le forçaient de sortir par un temps pareil, au risque de s'enrhumer et peut-être de perdre sa voix. Puis, dès le lendemain, ne voyant d'abord dans sa toute-puissance que le moyen de se livrer sans obstacles à son goût favori, il fit venir Terpnus, s'enferma avec le célèbre artiste, et, après s'être rassasié pendant plusieurs jours et plusieurs nuits du plaisir de l'entendre chanter, il se mit sous son entière direction musicale, et commença à travailler sérieusement ces deux arts inséparables alors, la déclamation et la musique, ou plutôt cet art unique, la *déclamation chantée.*

Et d'abord nous allons, aussi brièvement et aussi simplement que possible, tâcher de dire avec quelque certitude ce que devait être cette musique grecque ou romaine dont les historiens et les poëtes ont si souvent parlé, et sur laquelle nous savons aujourd'hui si peu de chose. Alexandre sautait sur ses armes en entendant les chants guerriers de son poëte favori ; des femmes grecques accouchèrent de terreur pendant

l'exécution d'un chœur de furies dans une tragédie d'Eschyle ;
Junéval et Martial sont remplis d'allusions à des virtuoses
célèbres. Si nous n'avions pour expliquer ces prodiges et ces
éloges que les travaux recommandables, autrefois publiés dans
l'*Encyclopédie*, les *Essais* de Laborde, et même les recherches
de Burette, nous trouverions beaucoup de choses arides et
obscures sur les tétracordes, les quarts de ton et les 1620 lettres
qui servaient à écrire la musique grecque, mais de cette musique elle-même, de son caractère, de son expression, pas un mot.

Nous allons dire ici le peu que nous savons sur cette partie
intéressante de la question : nous allons essayer de faire
revivre un art qui fut peut-être aussi avancé, aussi complet
que la peinture et la sculpture, et dans lequel, paraît-il, Néron
excella !

Malgré les séditions, les invasions de barbares, les révolutions arrivées dans les idées politiques et religieuses, il y eut
toujours une espèce d'arche dans laquelle l'art se réfugia
pendant les orages et les inondations, toujours prêt à sortir
portant le rameau d'olivier, lorsque au-dessus des eaux apai-
sées recommençait à apparaître le sommet des montagnes.
Cette arche sainte, ce refuge assuré et relativement paisible,
ce fut le temple, païen d'abord, puis chrétien.

Or, si l'idée chrétienne enfin triomphante traça, sous le rapport moral, une séparation radicale et profonde entre les re-
ligions antiques et la religion nouvelle, il n'en fut certes pas
ainsi pour les formes matérielles des cultes ni pour les arts
qui servaient à donner à ces cultes l'éclat et la splendeur.
Comme ces belles païennes qui, à la voix de Sylvestre ou de
Marc, descendaient de leurs riches basternes aux mulets har-
nachés d'or, pour venir tendre leur front à l'eau sainte du bap-
tême, la peinture, la sculpture, l'architecture et la musique se
convertirent et passèrent du temple dans l'église, de la maison
des dieux dans la maison du Dieu unique. Il y a là une époque
singulière, où la religion nouvelle utilise pour ses édifices et
ses cérémonies des chefs-d'œuvre empruntés au magnifique ba-

gage des dieux qui s'en vont, et emploie des artistes récemment convertis et conservant tranquillement, à l'ombre de la croix, les traditions affaiblies des grands maîtres de Rome et d'Athènes. Les chrétiens opulents sont ensevelis dans des sarcophages du temps de la république, les trésors des églises renferment des patères d'or ciselées par Lysippe, dans lesquelles on boit le sang divin ; on soutient les voûtes chrétiennes avec des colonnes de jaspe et de porphyre, arrachées au temple de Jupiter ; la reliure des évangéliaires est ornée de camées et d'améthystes gravées, sur lesquels se dessine tout à coup le profil sévère de Titus ou de Marc-Aurèle ; presque au même moment, dans le sanctuaire, on chante l'hymne de saint Jean sur l'air d'une ode d'Horace, et il existe encore aujourd'hui une vague tradition que le chant de la préface n'est autre chose qu'une mélodie tirée d'une tragédie antique. Des coutumes évidemment empruntées aux représentations et aux cérémonies païennes, ont subsisté longtemps dans les offices chrétiens ; encore aujourd'hui, le pauvre desservant qui, en disant sa messe, passe et repasse d'un côté à l'autre de l'autel, ne se doute guère que certains prêtres païens faisaient les mêmes évolutions en suivant le cour des astres ; et le bourgeois de Gand ou de Bruges, offrant à sa Notre-Dame une robe d'or ou d'argent, ne sait pas que cette habitude d'habiller les statues existait au temps de Caligula, dont l'image en or massif, exposée dans le temple de Jupiter-Latin, était chaque jour revêtue d'un costume semblable à celui que portait l'insensé qui voulut traverser à cheval le détroit de Baies.

II

Or donc, et pour en revenir à notre sujet, de même que si
l'on avait à retrouver les sources de la peinture, de l'architecture et de la sculpture, il faudrait remonter de l'église à la
basilique et de la basilique au temple; en faisant cette même
opération pour la musique, on acquiert cette conviction que,
s'il est possible de retrouver quelque part la trace de ce que
fut la musique antique, c'est à nos vieux plains-chants romains
qu'il faut la demander.

Lorsque Charlemagne s'occupa de restaurer les chants
chrétiens déjà altérés, il demanda, comme on sait, au pape
Adrien, les moyens d'accomplir cette restauration. Or, un
beau jour, on vit arriver de Rome, chez le grand empereur, un moine monté sur une mule, et portant un gros livre sous le bras. Ce moine, c'était Romanus, le poëte envoyé
par le saint-père; c'était le paisible chevalier errant, chargé
de redresser les torts graves et nombreux que les copistes
infidèles et les rudes gosiers des chantres français et germains avaient fait subir à la lettre et à l'esprit des mélodies
sacrées.

Le livre, c'était tout simplement une copie authentique du
volume précieux que saint Grégoire avait fait faire, il renfermait le texte, aussi pur que possible, des chants chrétiens. Or, saint Grégoire, vivant au sixième siècle, n'avait fait
que terminer l'œuvre de saint Ambroise, qui, au quatrième,
c'est-à-dire trois cents ans après Néron, commença à recueillir
et à faire écrire les mélodies, déjà antiques, en usage de son
temps parmi les chrétiens. En nous rendant compte de ce
qu'étaient ces mélodies, aujourd'hui mutilées et défigurées
par le temps, mais qui bien certainement étaient, quand elles
furent créées, de la famille de la musique d'alors, nous serons,
il faut l'avouer, bien près de connaître cette déclamation

chantée, usitée du temps de Néron, en Grèce et en Italie.

Romanus visita, par ordre de l'empereur Charles, les principales écoles de chant du royaume ; puis, sa tournée finie et sa tâche accomplie, il se retira dans le monastère de Saint-Gall, en Suisse, où sans doute il mourut, car si la trace du pauvre moine endormi dans le Seigneur disparaît ici complétement, on voit encore aujourd'hui dans le monastère de Saint-Gall son livre, compagnon fidèle qu'il ne dut quitter qu'avec la vie.

Or, ce livre était resté jusqu'ici indéchiffrable, attendu qu'il est écrit en neumes, signes hiéroglyphiques, dont la tradition était à peu près complétement perdue.

Après des travaux considérables, des savants modernes, parmi lesquels il faut citer l'abbé Raillard, sont arrivés à donner de ces signes singuliers une explication satisfaisante et logique, de laquelle il ressort que, grâce à ce système de notation, qui n'est autre chose que la figuration matérielle des différents mouvements de la voix, on pouvait écrire ces longues et traînantes mélopées comme en chantent encore aujourd'hui les Grecs à leurs autels bizantins, les juifs dans leurs synagogues, les muezzims au haut de leurs minarets ; cette musique particulière, qui n'est, à proprement parler, que de la déclamation exagérée et dont l'effet principal est de faire porter la voix et de prolonger le mot afin de le faire entendre dans de vastes espaces, avait aussi, à ce qu'il paraît, le moyen de noter, en les exagérant, certaines inflexions de voix, provoquées par les émotions de l'âme, comme la douleur, la colère, etc.

L'abbé Raillard cite, dans son excellent ouvrage intitulé : *Explication des Neumes*, un certain office des morts, traduit d'après un antique manuscrit, et où les gémissements sont notés, grâce aux neumes, avec une vérité qui fait frémir : on croit entendre les pleureuses antiques. Or cet office, nous l'exécutons encore aujourd'hui dans nos cérémonies funèbres ;

mais, à l'époque déjà très-ancienne où on l'a écrit avec les notes carrées du plain-chant, il est arrivé pour cette mélodie la même chose que pour celles qui ont subi la même opération, et dont il ne nous reste plus, pour ainsi dire, que le squelette : toutes les finesses d'exécutions indiquées par les neumes ont disparu, et il y a entre le morceau d'aujourd'hui et celui d'autrefois presque la même différence que celle qui existerait entre une muraille antique recouverte d'un badigeon moderne et cette même muraille alors qu'elle était ornée de fresques élégantes où dansaient le corybante ou la saltatrix !

Pour résumer, nous partageons cette opinion, qui n'a pas le mérite d'une extrême nouveauté : les tragédies antiques étaient des espèces d'opéras, dont certaines parties, les chœurs peut-être, étaient récitées comme nos psaumes, et dont les solis étaient chantés, mais d'une manière beaucoup plus ornée, comme la Préface ou les passions de la semaine sainte.

Or, s'il en était ainsi, et nous prenons à dessin cette forme dubitative, pour que les prétentions modestes de cette fantaisie soient bien accusées, le talent d'un artiste d'alors, comme celui d'un chanteur de nos jours, consistait à exécuter avec netteté, avec justesse, ces ornements, ces groupes de notes rapidement vocalisées (rendus plus difficiles encore par les quarts de ton), ces battements rapides qui cherchaient quelquefois à imiter le chant des oiseaux (les premiers maîtres de musique qu'aient entendus les hommes).

Néron avait une voix de ténor, cela se prouvera de soi-même tout à l'heure, faible et légèrement sombrée ; or, tous les musiciens savent combien ces voix, plus faciles à manier que ce qu'on appelle des voix blanches, sont propres aux vocalises et aux ornements du chant. Nul doute qu'il ne réussît à merveille ces difficultés ; aussi prenait-il toutes les précautions connues de son temps pour conserver et améliorer son organe vocal, *son diamant*, comme disent aujourd'hui nos chanteurs !

Il portait la nuit, pour régler les mouvements de sa respiration pendant le sommeil, une mince feuille de plomb qui lui enserrait l'estomac. Chaque matin, avant de commencer ses exercices, il prenait des rafraîchissements de toutes sortes et se lubréfiait le larynx avec de légers vomitifs. Il eût fait jetter aux murènes ou mettre en croix le cuisinier inattentif qui, à son repas, lui eût présenté des salades ou des noix; se privait de salaisons si chères aux buveurs, et repoussait en soupirant, pendant les grandes chaleurs de l'été, ces exquises boissons froides, si nécessaires en Italie.

Après tant de travaux et de sacrifices, il se décida à se faire entendre; mais n'osant pas affronter d'abord le public de Rome, il voulut débuter sur le théâtre de Naples, et, répétant encore ce proverbe grec qu'il avait sans cesse à la bouche : La musique n'est rien, à moins qu'on ne l'entende en public, il parut sur le Pulpitum et commença un de ses morceaux favoris : *Canacé dans l'enfantement,* ou *Oreste parricide.* (Nous pensons qu'après la mort d'Agrippine il dut retirer ce morceau de son répertoire.)

Le Vésuve, sans respect pour le chanteur, mêlait depuis quelques instants sa basse profonde au ténor de Néron, lorsque tout à coup une violente secousse de tremblement de terre se fit sentir : les colonnes chancelèrent sur leur base, les gradins de marbre se disjoignirent. Le peuple épouvanté se leva. Néron filait un son, une main sur la lyre et l'œil perdu dans les profondeurs du ciel; il entendit un léger murmure et abaissa sur le public un regard ménaçant; tout le monde se rassit. Néron acheva son air et fut applaudi à tout rompre !

III

A la suite de son heureux début, Néron donna représentation plusieurs jours de suite, ne s'arrêtant que pour prendre le bain, mangeant dans l'orchestre, organisant un *train de plaisir* entre Alexandrie et Naples, afin de permettre aux habitants de la première des deux villes de venir rejoindre leurs compatriotes qui, attirés à Naples pour le commerce des vivres, l'avaient fort admiré.

Enfin, ce fut aussi à Naples qu'il fonda une institution dont il ne prévoyait pas sans doute le long avenir : il rassembla de jeunes praticiens et de robustes plébéiens chargés de l'applaudir, et sans doute aussi de ramener à leur avis les opposants avec des moyens semblables à ceux qu'employait son père en discutant avec le chevalier romain.

Il indiqua à ces fidèles, trois nuances d'applaudissements : le *bourdonnement* pour les petits effets, la *tuile* pour les effets ordinaires, et les *pots de terre* pour les grands succès.

S'étant ainsi assuré des soutiens et possédé du désir de se faire entendre à Rome, il avança l'époque où se célébraient les jeux Néronéiens. Après avoir d'abord mollement résisté aux instances d'une députation composée de soldats et de citoyens romains, le suppliant de faire entendre sa voix céleste, il se décida à se faire inscrire au nombre des chanteurs, devant disputer les prix; comme cela se fait encore aujourd'hui au concours du Conservatoire, il tira d'une urne le numéro qui indiquait son tour de chanter, et parut sur le théâtre; devant lui, sa harpe était portée par le commandant des prétoriens! Cluvius Rufus, citoyen consulaire, servait de régisseur parlant au public, et annonça, à voix haute, que Néron allait chanter Niobé.

Il chanta, en effet, pendant près de quatre heures, pensant sans doute, camme le dit Scribe un peu plus tard, que cela empêchait les autres, et, après avoir enfin fini son morceau, il se tint dans la coulisse, épiant les fautes de ses adversaires et les faisant remarquer. Puis, après le concours, il se promena sur la place du théâtre, entouré de ses amis. Et là, pâle, nerveux, décriant ses concurrents, il se prit de querelle avec l'un d'eux ; la dispute s'échauffait, lorsqu'il aperçut plusieurs juges du concours ; à moitié abrutis et tournant à l'apoplexie , ils sortaient un instant pour respirer l'air pur ! Néron courut à eux, leur parla avec le plus grand respect de ses inquiétudes, disant qu'il avait fait tout ce qu'il pouvait faire, et qu'il se recommandait humblement à eux.

Tant de peines, tant d'émotions, eurent enfin leur récompense : Néron fut couronné, et depuis ce jour il ne cessa de se faire entendre même dans les spectacles particuliers que donnaient les magistrats.

Rendons du moins à la mémoire de Néron cette justice : il paraît qu'il avait véritablement du talent, à en juger, du moins, par ce criterium absolu pour les chanteurs, les appointements; car un préteur lui offrit cent mille sesterces (25,000 francs) pour chanter une seule fois dans une fête qu'il donnait au peuple romain.

A partir de ce moment, le chanteur Néron se consacra tout entier à l'art qu'il adorait.

Nous rappellerons ici les brillantes représentations données par lui en Grèce, et son retour triomphal à Rome, où il entra couronné de lauriers, porté sur le char d'Auguste, couvert d'un manteau de pourpre semé d'étoiles d'or, et tenant dans ses mains les prix qu'il avait remportés.

Nous avons dit que nous parlerions le moins possible des crimes de Néron; cependant il nous faut convenir ici qu'il avait, comme un véritable artiste qu'il était, de brusques sympathies, et qu'il était sujet à ces colères subites, si communes parmi les gens de théâtre, dont les nerfs sont presque continuellement tendus et agacés. Mais il était au fond bon camarade ; jamais dans les foyers il ne se fâcha d'une bonne plaisanterie ou d'un mot spirituel, attendu qu'il était en fonds pour répondre. S'il faisait couper la tête à l'histrion Pâris, il enrichissait Tiridate, le musicien Ménécrate et le gladiateur Spicillius, auxquels il donna de grands biens, que cet âne bâté de Galba malheureusement leur fit rendre jusqu'à la dernière obole. S'il chassait de sa présence ce pourceau de Vespasien, qui s'était endormi pendant qu'il chantait, il chérissait Vitellius, car ce dernier remplissait près de lui la mission délicate de le forcer à se faire entendre quand il lui plaisait de faire des façons.

S'il fit tuer sa mère Agrippine, quelque temps auparavant il lui avait rendu hommage en donnant à ses soldats ce mot d'ordre : *la meilleure des mères*. Si sa femme mourut d'un mauvais coup qu'il lui donna dans le ventre, alors qu'elle était enceinte, il faut convenir aussi qu'il est agaçant pour un artiste bien fatigué, de se voir accueilli, à son retour au logis — et ce fut là le crime de Poppée — par des injures et des reproches, sous prétexte que le spectacle a fini trop tard.

Enfin, s'il fit brûler Rome et s'il assista, du haut de la tour de Mécène, et revêtu d'un costume de théâtre, à l'incendie qui dévora non seulement les principaux monuments de la ville, mais aussi les demeures des anciens généraux et les enseignes ennemies dont elles étaient ornées, qui sait si le peuple romain ne s'était pas un peu refroidi pour son artiste aimé ? qui sait s'il n'avait pas *fait four* dans le même rôle dont il portait l'habit, et s'il n'employa pas ce moyen infaillible de réchauffer son public, à la suite d'une de ces représentations malheureuses où, nous l'avons déjà dit, un comédien déçu ne peut s'empêcher de désirer un peu la ruine de l'univers. Il reste bien encore, entre autres choses, sa conduite peu délicate envers Britannicus, mais Tacite n'en a pas connu la véritable raison.

Lorsque Néron, en train de se réjouir avec ses amis aux

fêtes de Saturne, imposa au jeune Britannicus, âgé de quatorze
ans, l'obligation de chanter, espérant sans doute que l'enfant
se troublerait et serait ridicule, et que le petit Britannicus,
saisissant sa lyre, entonna d'une voix assurée, au milieu des
anciens soldats de Claude et des jeunes courtisans de Néron,
ces vieux vers d'Ennius : O maison de Priam, aujourd'hui
renversée ! si Néron lui fit verser cette eau si fraîche, qui eut
pour effet de l'endormir pour jamais, et le fit ensevelir si vite
le lendemain, par une pluie battante et par un orage affreux,
ce n'était ni la politique, ni la crainte qui lui dictèrent ce
meurtre. Suétone en a donné le véritable motif : Britannicus,
dit-il à ce propos, avait la voix plus belle et plus agile que
celle de Néron.

Pour ne pas dépasser les bornes de l'espace qui nous est
confié, nous arriverons rapidement à la dernière représentation dans laquelle parut Néron, et que l'on peut véritablement
appeler sa représentation de retraite. Déjà depuis longtemps,
et quoique Néron fût accablé par les répétitions et les études
des rôles qu'il devait jouer, il avait bien fallu lui parler, au
risque d'être fort mal reçu, d'un nommé Vindex, qui venait de
soulever les Gaules. Alors il se décida à s'occuper un peu de
ses soldats; il en passa la revue et voulut même en faire
l'appel; mais ce fut par la voix d'un de ses officiers, tandis
que, pour prévenir un enrouement, il tenait constamment un
linge devant sa bouche. Son maître Terpnus, l'avertissait de
temps en temps de ne pas se laisser aller à haranguer, et de
ménager ses poumons. Pendant ces ennuyeuses occupations,
il fit dire à un jeune chanteur, que le public commençait à
trop applaudir, qu'il était bien heureux pour lui que Néron
n'eût pas le temps de le vaincre.

Or donc, pour distraire le peuple, que la disette commençait
à tourmenter, aussi bien que par reconnaissance de ses succès
en Achaïe, Néron avait fait placer depuis plusieurs jours, dans
les quartiers les plus fréquentés de Rome, des avis annonçant

qu'il allait paraître sur le théâtre, et qu'il dirait des fragments
de l'*Œdipe* de Sophocle.

Ces avis portaient aussi que des machines et des tuyaux
préparés à cet effet répandraient sur le peuple des pluies d'eau
de senteur, et que cinq cents marins, empruntés à la flotte et
habiles à manœuvrer les cordages, tendraient des voiles de
soie et d'or au-dessus de la tête des spectateurs. Les dames
romaines n'auraient donc nul besoin de se charger du parasol,
et les jeunes patriciens n'auraient point à craindre pour leur
teint délicat les rudes baisers du soleil italien!

IV

Depuis le matin, le peuple s'entassait sur les gradins; l'heure
de la représentation arrivée, l'assemblée présentait un aspect
magnifique. Les sénateurs, au grand complet, étaient rangés
dans l'orchestre; derrière eux se trouvaient placés les principaux magistrats de Rome, puis venaient les quatorze bancs
occupés par les chevaliers, puis la riche bourgeoisie, et enfin,
sur les derniers degrés, touchant presque de la main les voiles
étendus, le peuple !

C'était là que l'on riait, que l'on se passait, avec les figues
et les noix, l'épigramme du jour et l'histoire de la veille. Trois
choses, ce jour-là, occupaient le peuple romain; d'abord le
souvenir d'un ours qui, lors des derniers jeux, avait été lâché
dans l'arène, et dont les pattes, fortement imprégnées de glu,
ne pouvaient se détacher du sol; le souvenir des contorsions
de maître Braün faisait pâmer d'aise les fils de Romulus. Puis
on s'entretenait aussi d'une innovation introduite par Néron

dans les jeux de l'amphithéâtre : il avait eu l'heureuse idée de faire combattre par des femmes nues les tigres et les lions, tout étonnés de cette gracieuseté que leur faisait le maître, en leur donnant à broyer sous leurs dents terribles des chairs plus tendres et des membres plus délicats. Mais ce qui mettait surtout le comble à la joie, c'était la réponse faite récemment par le chef des pleureurs et des pleureuses. On était venu chercher le pauvre diable pour lui demander d'exercer son ministère aux funérailles d'un noble affranchi ; on l'avait trouvé tout attristé d'un malheur de famille, et il lui était échappé cette singulière réponse : *Il m'est impossible de pleurer aujourd'hui, je viens de perdre ma femme !* Vous jugez si l'on s'amusait.

Les jeunes gens riaient et se grattaient la tête avec un doigt, en regardant les impures de Rome (alors comme aujourd'hui elles trouvaient moyen d'être de toutes les fêtes), tandis qu'un crieur public, couvert d'un habit bigarré, signe de ses honorables fonctions, circulait dans les groupes, indiquant à voix haute la demeure de chacune d'elles, et l'heure où on pouvait espérer être présenté. Tout était donc fort animé, et la représentation promettait d'être brillante.

Sur le théâtre, et derrière la toile encore levée qui cachait aux Romains les mystères des coulisses, il n'en était pas ainsi ; Néron n'était pas de bonne humeur ; déjà habillé, et prêt à entrer en scène, il se promenait de long en large, revêtu du costume d'Antigone. Derrière lui, et marchant quand il marchait, s'arrêtant quand il s'arrêtait, un bel enfant, paré et parfumé, et dont la main gauche était ornée d'un large anneau d'or, suivait tous ses mouvements, et portait, avec la plus grande précaution, son masque d'Antigone, au visage de bois peint, surmonté d'une chevelure naturelle, dont le petit page soutenait avec soin les anneaux. — Ce masque, plus grand que nature, eût écrasé la taille de Néron, si l'artiste n'avait remédié au défaut de proportion en rembourrant la stole d'Antigone, et en chaussant des cothurnes démesurés, dont la semelle de liége claquait à chaque pas qu'il faisait sur les dalles de marbre.

La figure de Néron était presque aussi tragique que le masque de la fille d'Œdipe, et son sourcil était presque aussi froncé que le sourcil peint du masque qu'on portait derrière lui.

Sur la scène, tout était en rumeur ; on venait de finir l'atellane, et on changeait la décoration ; on tournait les prismes triangulaires de façon que le côté représentant les forêts, fît place au deuxième côté représentant les temples et les palais. On enlevait les toiles peintes. Ces toiles masquaient de leur rideau de verdure l'ordonnance architecturale qui, dans les théâtres antiques, servait de toiles de fond et était composée de plusieurs ordres de véritables colonnes de marbre, de pierres rares, et quelquefois de cristal : à travers les trois larges portes ménagées dans cette architecture, on apercevait d'autres toiles déjà posées, figurant la mer, et complétant la décoration.

On allait commencer. Depuis quelques instants, Néron avait cessé sa promenade, et, appuyé dans la coulisse sur une des machines servant à lancer la foudre, il songeait, et les sujets de réflexion ne lui manquaient pas.

D'abord, en s'habillant dans le choragium, il avait trouvé sur sa toilette une bande de papyrus roulé, contenant ces mots : « Pendant que Néron pince les cordes de sa harpe, le Parthe bande les cordes de son arc ; l'un sera Apollon musicien, l'autre, Apollon archer. » Ce qui lui avait été à peu près égal !

Puis, un de ses camarades, nommé Datus, venait, dans l'atellane, de se permettre une *cascade* qui avait fait beaucoup d'effet, et que Néron, malgré son indulgence pour les comédiens, avait trouvée un peu bien forte.

Datus n'était-il pas entré en scène en disant ces mots : « Bonjour, mon père, » et il avait fait le geste de manger ; « Bonjour, ma mère, » et il avait imité l'action d'un nageur tirant sa coupe, ce qui avait fourni des allusions transparentes, et saisies avec transport, aux champignons de Claude, et à la der-

nière partie de bain qu'avait faite Agrippine en s'en retournant
de Baies à sa maison de Baule. Enfin, chose plus grave encore,
Néron pensait à un manifeste adressé aux Romains par ce
même Vindex, dont le nom commençait à le préoccuper. Dans
cette pièce outrageante, le rebelle avait demandé aux Romains
comment ils pouvaient se laisser gouverner si longtemps par
ce mauvais musicien, ce triste chanteur Néron. Bien que, suivant lui, cette dernière allégation, contredite par les acclama-
tions de la Grèce et de l'Italie, dût frapper de nullité ce libelle
infâme, Néron était préoccupé ; mais ce qui, surtout, l'indi-
gnait au plus haut degré, c'était une conversation qu'il avait
surprise entre deux figurants de la suite d'Œdipe. Il avait su,
par cette conversation, qu'il commençait à ennuyer beaucoup
les Romains, et que l'écouter chanter pendant quatre heures,
ainsi qu'il l'exigeait d'eux, dépassait les bornes de la patience
humaine. Néron avait bien eu déjà quelques soupçons, vite
répudiés, de cette triste vérité, puisque, depuis quelque temps,
il exigeait que, pendant qu'il chantait, les portes du théâtre
fussent fermées, ainsi que celles de la ville. Mais il venait
d'apprendre aussi, par les indiscrétions des deux interlocu-
teurs, que, pour fuir sa musique, certains Romains agiles sau-
taient par-dessus les murs du théâtre, et que d'autres avaient
poussé la duplicité à ce point que, feignant d'être morts, ils
s'étaient fait emporter sur des civières ; on leur avait ouvert
les portes comme à d'honnêtes cadavres allant se faire en-
terrer à la campagne, mais une fois hors des murs, ils s'é-
taient relevés et enfuis, témoignant, par des gestes désordon-
nés, la joie qu'ils éprouvaient d'échapper à Néron et à ses
interminables roulades. Cela tournait au grotesque, et les
plaisantins de Rome en feraient mille contes joyeux. Néron
ridicule ! il y avait là de quoi lui faire désirer la chute du
ciel.

Il était donc dans ces sombres dispositions lorsque, la décoration étant prête, la toile se baissa lentement, faisant rentrer sous
le plancher du théâtre d'abord les pieds, puis le torse, et enfin

la tête des personnages allégoriques représentés sur les tapisseries qui servaient de rideau.

Le comédien chargé du rôle d'Œdipe vint se placer à côté
de Néron, appuya sa main sur l'épaule d'Antigone, et tous
deux firent lentement leur entrée. Pendant la représentation,
quoique les Romains s'aperçussent de la préoccupation d'Antigone, Néron eut encore de beaux moments; il dit avec sa supériorité accoutumée les beaux vers que Sophocle met dans la bouche
de l'illustre bannie : « Athéniens qui respectez l'hospitalité,
puisque la voix de mon père, moins coupable que malheureux,
vous fait frémir d'horreur, du moins ne vous montrez pas
insensibles à la mienne. Hélas ! c'est pour lui seul que j'emploie des prières ; ne nous refusez pas une faveur que je vous
demande par tout ce que vous avez de plus cher. »

A ce moment une triple salve d'applaudissements éclata ;
parmi les approbateurs, on remarquait les 2,000 claqueurs de
Néron, exécutant le *pot de terre* avec un ensemble qui dénotait
une longue habitude et de fréquents exercices.

A sa rentrée dans la coulisse, de mauvaises nouvelles l'at-
tendaient. Un courrier couvert de poussière et hors d'haleine, lui annonça que les Espagnes se révoltaient à la
voix de Galba ; puis on lui apprit qu'une sédition venait
d'éclater ! Ainsi que nous l'avons dit déjà, depuis quelque
temps la disette se faisait sentir à Rome ; du fameux *pa-
nem et circenses* la populace se lassait de n'avoir que la
moitié. Aussi, à la nouvelle de l'arrivée d'un navire venant
d'Alexandrie, ce grenier de Rome, on s'était empressé de
courir joyeusement au port d'Ostie ; arrivé là, ce vaisseau,
soi-disant chargé de farine, se trouva rempli de ce beau sable
dont l'Egypte a toujours eu à revendre, et que Néron faisait
semer sur l'arène, teinté de vermillon et parsemé de fragments
de mica et de paillette d'or. Le peuple, déçu dans son espérance, était donc revenu sur Rome et hurlait de colère et de
faim.

Le second et le troisième acte de l'*Œdipe* furent joués par

Néron au milieu de ces inquiétudes ; cependant, il eut encore un assez beau mouvement de pudeur et d'effroi, lorsque le bouillant Créon, malgré ses cris, l'arracha tout éploré des bras de son malheureux père Œdipe.

Dans la coulisse, il trouva sa nourrice Églogé. La pauvre vieille, pleine d'inquiétudes et tout en larmes, venait savoir s'il n'était rien arrivé à Néron, — depuis le matin, les présages sinistres se multipliaient pour lui. — Au moment où Églogé venait d'orner d'offrandes les dieux lares, ces divinités protectrices du foyer de Néron étaient tombées sans aucune cause apparente. S'étant endormie un instant, elle avait rêvé que le spectre d'Octavie entraînait Néron dans d'épaisses ténèbres ; en passant sur le Champ de Mars, elle avait vu une grande foule devant un superbe mausolée, et elle avait appris que les portes de ce sépulcre venaient de s'ouvrir d'elles-mêmes et qu'une voix lamentable avait appelé Néron.

Malgré l'effroi et la colère qu'il éprouvait, Néron voulut pourtant finir le spectacle ; mais au moment où Œdipe prononce ce vers :

Mère, épouse, parents, tout veut que je périsse,

un grand tumulte se fit tout à coup. Néron, succombant à tant d'émotions diverses, venait de rouler évanoui sur la scène, tout embarrassé dans les voiles d'Antigone. On leva la toile, on ôta à Néron son masque et on le rapporta chez lui. Remis de son évanouissement, il apprit que toutes les armées entraient dans la révolte de Vindex, et qu'il n'avait plus d'autre parti à prendre que de fuir. C'est alors qu'il forma les projets les plus singuliers : il menaçait les chefs de la révolte de faire contre eux des vers satiriques et de les clouer ainsi au pilori de la postérité ; un instant après, il voulait se présenter aux soldats révoltés, leur offrir leur pardon, puis entonner devant eux des chants d'allégresse dont il offrait de composer lui-même la musique ; puis enfin il voulait partir, ordonnant d'abord que l'on prît le plus grand soin de sa harpe.

Bientôt, détrompé sur l'efficacité de tous ces moyens de salut, et n'ayant pas sa part de cette loi meilleure qui venait d'être révélée et qui parlait de résignation et d'espérance, suivant la coutume des païens désespérés, il songea au suicide.

Il envoya demander le secours de l'épée du gladiateur Spicilius, qu'il avait tant enrichi, et, à son refus, il voulut se précipiter dans le Tibre.

Son affranchi Phaon (l'histoire, même lorsqu'il s'agit d'un Néron, aime à conserver le nom de ces amis de la dernière heure) lui offrit une petite maison de campagne qu'il possédait près de la voie Salaria, pour s'y recueillir et attendre les événements. Néron monta à cheval pour s'y rendre : il était dans le négligé du désespoir et de l'évanouissement, pieds nus, le corps enveloppé d'un manteau usé, le visage couvert d'un voile (peut-être celui d'Antigone) : c'est ainsi que Néron partit pour la ferme de Phaon, dernier asile qu'il atteignit en marchant sur les ronces et dans lequel il se glissa par un trou pratiqué dans le mur de clôture (il fallait éviter les soldats qui passaient sur la route et le cherchaient) ; puis il se jeta sur un mauvais matelas, on le couvrit d'un vieux manteau et on lui offrit, dit Suétone, du pain fort salé qu'il refusa, et de l'eau tiède dont il but un peu. Tout le monde connaît le récit des derniers moments de Néron et cette exclamation arrachée à l'orgueil de l'artiste, alors que tout s'écroulait autour de lui : « Quel sort pour un si grand musicien ! »

Il est si vrai que chez Néron l'instinct artistique, éveillé le premier par les leçons du danseur, survécut à tous les autres, qu'après s'être enfoncé un poignard dans la gorge, il mourut en murmurant ce vers grec, allusion au bruit que faisaient, dans la cour de la maison de Phaon, les soldats qui avaient enfin découvert sa retraite :

D'un grand bruit de chevaux mon oreille est frappée.

Si Suétone et Tacite ont dit vrai, Néron fut un monstre, et

mérite à peine le nom d'homme; il ne se rattache à l'humanité,
que par un seul point : son amour pour les œuvres de l'intelligence et sa passion déréglée pour un art dans lequel, sans
aucun doute, et n'en déplaise à Vindex, il excella.

Or, l'art est une si noble chose et procure de si grandes
jouissances aux humains, sa couronne de rayons est si éblouissante, qu'une faible lueur en est demeurée autour de la tombe
effacée et sur le nom maudit de ce misérable! Longtemps après
sa mort, des mains inconnues couronnaient encore de fleurs, à
chaque retour de saison, ses statues renversées et mutilées;
ces fleurs ne pouvaient être qu'un souvenir donné au talent de
l'artiste; de toutes les couronnes qu'aurait pu mériter Néron,
c'est certainement celles-là qu'il eût choisies.

Peut-être qu'au sein du Ténare, son ombre, livrée aux
Furies, en a tressailli de joie, au milieu de ces affreux hurle-
ments qui devaient être, à eux seuls, un éternel supplice pour
les oreilles délicates de ce musicien criminel.

DEUX VIRTUOSES

AU XVIIIe SIÈCLE

E piano, cet instrument, à la fois charme et supplice
de nos intérieurs modernes, a comme beaucoup d'en-
vahisseurs, commencé modestement.

D'abord rare et inoffensif, on le trouve à l'état rudimentaire ;
il n'est guère plus grand qu'un tympanon ordinaire, avec un
petit clavier d'une octave et demie ; c'est ainsi que nous apparaît le curieux petit instrument qui a appartenu à la belle Ga-
brielle et que possède aujourd'hui la famille Czartoriska. Sur la
bande d'ébène au-dessus du clavier, on lit, en lettres du
seizième siècle, le mot *Zappinet*. Est-ce le nom du facteur ? Est-
ce l'ancien nom de l'instrument ? Quoi qu'il en soit, n'est-on pas
autorisé à penser que de ce mot mystérieux se sont formés le
substantif anglais *spinnet* et le substantif français *épinette* ?

Au commencement du dix-septième siècle, le futur piano,
déjà singulièrement amplifié, n'est cependant pas encore plus
important que les autres instruments, et n'a pas plus qu'eux
droit de cité dans les salons.

Lorsqu'on avait besoin de lui, deux domestiques le tiraient de l'étui, où, comme le luth et le violon, il était enfermé, et alors, déposé provisoirement sur deux X de bois doré, il offrait aux regards sa riche caisse laquée ou couverte d'incrustations et de peintures précieuses, et présentait son clavier d'ébène, aux blanches mains qui lui demandaient les paisibles mélodies de Caccini ou de Monteverde.

Cette habitude de dresser sur des supports, au moment seulement de s'en servir, les meubles futiles et embarrassants, existe encore dans certaines villes d'Allemagne, car notre ami Victorin Joncières l'a vu pratiquer l'année dernière, à propos d'antiques billards, dans la vieille cité d'Heidelberg.

Le goût de la musique pénétrant de plus en plus dans les mœurs, et les occasions d'en faire devenant plus fréquentes, on se fatigua sans doute de tirer à chaque instant l'épinette de son étui, et on se décida à l'établir à demeure dans la salle de réunion. D'abord on plaça l'épinette sur de riches consoles de bois doré et sculpté ; plus tard, on vissa dans la boîte sonore de simples pieds qui contrastent parfois singulièrement comme style et comme élégance avec l'instrument primitif.

A l'appui de ce qui précède, nous citerons deux belles épinettes avec incrustations, encore dans leur étui du temps, appartenant, croyons nous, à la famille Rothschild ; deux magnifiques clavecins de la collection Clapisson dont les caisses ont cent ans de plus que les consoles, et enfin une charmante épinette *faite pour sonner à la quinte* en 1702, par L.-Marie Birger, à Milan, et *refaite pour sonner au ton*, en 1780, par Mathurin Nesle, lequel l'orna de six pieds tournés en fuseaux dorés et cannelés.

Cette transformation marque l'époque déjà redoutable où le piano s'installe dans l'appartement et passe à l'état de meuble meublant. Un peu plus tard, grâce au grand succès du *Devin de village*, l'épinette devient de plus en plus à la mode. Enfin, arrive pour le piano cette époque mémorable où le claveciniste Mozart , apôtre d'une nouvelle religion musicale, traverse l'Europe en catéchisant les Barbares, et commence cette glorieuse phalange de pianistes compositeurs, phalange dont il est resté le chef, et qui comptera plus tard dans ses rangs Beethoven, Hummel, Weber, etc. Alors le piano se démocratise de plus en plus ; il dépouille ses brillantes peintures ; il se met à la portée de toutes les fortunes ; il entre peu à peu dans tous les intérieurs. Aujourd'hui l'envahissement est consommé ! Le piano est partout ; sous nos pieds, sur nos têtes, en face de nos fenêtres, et, comme les architectes et les facteurs semblent s'être entendus les uns pour diminuer toujours l'épaisseur des plafonds et des murailles, les autres pour augmenter de plus en plus le son de leurs terribles instruments, nous naissons, vivons et mourons, avec accompagnement de piano. Nos gestes paraissent rhythmés sur des mélodies invisibles et comme dans les mélodrames de l'ex-boulevard du Crime, nos conversations sont soutenues par une musique en sourdine.

Parmi tous les virtuoses qui, comme dit Al. Karr, ont fait du clavecin le piano, il est une artiste aujourd'hui bien oubliée et dont il est peut-être intéressant de rappeler le souvenir.

Mme de Montgeroult, fit résonner sous ses doigts le premier *piano-forte* de Sébastien Érard, elle fut, au dire de ses contemporains, un talent de premier ordre. Élève de Dusseck, pendant les dernières années du dix-huitième siècle, elle charma, selon l'expression du temps, la cour et la ville. Liée d'une amitié pure et durable avec le grand violoniste Viotti, ils se faisaient souvent entendre ensemble, et accomplissaient en public de merveilles d'improvisation *à deux*, qu'aujourd'hui nous avons peine à comprendre. Ces merveilles sont attestées par un témoin auriculaire, M. d'Ey***, préfet du Leman, auquel nous devons une petite brochure aujourd'hui fort rare, publiée à Genève, l'an VIII de la République française.

Cette brochure, petit in-8, imprimée sur gros papier verdâtre dans lequel la tête de lettre s'incruste brutalement au point de faire saillie sur le verso de la page, a l'air, sous sa couverture saumon clair, d'une de ces brochures fameuses qui, quelques

années auparavant défendaient les droits de l'homme, ou atta-
quaient ceux du clergé.

Elle est écrite dans un français imité de Jean-Jacques ; on y
retrouve presque à chaque page les mots *sensibilité, nature,
expression, dons du cœur*. La forme exclamative y est prodi-
guée : *O Viotti ! O amitié ! O charme des beaux-arts !* La forme
interrogative y abonde : *Quoi ! la France t'aurait-elle perdu pour
toujours ? Quoi ! serais-tu devenu la conquête d'une terre étrangère ?*

Ce petit ouvrage, extrait de *la Décade philosophique*, contient
sur Viotti et sur Mme de Montgeroult des anecdotes et des
détails de mœurs, précieux à recueillir et dignes d'être remis
en lumière.

Nous n'avons certes pas l'intention de ridiculiser deux grands
artistes dont l'un fut le fondateur de notre école de violon ;
mais il nous a semblé, qu'en les entendant parler, en les
voyant agir, suivant les habitudes que la mode et le temps leur
avaient données, leur souvenir deviendrait plus vif et plus
réel, et que l'on reverrait ces pastels ravivés, avec ce sourire
singulier qui vous rend les yeux humides, alors que l'on contemple le portrait de l'ancêtre avec son habit tourterelle ou celui de la grand'mère tenant une rose à la main !

Après avoir insinué malicieusement que la beauté de Viotti,
sa physionomie douce et sensible, sa taille svelte, ses longs et
blonds cheveux, « avaient peut-être contribué autant que son
talent à faire rechercher l'artiste par une cour voluptueuse et
d'autant plus avide de nouvelles jouissances, qu'elle avait
épuisé toutes les autres ; » après avoir raillé la pauvre Marie-
Antoinette sur son goût pour la musique, goût qui ne lui était
venu, dit l'auteur, que depuis que ses *courtisans* et ses *favoris*
lui avaient persuadé qu'elle excellait *dans le chant et sur la
harpe* (sic), M. D'Ey*** raconte sur Viotti l'anecdote suivante.
Cette anecdote fait certes autant d'honneur à la juste fierté
de l'artiste qu'à la longanimité des tyrans dont l'an VIII mau-
dissait la mémoire.

Viotti avait été invité à se faire entendre à Versailles ; le salon de musique était disposé ; la reine suivie de toute la cour venait d'arriver, et Viotti, son violon sous le bras, avait donné le signal. Déjà l'orchestre exécutait le premier tutti d'un de ses magnifiques concertos...

Mais cédons la parole à notre auteur :

« La corde frémissante sous l'archet fier et brillant de Viotti a déjà fait entendre quelques accents, lorsque tout à coup, il se fait un grand bruit dans la pièce voisine. Place à monseigneur le domte d'Artois ! C'est ce prince en effet qui arrive précédé de valets de pied, portant des flambeaux, et accompagné d'une suite nombreuse. Les deux battants de la porte s'ouvrent, et le concert est interrompu ; la symphonie recommence un moment après, *silence !* Viotti va se faire entendre. Cependant le comte d'Artois ne peut se tenir en place ; il se lève, il marche dans le salon adressant assez haut la parole à quelques femmes, Viotti met son violon sous son bras, ferme son cahier, et sort, laissant là le concert, Son Altesse Royale et Sa Majesté au grand scandale de tous les spectateurs. »

Après cette aventure Viotti, dit M. D'Ey***, ne se fit plus entendre à Paris qu'une seule fois.

Nous sommes en 1790 : la voix des tribuns populaires et parfois aussi la grande voix du canon, vient interrompre les galants entretiens de monseigneur le comte d'Artois, comme il interrompit lui-même, tout-à-l'heure, le violon de Viotti.

Un député de l'Assemblée Constituante, intime ami du célèbre artiste, obtint de lui qu'il se fit entendre encore une fois, Viotti avait consenti, à la condition que la séance aurait lieu chez le député, qui logeait à un cinquième étage, dans une des petites rues du vieux Paris.

« Des princes, malgré l'orgueil du rang (c'est M. D'Ey*** qui parle), de grandes dames en dépit de la vanité des titres, de jolies femmes et de petits messieurs, *malgré leur faiblesse*, montèrent pour la première fois à un cinquième étage. »

Ne semble-t-il pas assister à ce défilé si bien représenté par une gravure coloriée intitulée *vue des Boulevards* et qui est, sauf erreur, de Dubucourt.

Que de charmants petits cris étouffés, que de discrets éclats de rire, dissimulés sous l'éventail ou le gigantesque lorgnon à deux branches, dûrent retentir dans cette sombre maison, et pendant cette ascension inaccoutumée, poussés par ces visiteurs aristocratiques dont quelques-uns, trois ans plus tard, devaient sur la place de la Révolution monter un escalier, autrement roide et autrement terrible que celui qui conduisait à l'appartement choisi par Viotti !

Assez longtemps, disait le virtuose dans le style du temps, *nous sommes descendus jusqu'à eux, il faut aujourd'hui qu'ils montent pour s'élever jusqu'à nous.*

La nouvelle salle de concert n'avait pour tout ornement que le buste de J.-J. Rousseau (pourquoi Rousseau ? nous ne pensons pas que ce soit à cause du *Devin du village.*) et des guirlandes de fleurs.

Ce que le dix-huitième siècle a usé de guirlandes de fleurs, est chose inouïe.

La séance fut magnifique, on y entendit Garat, Hermann, Rode, le brillant élève de Viotti que M. D'Ey*** appelle *Road.* Puis de célèbres artistes dont le nom n'est pas arrivé jusqu'à nous, tels que Bréval, Puppo, Smerska, Alday, Hulmorndell, etc., etc. Le talent de Mme de Montgeroult excita des transports d'enthousiasme, et cependant Steibelt jouait dans ce concert.

Après cette intéressante séance, M. D'Ey*** reste quelque temps sans rien nous apprendre de nouveau sur ses artistes favoris. Les Girondins, les Jacobins, les Feuillants, s'emparaient de plus en plus de l'attention publique, et nous ne retrouvons Mme de Montgeroult qu'en 1793, et dans les prisons de la Conciergerie où son titre de marquise et ses relations aristocratiques l'avaient fait enfermer.

Les membres du comité de salut public (ces gens assurément

n'aimaient pas la musique), imitant le meurtre d'Orphée par
les bacchantes, auraient fait tomber la tête harmonieuse de
madame de Montgéroult sans scrupules. Heureusement pour
la célèbre artiste, son ami Sarette, directeur du Conservatoire,
alors appelé Institut national de Musique, osa, comme Orphée,
pénétrer dans le Ténare, où le terrible comité tenait ses séances, et vint réclamer madame de Montgeroult, disant que l'é-
tablissement qu'il dirigeait ne pouvait se passer du plus grand
professeur de piano qui existât alors en France.

La raison paraissait puérile aux sombres proconsuls ; il y eut
un moment de silence. Deux ou trois membres du comité, écrasés de fatigue, dormaient ; des plumes criaient sur le papier ; on
respirait, dans cette pièce froide, ces vagues odeurs de sciure
de bois et de cire brûlée, qui sont comme les odeurs naturelles
des bureaux. — Une grande horloge de Boule, sur le cadran
fleurdelisé de laquelle on lisait encore : *Leroy, horloger du roy*,
faisait son tic-tac monotone, et le buste en plâtre de la
République, placé au-dessus de la tête du président, fixait
ses grands yeux blancs et sans prunelles sur le pauvre Sarette. Il y avait, comme on dit au théâtre, *un froid*.

Enfin le président, sortant de sa rêverie, agita une sonnette
et un huissier entra. Il y a eu en France des moments néfastes
où nous n'avions plus de chef, plus de ministres, plus d'autorités reconnues, à peines des lois !... mais il y a toujours eu
des huissiers.

Le président donna tout haut l'ordre de faire amener à la
barre madame de Montgeroult et compléta son ordre par quelques paroles dites à voix basse. Sarette trembla ; en attirant
l'attention du comité de salut public sur sa pauvre amie, peut-
être venait-il de l'envoyer à la mort.

Au bout d'un instant, un assez grand remue-ménage se fit
dans l'antichambre de la salle des séances ; des chaises tombè-
rent ; on entendit des voix animées, la porte s'ouvrit à deux
battants, et l'on vit entrer, portée par deux patriotes, une

caisse longue, que les yeux troublés de l'ami de madame de
Montgeroult prirent d'abord pour un cercueil; mais la vue de
quatre pieds cannelés et l'aspect de deux pédales désaccrochées
se balançant éperdues sous le ventre de la caisse en question, firent comprendre au désolé Sarette que le prétendu cercueil n'était autre chose qu'un piano.

Derrière l'instrument, entre deux gendarmes, parut madame
de Montgeroult, pâlie par plusieurs jours de captivité et d'angoisse.

— Citoyenne, dit le président, on nous assure que l'*Institut
national* de musique ne peut se passer de toi et de ton talent,
dont nous avons voulu juger par nous-mêmes. Assieds-toi là,
et joue-nous *la Marseillaise!*

Ce n'était pas le moment de se faire prier. Interdite et
tremblante, madame de Montgeroult se laissa tomber sur une
chaise devant le piano, (peut-être, dit-elle plus tard, n'était-il
pas parfaitement d'accord), et elle commença cette tâche facile
pour elle de jouer l'hymne de Rouget de l'Isle.

O jeunes filles du Conservatoire, quand à l'époque des concours, vous tremblez en exécutant un concerto devant votre
paisible et inoffensif jury, c'est là qu'il eût été permis d'avoir
peur, puisque le prix qu'il s'agissait de gagner, c'était tout
simplement la vie!

Après avoir joué une fois l'air demandé, l'artiste le reprit
en y introduisant quelques timides variations destinées à faire
briller son exécution incomparable; puis, mettant à profit son
grand talent d'improvisatrice, elle promena le thème dans les
divers tons voisins de celui où elle avait commencé. Jetant
alors, à la dérobée, un regard sur le terrible aréopage, elle vit
que le président souriait. Les plumes avaient cessé de grincer
sur le papier; tout le monde était éveillé; deux membres du
comité dodelinaient doucement la tête dans leurs immenses
cravates; un petit murmure, qui allait devenir un fredonne-
ment, planait sur le tribunal. Madame de Montgeroult redou-
bla d'efforts. Ramené au ton principal par un formidable *cres-*

cendo qui faillit faire éclater la poitrine du frêle instrument, le thème sacré reparut tout à coup à la main droite, accompagné de larges arpéges.

Le président n'y tint plus ; il se leva, et, imité par ses collègues, il attaqua d'une voix tonnante le chant national. A ce bruit inaccoutumé, la porte s'entr'ouvrit ; les huissiers, le sourire de l'obséquiosité sur les lèvres, joignirent leurs voix à celles des commissaires ; plus loin, les deux soldats qui gardaient la porte de l'escalier, laissant retomber bruyamment leurs fusils sur les dalles de pierre, se mirent à entonner leur chant favori, les yeux fermés et le coude appuyé sur le triangle de la baïonnette. Pendant ce temps, la mélodie guerrière égrenant ses notes sonores d'étage en étage, on entendit jusque dans la cour des voix lointaines répéter comme un écho : *Aux armes, citoyens !*

Lorsque le délire général fut un peu calmé, le président prit la parole et prononça cette courte allocution :

— Citoyenne, nous voyons que tu es une bonne patriote, et nous t'acquittons des accusations portées contre toi. Viens recevoir l'accolade fraternelle !

Madame de Montgeroult se résigna, et dûment embrassée, devenue *sacro-sainte*, comme disait Dumouriez, elle suivit Sarette et franchit, pour rentrer dans la vie, cette porte que tant d'autres, hélas ! n'avaient repassée que pour entrer dans la mort !

Après de tels orages et de telles émotions, on aime à retrouver, quelques années plus tard, notre héroïne retirée au milieu de sa famille, sous les paisibles ombrages de la vallée de Montmorency ; et nous terminerons cette étude par le récit d'une visite que lui firent alors ses deux amis, Viotti et M. d'Ey... Nous citons textuellement ; ie style de l'auteur peignant fidèlement, selon nous, cette époque curieuse que nous avons essayé de faire revivre.

Les livres de Rousseau, les tableaux de Greuze et de Lagrenée avaient façonné à leur image toute cette partie de la nation française qui n'avait pas l'occasion de se traiter à la tribune de Catilina, ou de se couper la tête en famille, comme Brutus.

L'art mélodramatique et prétentieux de ce temps avait fini par devenir pour les Français une seconde nature. Ils herborisaient comme Jean-Jacques! Quand ils se promenaient à la campagne avec leurs enfants, ils s'asseyaient sur la verdure en s'arrangeant naturellement et sans effort, comme un tableau de famille de Mme Vigée-Lebrun. Ils éprouvaient le besoin de jouer de la flûte dans de *riants vallons*, de se faire bénir par des vieillards vertueux, de maudire des enfants ingrats, et surtout de pleurer sur des urnes, en longs voiles de deuil.

Nous avons dû rappeler tout ceci, afin que le récit de M. d'Ey..., si curieux au point de vue de la couleur locale, ne paraisse pas une exagération faite à plaisir. Abordons maintenant ce récit :

« Le ciel promettant un beau jour, je vis arriver Viotti : il accourait m'annoncer les brillantes couleurs de l'aurore, et sur la foi d'un horizon sans nuages, nous partîmes dans un rapide char! »

Ils arrivent tous deux à la campagne de Mme de Montgeroult et, en attendant son réveil, ils pénètrent dans les jardins.

M. d'Ey... dépeint alors Viotti, se mettant tout en nage en poursuivant un papillon :

« Il était en colère de ne pouvoir l'atteindre, et lorsqu'enfin il était parvenu à s'en saisir, à peine avait-il un instant admiré ses brillantes ailes, que ne pouvant soutenir l'idée de son esclavage, et cédant aux premiers efforts que le malheureux captif faisait pour s'échapper de ses mains, il se hâtait de le rendre à la liberté.

« J'étais occupé à observer tous les mouvements de mon ami, lorsque tout à coup des sons frappent mon oreille. Ah! c'est Euterpe; qui pourrait s'y tromper? J'accours, et je la trouve préludant sur son piano; Viotti qui est déjà près d'elle, ne s'aperçoit point de mon arrivée, il est profondément occupé à réunir, à déplacer, à rapprocher encore des fleurs, qu'il a cueillies, et qu'il cherche à assortir dans un bouquet. Cependant Euterpe promène une main légère sur les touches de l'instrument. Viotti, toujours occupé de ses fleurs, ne lui donne que par intervalle quelques moments d'attention ; mais lorsque les chants d'Euterpe deviennent expressifs, lorsque sa main presse plus fortement et paraît s'arrêter sur les cordes qui caractérisent plus particulièrement l'expression, alors Viotti l'écoute avec une extrême attention ; peu à peu les fleurs qu'il oublie échappent de ses mains ; il se lève sur la pointe du pied, va chercher son violon et l'accorde doucement. Il s'approche, et les sons du violon commencent à se faire entendre avec ceux du piano.

« Pendant qu'ils improvisent ainsi, les heures se passent, et le jour commence à baisser ; la mélancolie qui s'empare de Viotti au déclin du jour, pèse plus fortement encore que de coutume sur son cœur. Euterpe reste quelque temps immobile et silencieuse.

« Tout à coup elle se lève avec vivacité, elle demande qu'on ferme les fenêtres, et qu'on apporte un flambeau. Tandis qu'on obéit à ses ordres, elle jette un voile sur sa tête, elle allonge les plis du mouchoir qui couvre son sein, elle drape en forme de linceul funéraire le vêtement qui la couvre, et va se placer dans le fond du salon sur un sofa. Là, à demi couchée, elle donne à son attitude, à ses traits, à sa physionomie, le caractère et l'expression d'une femme qui, étendue sur un tombeau, se réveille du sein de la Mort.

« Tel est le spectacle qui s'offre à nos regards lorsque la lumière arrive. « Comment trouvez-vous, nous dit Euterpe, *cette* « *figure de monument?* »

« L'effrayante vérité de cette imitation nous jette dans le plus grand étonnement, et dans une sorte d'effroi. Viotti, troublé, sort de la chambre ; quelques moments après, Euterpe ayant repris sa forme ordinaire, je la suis dans le jardin. »

Arrivé là, et après cette scène incroyable, le sensible auteur de la brochure que nous analysons, parle plus que jamais de fleurs et de laitage, ce qui le conduit nécessairement à reparler de la nature. La nature le mène à la liberté, la liberté à la Suisse; puis tout à coup, et sans raison bien apparente, il termine son petit livre par le *Ranz des Vaches*, noté en musique!

Nous nous sommes pris (peut-être à tort) d'affection pour ce petit ouvrage. Au milieu des exagérations du style, on y sent le parfum d'une âme enfantine, et accessible à des sentiments généreux.

Et puis, personne ne songe aujourd'hui à ces artistes si admirés de leur temps. Le grand nom de Viotti, lui-même, commence à s'effacer de la mémoire du public.

N'est-ce pas une œuvre pieuse que d'imiter ce vieux sculpteur, dont Walter Scott nous a raconté l'histoire, et qui parcourait le monde, retraçant les inscriptions et restaurant les tombes de ses frères morts dans la foi afin de disputer leur nom à l'oubli.

Mme de Montgeroult ne fut pas seulement une grande artiste et une femme de courage, mais aussi une mère tendre et irréprochable, elle mourut à Florence en 1836. Elle avait épousé en secondes noces le comte de Charnage.

Depuis douze ans, déjà, son fidèle ami Viotti n'était plus! Ces deux artistes se sont probablement retrouvés, occupés à chanter éternellement les louanges de Jéhovah, dans les rangs de cette musique céleste, dont Mozart, nous n'en doutons pas, est le maître de chapelle.

UNE VISITE

MUSEE INSTRUMENTAL

DU CONSERVATOIRE

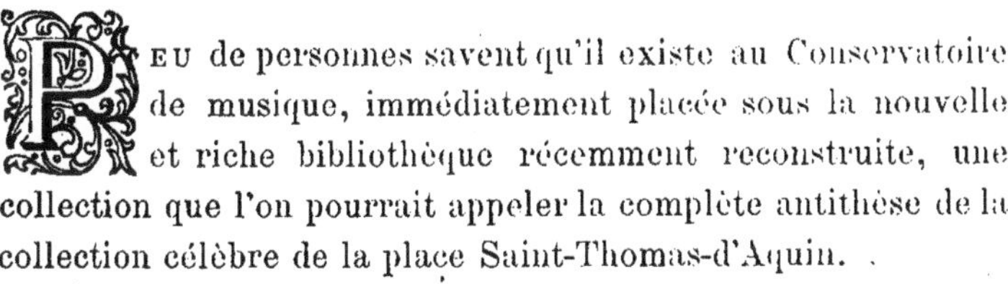

Peu de personnes savent qu'il existe au Conservatoire de musique, immédiatement placée sous la nouvelle et riche bibliothèque récemment reconstruite, une collection que l'on pourrait appeler la complète antithèse de la collection célèbre de la place Saint-Thomas-d'Aquin. .

En effet, si le musée d'artillerie est dédié à l'art terrible de la guerre, le paisible musée d'anciens instrument de musique, acquis par les soins intelligents du ministère des Beaux-Arts, doit être dédié à cet art ami de la paix que l'on cultive avec tant de succès rue du Faubourg-Poissonnière.

Ce sera une des gloires de ce temps de n'avoir rien négligé pour sauver et conserver les monuments du passé, tout en s'occupant sans cesse d'améliorer le présent et de préparer l'avenir.

Pendant que les tableaux, les orfévreries, les statues, les meubles d'autrefois sont rassemblés et classés avec un soin dont aucune époque ne peut offrir un autre exemple, la crèche s'ouvre à l'enfant, l'asile à l'orphelin, la maison de refuge à la jeune fille abandonnée, l'hospice agrandi et la maison de convalescence au vieillard et à l'ouvrier malade. Pourquoi ne serait-il pas permis alors de rechercher le vieux fauteuil aux tapisseries fanées, dont les bras fatigués ont vu leurs sculptures s'écraser sous les mains tremblantes d'un aïeul ignoré ; l'antique béguin de drap d'argent, brodé de soies élimées et pâlies; le vieil anneau d'or des fiançailles, gage d'un amour oublié, dont les orages inconnus et les ivresses devinées, se sont apaisés et éteints dans ce calme profond qui succède à la vie, lorsque, ainsi qu'on le fait aujourd'hui, on met tant de soin à assurer le sort du vieillard, de l'enfant et de la femme, et que ces paroles amères, prononcées dans *l'Antiquaire* par le vieux mendiant Élie Ochiltrie, « bien des gens trouvent une grande valeur à de vieux morceaux de cuivre, de fer ou de corne, et ne font aucune attention à un vieux vagabond, leur contemporain et leur concitoyen, » sont devenues une protestation injuste et sans valeur ?

Il y a quelque temps, à propos des admirables collections d'armes exposées au Palais de l'Industrie, nous avons essayé de réveiller les antiques échos des batailles livrées par nos ancêtres ; aujourd'hui, à propos du musée instrumental, ce sont les chants des fêtes d'autrefois que nous voulons rappeler.

Un jeudi, de midi à trois heures, après avoir franchi la grille qui s'ouvre sur la rue du Conservatoire, montez les cinq ou six marches du modeste perron, à droite. Tournez le bouton d'une porte qui n'a rien de monumental, et vous vous trouverez au milieu de la collection d'instruments commencée par un artiste honorable et célèbre, M. Louis Clapisson, l'auteur de la *Perruche* et de la *Fanchonnette*.

C'est sur la proposition faite le 9 décembre 1860 par M. le directeur général, dans les attributions duquel se trouvent placés le Conservatoire de musique et les théâtres, que la formation d'un musée instrumental, utile aux divers points de vue de l'intérêt de l'art, de l'histoire de la musique et de la fabrication des instruments, fut décidée. Le fonds Clapisson fut acquis, on disposa deux belles salles dans les nouveaux bâtiments du Conservatoire, on inscrivit aux plafonds de ces salles les noms des luthiers célèbres, Stradivarius, Amati, etc., et enfin les précieuses et fragiles merveilles dont se compose le musée instrumental furent suspendues avec soin aux murailles ou placées dans d'élégantes vitrines. C'est ce musée que nous allons parcourir aujourd'hui, nous arrêtant devant les instruments les plus intéressants, et cherchant à retrouver et à reconstruire, grâce à eux, un peu de l'histoire de cet art immortel et charmant, qui a sur les mœurs son influence, et sa place, quoique modeste, dans l'histoire de l'humanité.

Voici d'abord une lyre, sœur ou imitation de celles qui vibrèrent à Rome et à Athènes. Celle-ci, du plus ancien modèle, est formée de deux cornes d'antilope montées sur une écaille de tortue, semblable à la carapace vide que Mercure heurta sur le sable égyptien ; grâce aux fibres desséchées demeurées tendues sur sa cavité sonore, cette carapace rendit, au choc du pied divin, une harmonie plaintive.

Sur la reproduction du musée instrumental, les cordes manquent; pour les restituer, il eût fallu choisir, entre la lyre d'Olympe accordée *mi*, *la*, la lyre de Mercure accordée *si*, *mi*, *la*, ou enfin la lyre d'Orphée ou d'Amphion, avec laquelle ils accomplirent tant de prodiges ; suivant M. Tiron, l'auteur d'un bel ouvrage récemment publié et intitulé modestement : *Recherches sur la musique grecque*, cette dernière lyre était accordée, *mi*, *si*, *mi*, *la*.

Apollon et Mercure se sont quelquefois chamaillés dans l'Olympe à propos de l'invention de la lyre, Apollon soutenant que l'histoire de la carapace de tortue cachait tout simplement un délit de contrefaçon, et que la lyre de Mercure n'était que le perfectionnement de la lyre à une corde qu'il avait inventée pour être agréable à sa sœur Diane, et à laquelle il avait galamment donné la forme d'un arc.

S'il nous était possible de ressussiter le monde antique et de le voir passer sous nos yeux, il semble que c'est au son des lyres que défileraient devant nous : et les conquérants couronnés d'or ou de lauriers ; et les généraux libérateurs couronnés de gazon et de fleurs sauvages ; et les poètes couronnés de roses ; et les sages couronnés d'olivier ; ainsi que les jeunes gens et les belles au front orné de myrtes..

La lyre représente si bien le monde antique qu'elle disparaît avec lui. Les chrétiens en dédaignèrent l'usage. Seuls, les histrions et les mimes, chassés de Rome presque détruite par Alaric, la cachèrent en fuyant sous leurs manteaux usés ; car, au milieu de tous ces écroulements et de toutes ces ruines, nulle classe ne dut être aussi durement frappée que celle des comédiens païens au moment du démembrement de l'Empire romain. Non, les pauvres comédiens de campagne, emmenés de nos jours jusqu'aux bords de l'Ohio, et abandonnés sans ressources par un directeur en détresse, ne peuvent même pas nous donner une idée de ce que durent souffrir alors les histrions antiques.

Mal vus de Constantin, soutenus par Julien l'apostat, exaltés par Augustule, maudits par les apôtres chrétiens les accusant, souvent trop justement hélas! de représenter le démon qui leur donnait le plus de mal à combattre, celui de l'impureté, répétant au milieu des huées les chansons et les vers que jadis on couvrait d'applaudissements! reniés, même par les esclaves, eux, qui jadis étaient les favoris des patriciens ; voyant les hommes nouveaux se précipiter vers les douleurs, avec la même passion que mettaient leurs anciens admirateurs à se précipiter dans les plaisirs, battus, honnis et méprisés pour exercer des arts qu'ils aimaient, dans lesquels ils se sentaient exceller, et qui avaient jadis donné à leurs maîtres honneur et fortune! ils devaient, ballottés et incertains, avoir dans l'œil l'effarement désespéré du cheval accablé de coups, qui ne comprend pas ce qu'on lui veut, fait de son mieux, et ne voit autour de lui que des poings tendus et des visages ménaçants.

Nous nous réprésentons quelquefois deux de ces malheureux, un homme et une femme, jeunes encore, arrivant à la chute du jour dans une des vastes plaines du midi de la Gaule, récemment soumise aux Francs. Echappés dans leur enfance à l'incendie du Palais d'Augustule, le dernier protecteur enthousiaste des histrions, il ont traîné leur jeunesse méprisée dans cette Italie presque entièrement partagée aux barbares compagnons d'Odoacre; les voilà définitivement obligés de quitter Rome devenue inhabitable pour eux, aujourd'hui que règne Théodoric, prince qui, quoique Arien, ménage les idées nouvelles et protége les chrétiens.

La demeure devant laquelle ils se sont arrêtés est importante par son étendue; une tour de bois assez élevée, couverte hâtivement d'un toit de chaume, domine un assemblage étrange de bâtiments consacrés à divers usages : étables, granges, écuries, celliers. Dans les murs revêtus d'un crépi grossier, sont encastrés, pour donner de la solidité et aussi peut-être pour satisfaire un vague besoin d'ornementation, des tronçons de colonnes brisées, des débris de statues mutilées. La couleur dorée des marbres grecs et italiens contraste avec le ton cendreux de la construction franque; c'est la demeure d'un des Leudes de Clovis. Autour de la table, formée d'un bois épais à peine équarri et couverte de vases d'or et d'argent, arrachés au trésor d'un temple de Mercure spolié et démoli, sont assis les familiers et les compagnons d'armes du maître de la maison; on boit à longs traits, l'on célèbre l'anniversaire de la défaite de Synagrius, le dernier général romain envoyé contre les Francs, la victoire de Tolbiac et cette conversion du roi Clovis, qui donna aux Francs, pour alliés secrets ou avoués, tous les chrétiens répandus sur la surface immense de ce qui avait été l'empire d'Occident.

A côté du maître de la maison, et surveillant son dangereux troupeau, est assis un prêtre de la nouvelle foi ; il s'appelle aujourd'hui Eusèbe, et s'appellera peut-être demain saint Eusebius, lorsque, pour avoir admonesté avec trop de zèle son terrible patron, mal converti et toujours prêt à retomber sous le joug de ses dieux sauvages, sa tête aura roulé sur le sable trempé de vin et de sang. Ses mains et son front portent encore les stigmates des tortures endurées pour la foi. Il assiste grave et silencieux au festin bruyant tout prêt à dégénérer en orgie.

Au dehors, les deux pauvres étrangers attendent ; la nuit vient, et les fumées du repas arrivent jusqu'à eux.

L'homme vêtu de la jupe courte de l'histrion porte sur son dos une grande lyre jadis accordée suivant le système de Timothée, mais à laquelle l'intempérie de l'air a fait perdre plusieurs des onze cordes dont elle était garnie. Sa compagne, sous la cape italienne est vêtue du riche costume un peu défraichi de la *saltatrix* ; son sein nu qui frissonne est à peine protégé par ce vêtement absolument semblable aux longs châles dans lesquels s'enveloppent, à l'heure de la sortie, les fées et les déesses de nos théâtres, et que l'on nommait alors l'*amictus*. Elle porte à son bras un petit paquet contenant un masque comique en liége, une petite brosse pour appliquer sur le visage le rouge végétal nommé *fucus*, un poignard tragique et divers autres *accessoires*, comme nous dirions aujourd'hui. La fatigue du voyage et la poussière de la route ont laissé des traces sur le front des deux pauvres artistes errants.

Introduits par la bienveillance d'un valet, ils sont accueillis avec des clameurs par les convives, lassés de boire et de crier: *Cantate, saltate Histriones!* disent les Francs en gaieté, saluant les nouveaux-venus, dans leur langue maternelle, qui prend en passant par ces gosiers germains, l'accent de l'insulte et de l'ironie.

L'histrion s'est avancé, il a pris sa grande lyre, dont les cordes brisées ont été rajustées à la hâte, et d'une voix agile encore, il commence cette pièce célèbre dans l'antiquité, et intitulée : *Niobé*. Dits avec ces moyens prodigieux de déclamation chantée, transmis par les Grecs aux Romains, que des découvertes récentes nous ont fait connaître et dont le plain-chant de nos églises a conservé si longtemps des traces, les malheurs de la fille de Tantale firent couler les larmes des yeux des farouches guerriers ; la voix de l'histrion exécutait avec une dextérité incomparable l'*Epiphonus*, le *Quilisma*, ces groupes de quart de ton, au moyen desquels les musiciens antiques imitaient, en les exagérant jusqu'à des proportions considérables, les accents de la joie ou de la douleur.

De temps en temps, et pour ne pas perdre le ton, il faisait sonner les cordes de la lyre, tandis que devant lui, encore enveloppée dans son manteau de laine, sa compagne, suivant le rhythme des vers, exprimait, au moyen de poses expressives et aussi élégantes que si elles eussent été dessinées par Phidias, les sentiments décrits par le poéte.

Tant que dura l'exécution de la *Niobé*, le prêtre resta à peu près indifférent à cette scène ; mais bientôt un convive plus érudit que ses compagnons, ayant jeté en grec aux deux comédiens cette citation empruntée au vieil Aristophane : « Allons, musiciens thébains, soufflez avec vos flûtes d'os dans les peaux de chien. Dansez-nous la *cordax !* » L'histrion déposa sa lyre, prit un instrument ressemblant à nos modernes cornemuses, dont il assujettit le soufflet sous son bras gauche et changea son cothurne en lambeaux contre un soulier qu'il mit à son pied droit et dont l'épaisse semelle de bois, séparée en deux parties, cachait dans sa large fente une petite machiné de métal, qui, à chaque mouvement du pied, marquait la cadence.

Jetant son manteau de laine, la saltatrix parut alors vêtue seulement de voiles, formés d'une gaze épaisse lamée d'argent, à travers lesquels brillaient, comme au sein d'une eau transparente, son corps d'ivoire et ses membres harmonieux, et tous deux commencèrent cette danse endiablée nommée la *cordax*, dont la tarentelle de Naples n'est qu'une édition chrétienne considérablement revue et corrigée. Tout en marquant la mesure, l'histrion chantait sur l'air de la cordax une chanson plus que libre, et dont les paroles avaient été composées par Néron. Le prêtre se leva, se couvrit la tête de son manteau, et, lançant contre les poètes et les comédiens un anathème qui dure encore, malgré le peu de rapports qu'il y a aujourd'hui entre nos artistes dramatiques et les *hypocrites* grecs et latins ; il exiga l'expulsion immédiate de ces misérables, les accusant de venir au nom de dieux abolis, essayer, par leurs impures excitations, de replonger leurs spectateurs dans les fanges dont le christianisme essayait de tirer l'humanité.

Quelquefois alors, le maître accueillait les pauvres bannis, et leur accordait, sous la condition de renoncer à leur culte pervers et à leur infâme métier, un coin de terre et une chaumière sur ce pays conquis, et dans ce monde nouveau, qui ne les connaissait et ne les protégeait pas, puisque les lois mérovingiennes ne punissent que d'une amende ridicule par son exiguïté, le meurtre de l'histrion.

Depuis les temps dont nous venons de parler, jusqu'à la fin du 13e siècle, il existe dans la collection du Conservatoire une lacune presque complète ; on peut cependant faire remonter jusqu'au 9e ou 10e siècle deux oliphants d'ivoire qu'anima peut-être le souffle des compagnons ou des émules de Roland.

Il sera facile de combler cette lacune en faisant imiter par d'habiles luthiers les instruments du moyen âge dont le nom et la description se trouvent fréquemment dans les auteurs contemporains.

Le 14e siècle est représenté au Musée instrumental du Conservatoire, par un admirable serpent d'église, évidemment de fabrique italienne. Le reptile, imité avec une vérité peu rassurante, est le serpent symbolique à tête de démon, qui tenta Ève, et par lequel le pieux moyen âge représentait tout ce qui lui était antipathique ou redoutable :

Derniers débris des impures croyances, éteintes à jamais ;

Révoltes de la chair ou de l'esprit, écrasés sous le talon de la chasteté et de la foi ;

Schismes naissants ;

Sciences noires des ténébreux sorciers ; féroces audaces des jacqueries noyées dans le sang ; voilà ce que voyait, dans le serpent, habitant de l'herbe et du marécage, cette société à peine remise des grandes secousses, par lesquelles avaient été brisés l'empire romain et le grand héritage de Charlemagne, et qui, sous sa forme presque entièrement monacale, dormait dans sa foi intacte, d'un sommeil si doux et si plein de songes, sous l'aile de ses pasteurs et sur le sein de la religion catholique.

Voilà pourquoi le moyen âge a si souvent placé le serpent au pied des statues de ses saints et de ses martyrs. La victoire n'est pas si lointaine et le triomphe si complet que l'on n'ait besoin d'être encore un peu rassuré par l'idée que le grand révolté est là, devant vos yeux, vaincu et enchanté sous une forme vile, au milieu des tortures et des flammes. La pensée qui a inspiré l'auteur du serpent d'église, dont nous nous occupons, est une des plus cruelles que l'on puisse imaginer ; on y retrouve quelque chose comme la rancune d'un moine implacable et vainqueur : c'est une souffrance morale que subit ici le grand orgueilleux. Son corps va frémir sous le souffle sacré, et c'est par sa gueule crispée que vont passer les louanges de son éternel ennemi ; aussi, son corps se tord, secoué par une immense douleur, et sur sa face humaine aux dents aiguës, se peint l'expression d'une fureur basse et impuissante.

Le moyen âge n'était pas tendre pour les vaincus et les contradicteurs. Témoin l'ornement singulier suspendu aux orgues d'une ancienne ville espagnole, Barcelone, croyons-nous, et qui représente une tête africaine ornée d'un turban ; cette tête placée là, en souvenir d'une autre véritable tête de Maure, autrefois suspendue en ce lieu, était mise en rapport par un mécanisme caché, avec l'instrument sacré, et lorsque celui-ci commençait à se faire entendre, les yeux de la tête de bois roulaient, et ses dents s'entre-choquaient comme en des tourments affreux, à la grande édification et au grand plaisir des fidèles d'alors.

Nous rappellerons aussi le duel singulier qui eut lieu sur une des places de Tolède, où deux preux chevaliers se pourfendirent mutuellement, avec la permission des autorités, à propos d'une simple question de préférence sur l'usage d'un bréviaire ; il s'agissait de choisir entre l'office mozarabe, et l'office tolédan.

Le 14e siècle n'était pas non plus, il faut l'avouer, une époque très-musicale ; à part quelques trouvères faisant résonner leur vielle dans les salles des châteaux solitaires, et de quelques confrères accompagnant leurs mystères avec les tambourins, les flûtes et les rebecs, toute la musique du temps dont nous parlons était renfermée dans l'Église et mêlée aux cérémonies sacrées. A cette époque rude et méfiante, où les différentes classes de la société étaient si rigoureusement séparées, les hommes vivaient loin les uns des autres : le seigneur dans sa tour, le bourgeois dans sa boutique, le peuple dans ses taudis, et se mêlaient rarement, si ce n'est dans l'église, où des sensations éprouvées et de chastes plaisirs goûtés en commun, donnaient comme un avant-goût de la grande égalité promise aux fidèles par-delà le trépas.

L'Église fut donc le premier salon, le premier musée, le premier club, pour nous servir d'une expression plus jeune que notre sujet, et les arts, les premiers liens qui réunirent les hommes si profondément divisés alors et les habituèrent à vivre quelques instants ensemble, sans querelles et sans mépris, avant de leur apprendre, je n'ose dire à s'aimer, mais à se supporter mutuellement comme ils furent amenés à le faire plus tard !

Dans l'Église, représentation visible de ce paradis, dont les imaginations grossières du moyen âge devaient avoir tant de peines à se faire une idée, au milieu des odeurs de l'encens, en face des images peintes et dorées, des protecteurs célestes, ravis par les harmonies savantes alors, du *dechant* et de l'*organum*, sous ces splendides virtaux qui les inondaient d'une lumière irisée comme si elle eût passé à travers les ailes des séraphins, le rude seigneur, l'humble bourgeois, le pauvre cerf du moyen âge devaient éprouver une émotion vertigineuse et un enivrement dont nous ne pouvons aujourd'hui nous faire une idée, même approximative.

Qu'on se figure sur ces âpres et naïves natures, l'effet tour à tour terrible et doux de l'instrument religieux par excellence, l'orgue, déjà bien perfectionné depuis l'orgue de Pepin, dont les larges touches étaient frappées à coup de poing par l'organiste; et surtout depuis celui bien plus antique, appelé *l'instrument à plusieurs têtes*, et que Minerve inventa, dit-on, pour imiter les cris et les sifflements de la Gorgone expirante immolée par Persée.

La vieille Église était encore une école, une maîtrise, un abri toujours ouvert, où le pauvre avait sa place et son patron Lazare! Et quand la ville tout entière était endormie, lorsque retentissaient dans l'Église, seule éclairée comme une immense veilleuse, ces chants qui réunissaient, sans presque jamais s'interrompre, la nuit au matin et le matin à la nuit, si quelque égaré sans asile venait dormir sur sa marche usée ou sous son portique sombre, elle feignait de ne pas le voir et le laissait profiter de cet asile, que n'aurait point osé violer le créancier avide ou le sergent brutal.

Aussi, en entrant dans ces antiques nefs, Saint-Séverin par exemple, il semble que de toutes ces âmes exhalées, de toutes ces sensations éprouvées quelque chose est resté vivant qui vous saisit et vous inonde. On comprend alors qu'il devait être doux de reposer, bercé par les mélodies sacrées, sous la dalle sculptée, au fond de la chapelle obscure, où le bruit que font les vivants arrive lointain et voilé, et qu'assombrit encore la vieille maison voisine appuyant fraternellement son épaule au mur antique et sacré.

Voilà l'ensemble de faits et le monde de souvenirs que soulève en nous l'aspect de ce merveilleux serpent italien dont la grimace horrible satisfaisait jadis nos pères !

Nos mœurs se sont adoucies, au moins à la surface ; dans l'intérêt de nos nerfs, devenus plus sensibles, nous n'acceptons pas volontiers l'image de la douleur.

Nous avons supprimé même l'esclavage des statues. Nos cariatides supportent l'archivolte de nos palais avec une résignation d'employé et une gravité de fonctionnaire. Et notre goût moderne ne sympathise guère aujourd'hui avec le goût encore un peu sauvage qui a inspiré au Puget les figures écrasées et souffrantes, sur le dos desquelles il a posé le balcon de l'hôtel de ville de Toulon.

Voici le virginal, et l'épinette, qui sera un jour le clavecin, puis le piano-forte !

Le soleil de la Renaissance se lève, les papes, amis de l'intelligence, ramènent et protégent les arts épurés dans cette Rome d'où nous les avons vus chassés. Les anciens dieux, jusqu'alors enfouis dans le sein de la terre, recherchés avec passion par Léon X et par Raphaël, reparaissent inoffensifs et mutilés ; maintenant qu'ils ne sont plus que de l'histoire, ils seront certes plus respectés et plus immortels, comme chefs-d'œuvre, qu'ils ne l'ont été comme dieux. L'exemple de Palestrina et les progrès du goût viennent de chasser définitivement du temple, avec tous les artifices puérils dont s'était embarrassée la musique gothique, surtout au XVe siècle, les derniers restes des *épîtres farcies* et des *messes* plus étranges encore où, pendant que quelques voix exécutaient toutes les finesses de la musique d'alors sur les paroles *Kyrie eleison* ou *Gloria in excelsis*, une autre voix, excitant le gros rire enfantin de nos pères, chantait l'air et les paroles d'une chanson populaire : L'*amy Robin* ou *Baise-moi, ma mie !* Ces joyeusetés au gros sel, qui vont si bien avec les chapiteaux gothiques où des moines lutinent des religieuses, ne sont plus possibles aujourd'hui que la sévère Réforme observe tout pour tout attaquer. Puis, toutes les finesses antiques demeurées dans le plainchant doivent disparaître ou se transformer ; il ne faut pas laisser à Luther cet avantage et ce charme des offices chantés en chœur et par tout le peuple.

L'idée de nommer *si* la septième note de la gamme a fait pour jamais écrouler le vieux système des *nuances.*

La notation musicale, après avoir passé des lettres antiques aux signes appelés *neumes,* s'arrête enfin et se fixe à peu près à la forme sous laquelle nous l'employons encore aujourd'hui après l'avoir, bien entendu, complétée et perfectionnée. — Isis laisse tomber ses voiles au moment où les hommes commencent à moins se craindre et à se rassembler. Les routes se tracent, les hôtelleries cessent d'être des coupe-gorges, les bandits pourchassés se font aubergistes. Cette lumineuse Italie devient le point central vers lequel se tournent tous les regards ; chacun veut revoir bienveillante et amie cette Rome terrible qui a fait trembler l'univers.

L'exemple des princes italiens, recevant dans leurs petites cours si hospitalières tous les illustres voyageurs, va être imité partout. Le noble, le magistrat, le riche bourgeois même, vont de plus en plus ouvrir leurs maisons et recevoir. Voici que se répand l'usage de l'épinette : mettez devant son clavier une jeune fille qui chante, des auditeurs bienveillants qui l'écoutent et l'applaudissent ; un plaisir et des sensations éprouvées en commun, nous l'avons déjà dit, voilà le fil sympathique trouvé, voilà le premier salon moderne. La société moderne est née.

Quand à Rome, elle n'enverra plus désormais sur le monde, au lieu de légionnaires et de proconsuls, que les apôtres du bleu d'outre-mer, les chevaliers de la chanterelle, les assembleurs de moellons et les dégrossisseurs de marbre.

Mais voilà que de grands événements se produisent du côté

du Nord ; comme le vieil Empire romain, le grand héritage de Charles-Quint se démembre. La Hollande et six provinces du cercle de Bourgogne embrassent la Réforme ; persécutées pour leur foi, et lasses de passer de Jean sans Peur à Charles-Quint, de la Bourgogne à l'Espagne, après plus de 20 ans de guerre, elles s'affranchissent de tout joug, et forment la République des Provinces-Unies.

C'est alors, dans ces villes affranchies et dans ces familles, que les coutumes d'une religion, née dans la patriarcale Allemagne, réunissaient tous les soirs, pour chanter en commun les psaumes traduits en langue vulgaire et ornés d'une musique nouvelle, que dut s'introduire et se répandre, nous en attestons les chefs-d'œuvres de Mieris et de Terburg, l'usage des clavecins, et l'habitude de ces concerts intimes dont, à cette époque, les seuls tableaux des peintres des Pays-Bas offrent de si nombreuses et de si délicieuses reproductions.

O bonheur d'être chez soi, dans une ville à soi, quand le commerce va bien, que la journée laborieuse est terminée, que la digne matrone au béguin blanc, à la chaîne d'or et au trousseau de clefs, est assise près de vous, que vos filles et vos garçons, qui grandissent, apparaissent groupés au bout de la salle avec les garçons et les filles des honorables voisins que le commerce, avec l'Inde et la Chine, enrichit comme vous ! qu'il est bon, bien assis dans la chaise de cuir aux larges clous de cuivre, les pieds posés sur le plancher de sapin jonché de roseaux et de fleurs, ayant sous les yeux, encadrés d'ébène et accrochés à la muraille, le portrait de sa ville bien-aimée, peint par Van der Heyden, et une marine de Bachuysen, d'écouter les chansons de Cats et de Kruls, exécutées par ces jeunes musiciens penchés sur les théorbes et les clavecins, de voir naître ces honnêtes amours, de penser à ces ménages futurs ! qui, lorsque vous dormirez, pleins de jours, sous les tulipes, dans les riants cimetières d'Utrecht ou de Harlem, prendront votre place dans les vieux fauteuils, d'une manière si certaine et si insensible, que la vieille maison, les meubles éternels, les argenteries massives et les faïences chinoises ne s'apercevront pas qu'ils ont changé de propriétaires !

O tranquille et mélancolique Hollande ! pays de la famille et du coin de feu, Hollande que j'ai traversée à une époque de ma vie, que le charme d'un souvenir, mêlé de tristesse, éclaire d'un reflet lumineux et pâle comme un de tes soleils d'argent ! Rien qu'à peindre la chaumière, le buisson et le canal paisible qu'ils voyaient de leur fenêtre, tes artistes sont devenus grands, tant ils ont mêlé de leur cœur aux couleurs étendues sur leur palette, et tant, ne trouvant rien de plus beau, ils ont caressé, en la reproduisant sans cesse, ton image naïve et chérie !

Du balcon de tes maisons de briques, du fond de tes jardins pleins de fleurs et du milieu de tes grasses prairies, les habitants, les arbres et les animaux domestiques semblent être si attachés au sol, et regardent, quand vient le soir, passer l'étranger qui se hâte, avec un tel sentiment du plaisir d'être immobiles et chez eux, que le voyageur, suivi de tant de regards sympathiques et apitoyés, sent instinctivement qu'il tourne le dos à la paix et au bonheur, et devient triste, songeant que dans tes délicieux paysages il n'a que le rôle ingrat de ces passants à moitié disparus déjà, qui vont tourner le coin du mur ou l'angle du champ de blé dans un des admirables et immortels chefs-d'œuvres de Ruysdaël ou d'Hobbema !

O beau clavecin, dont le mécanisme est signé Ruckers, le grand facteur des Pays-Bas, et dont la caisse de laque et d'or est si évidemment de fabrique hollandaise, n'est-ce pas qu'à certains anniversaires la jeune fille blonde, si vivante encore dans le tableau de Terburg, vient continuer devant ton clavier d'ébène la chanson qui, depuis deux cents ans, tient sa lèvre entr'ouverte et sa main suspendue, pendant que, maniérant son poignet droit et faisant des effets de manchettes, son fiancé, sobrement vêtu de noir, et récemment revenu de l'université de Leyde, l'accompagne sur son théorbe. Doux fantômes des familles éteintes ! riant souvenir des paisibles tableaux que tout à l'heure nous avons essayé de faire revivre !

A partir du dix-septième siècle, les objets intéressants abondent dans la collection du Conservatoire ; indépendamment de deux autres magnifiques clavecins, dont l'un est couvert des peintures de David Teniers et de Paul Bril, on y remarque encore :

Une admirable épinette où des Amours du Poussin folâtrent sur un fond d'or ; on songe ici à cette lettre fière et indignée que le plus grand des peintres français écrivait en quittant Paris et au moment d'aller s'établir pour toujours dans cette Rome qui eut son tombeau : Je m'en vais, dit-il, de cette ville où l'on m'emploie à peindre des clavecins et des épinettes.

Une grande et singulière boîte à musique italienne, de forme ovale, en fer doré et repoussé, ressemblant à s'y méprendre à un brasero, et faite pour envoyer, au lieu de bouffées de chaleur, des bouffées de musique dans les appartements qu'elle était appelée à décorer.

Deux tympanons admirables, dont l'un est orné de pierres précieuses.

Le violon de faïence dont Champfleury nous a raconté l'histoire.

La guitare du grand Dauphin.

Une pochette devenant au besoin un éventail ; cet amusant nstrument fait revivre l'image de son premier possesseur, sans aucun doute un de ces adorables et prétentieux maîtres de danse, vêtus de satin et de taffetas, qui tombaient sur un canapé des Gobelins, avec des attitudes fatiguées, réglés comme des pas de ballet, en arrivant chez une de leurs belles écolières, après avoir parcouru, par un temps de chaleur, sur la pointe de leurs souliers cirés à l'œuf, le Paris de Louis XIV et de Louis XV.

Voici la harpe en vernis Martin jadis embrassée par la princesse de Lamballe ! Habituée aux caresses des plus beaux bras du monde, comme aux atmosphères chaudes et parfumées des appartements de Versailles et de Trianon, elle fut retrouvée déshonorée et brisée sur le dos d'un petit Savoyard sans culotte, un jour d'hiver, de neige et de brouillard.

Une partie de l'intéressante collection, un peu oubliée du public, et sur laquelle nous essayons aujourd'hui d'attirer l'attention, pourrait être appelée le *Musée des souverains de l'art musical*. On y voit l'épinette authentique de Grétry, débile instrument sur lequel il composa *le Huron* et quelques-uns de ses premiers ouvrages ; un petit piano dit *piano de voyage,* qui servit à Beethoven, et sur lequel il laissa peut-être tomber sa tête fatiguée alors que, épuisé d'insomnie et de douleur, il resta quatre jours ne pouvant prendre ni nourriture ni sommeil, après le mariage de son élève favorite, laquelle ne soupçonna jamais, dit-on, l'amour du grand artiste.

On voit aussi, au musée instrumental, le piano de Boïeldieu, taché encore de l'encre avec laquelle il écrivit la *Dame blanche.* Les violons de Kreutzer, de Baillot et de Habeneck.

Lorsque le Musée instrumental aura été, ainsi que nous le souhaitons plus haut, complété et classé ; lorsque, par une conséquence logique et inévitable de sa création, on y joindra les autres instruments disséminés dans d'autres collections, ceux renfermés à l'Hôtel de Cluny, par exemple, on aura alors un musée unique en Europe. Tel qu'il est aujourd'hui, il mérite déjà l'attention toute particulière de ceux qui, comme nous, cherchent à reconstruire le passé, même par ses monuments les plus éphémères, aiment à se promener dans les appartements déserts, à rallumer les lumières éteintes, à rattacher les cordes brisées et à rendre la voix aux instruments silencieux !

LES VOYAGES DE DAPHNIS

IL existe un petit volume, fort rare aujourd'hui, publié dans les dernières années du XVIIe siècle, et intitulé : *Lettres curieuses de voyages, écrites d'Angleterre, de Hollande et d'Italie*. Ces lettres, qui portent la vive et intéressante empreinte d'une personnalité réelle et fort accusée, sont adressées à une belle inconnue appelée tendrement Carite, par un correspondant amoureux et anonyme qui prend le nom de Daphnis !

Nous ne savons pas l'histoire de ce volume, nous n'en connaissons pas l'auteur, qui n'est pas même nommé dans le privilége accordé pour vingt années à Jean-Baptiste Loyson, en considération de la perte qu'il a faite dans l'incendie du collége de Montaigu. Nous n'avons pas voulu nommer ce livre devant notre ami et collègue Ed. Fournier, pour lequel le passé n'a point de mystères, afin de laisser dans l'ombre où il lui a plu de s'envelopper, l'auteur de ces lettres, et l'objet ignoré de ces tendres amours !

A travers ce style maniéré où le goût du temps amène parfois des phrases à un louis le brin, on sent passer le souffle

jeune et sincère d'un sentiment vainqueur du temps et de
l'espace.

A force de relire ce petit volume, qui a pour nous un charme
étrange, il nous a semblé voir revivre des contours oubliés,
reparaître des traces effacées ; l'aimable silhouette d'un jeune
gentilhomme de la cour du grand roi nous est apparue sou-
riante, et Daphnis est devenu pour nous un personnage réel.
Sous ce nom champêtre se cache quelque vieux nom respecté,
et c'est en voyageant, pour se perfectionner dans ses exercices
et se préparer à servir le Prince, que l'auteur des *lettres curieuses* adresse à quelque maîtresse adorée, vers laquelle, de
tous les points de l'horizon, se tournent son cœur et son souvenir, ces pages singulières, où les impressions du voyageur,
les remarques du curieux et les plaintes de l'amant sont mêlées
de façon à former un assemblage intéressant, digne, selon
nous, d'être remis aujourd'hui sous les yeux du public.
L'usage de faire voyager les jeunes gens riches et bien posés
dans le monde, afin de terminer leur éducation, commençait
alors à se répandre. On choisissait, pour les accompagner, un
de ces aimables demi-savants, dont la profession était, après
avoir ramené au foyer paternel le jeune voyageur, de repartir
avec un autre. C'est ainsi qu'avait fait pendant vingt années
le conseiller Nemets, qui nous a laissé le si curieux volume
intitulé : *Séjour de Paris*, écrit par lui en 1726, en se reposant
de ses courses éternelles dans la petite principauté de Wal-
deck, avec le titre de conseiller du prince régnant, qu'il avait
autrefois accompagné dans un de ces voyages.

Les voyages ne sont véritablement charmants qu'au matin
de la vie, à cet âge où l'œil moins enfoncé sous l'arcade sour-
cilière perçoit plus de lumière et d'espace, où l'épiderme plus
tendre ressent plus vivement les caresses de la brise, où le
jarret d'acier n'est point encore détrempé par la fatigue.

C'est alors que l'on échange volontiers, au soleil levant, un
gai bonjour avec la jeune fille qui passe, et que l'on accueille
l'étranger avec la sympathie empressée du jeune chien ne

connaissant encore ni le bâton méchant, ni les avances perfides de l'enfant cruel !

Daphnis avait donc vingt ans ! Voici comment il se présente à nous dans la préface de ses lettres.

« J'ai le nez un peu long, la bouche plus grande que petite, les dents blanches, les cheveux noirs ; je chante et danse cavalièrement, je ne suis pas mal à cheval, je fais très-bien des armes ; ma mémoire n'est pas aisée ; excepté ce que j'aime, et les plaisirs que l'on me fait, il n'est rien que je n'oublie. »

La mystérieuse Carite, prend une seule fois la parole, pour tracer de lui le portrait suivant :

> Daphnis est à mes yeux un homme incomparable.
> On le peut dire en tout un galant achevé.
> Il est doux, sérieux, civil et réservé,
> Et d'une probité qui n'est pas concevable.
>
> Le tour de son esprit est presque inimitable.
> Il est toujours brillant, facile et relevé,
> Et parmi le beau monde on a toujours trouvé
> L'air de son enjouement tout à fait agréable.
>
> En sa taille il n'est point trop grand ni trop petit.
> Son port est noble et doux, et sa mine fort fière ;
> Le ciel lui fit un corps digne de son esprit !....

Comme on le voit, Cathos et Madelon n'avaient point été si bien redressées par Molière, qu'un peu de leur préciosité ne fût restée dans l'éducation des filles avant que Mme de Maintenon ne s'en fût tout à fait emparée.

Du reste, le moment était bien choisi pour quitter la cour de France et visiter les pays étrangers.

Les vêtements noirs de la veuve Scarron commençaient à jeter une ombre sur un règne jusqu'alors rayonnant.

Le roi de dix-neuf ans, que nous voyons dans les souvenirs de M. de Rysreck, jeune, alerte, et qui, vêtu d'un simple pourpoint de velours violet sur lequel passe un baudrier de maroquin noir, sans aucun ornement, fait si cavalièrement manœuvrer ses mousquetaires au Cours-la-Reine, est devenu le Grand Roi.

Daphnis l'a vu passer un soir qu'il revenait grave et sombre, dans son large carrosse doré. Il allait au pas, le front chargé de soucis ! De temps en temps la voiture s'arrêtait, un secrétaire d'Etat recevait un ordre, ou bien un gentilhomme, incliné sur la housse fleurdelisée de son cheval, remettait au maître un papier en prononçant quelques paroles, tandis qu'à côté du roi, blottie dans un coin du carosse, muette, indifférente en apparence, celle que Louis XIV appelait Votre Solidité, penchait sur un ouvrage de tapisserie son visage impénétrable, et ses yeux armés d'une grande paire de lunettes.

Les raffinements sur la grâce remplaçaient les raffinements sur l'amour ; le style devenait fleuri, suave, onctueux ; l'époque des adorables concetti finissait. M. de Saint-Aignan n'eût point osé peut-être alors appeler, comme il l'avait fait autrefois, son cheval qui avait l'habitude de s'emporter, — un tendre engagement, — sous ce prétexte qu'un tendre engagement vous entraîne toujours plus loin qu'on ne pense.

Le temps des galanteries chevaleresques s'en allait mourant.

Une pauvre femme, Mme Durban, mariée à un honorable magistrat, ayant au milieu de tendres adieux, fait don au chevalier de X..., de son portrait en buste et de grandeur naturelle, en lui recommandant bien de cacher ce gage compromettant de sa tendresse, le chevalier n'avait rien trouvé de mieux, pour rompre des relations dont il était fatigué, que de faire attacher avec quatre clous, derrière sa chaise, le portrait de l'abandonnée, et avait ainsi traversé Paris en plein soleil, remplissant le devant de son véhicule, avec sa figure impassible et sa panse enrubannée, tandis que derrière lui, souriant avec tendresse et respirant une fleur, la pauvre Mme Durban réjouissait le populaire de son air prétentieux et de son geste arrondi.

Le roi l'avait su, et n'avait point puni cette odieuse indélicatesse, qui, après tout, ne frappant qu'une coupable, devait satisfaire le ciel !

Daphnis donc, amplement muni de recommandations paternelles et de substantielles lettres de change, fit ses adieux à tout ce qu'il aimait dans ce Paris où il ne devait revenir qu'après avoir visité les villes de Londres, d'Amsterdam, de La Haye et de Rome. Il emportait une petite pacotille d'éventails, de boîtes à mouches, et autres menues galanteries qu'il était alors d'usage d'offrir aux belles dames des pays que l'on allait visiter. Puis, accompagné de son Mentor, d'un autre gentilhomme de son âge et d'un laquais nommé Kamel, il traversa la Normandie, et s'embarqua sur une de ces grosses barques faisant à heure fixe, le trajet de Dieppe à New Haven.

Ce ne fut pas sans une certaine horreur aristocratique que Daphnis posa le pied sur cette terre qui avait bu le sang du roi Charles, et s'arrêta dans la capitale du royaume, alors gouverné par ce Guillaume d'Orange, ennemi mortel et peu scrupuleux du Grand Roi et de la foi catholique. Aussi Daphnis, voyant un peu les choses à travers les lunettes de Mme de Maintenon, n'est pas tendre pour l'apôtre de la foi protestante, Martin Luther, ni pour la grande ombre de Cromwell, dont il envoie à Carite un portrait trivial, mais palpitant de réalité, à lui tracé *de visu* par un vieux gentilhomme avec lequel il avait lié commerce à Londres.

« Et comme je l'interrogeai là-dessus, » dit-il, « c'est-à-dire sur les événements et les personnages de cette révolution, qui avaient causé la mort du malheureux Charles, ce vieil et honnête gentilhomme me répondit :

« J'ai vu dans ma jeunesse milord protecteur ; l'Angleterre était alors profondément troublée ; la situation on ne peut plus mauvaise ; l'armée attendait sa solde, les capitaines de vaisseau venaient de désarmer, faute de payement, lorsque Cromwell se décida à casser le parlement.

« Je l'ay vu partir en bateau pour cette expédition ; ses

troupes et sa garde ont suivi les rues, et son cheval, un des plus beaux que j'aye vu de ma vie et des mieux bardés, a suivy la garde ; je l'ay vu dîner en famille à son retour ; tous les mets de sa table ont été de grosses pièces de bœuf, de veau, de mouton et de plats chargés de monstrueux chapons ; ses gardes les portaient jusqu'à la table ; ils étaient vêtus d'un beau drap gris, avec un galon d'argent bordé d'un velouté noir ; je me suis étonné en voyant cet homme si vanté et si craint partout, avec un habit gris et un manteau noir, et de le voir, patroüiller (*sic*) dans un bassin pour se laver. Il y avait une place vuide entre sa femme et lui, ses filles se tenaient par derrière et lui servaient à boire ; il y avait sur une soucoupe une cuillière, du sucre, une pomme avec sa peau, les cendres et les charbons, dans lesquels on l'avait faire cuire ; il a brouillé le tout ensemble et l'a avalé comme quelque chose de bon ; pendant ce temps, la plus jeune et la plus jolie de ses filles, causait en français avec un gentilhomme étranger. »

Après ce vivant tableau d'intérieur, et quelques lardons lancés encore à la mémoire de Cromwell, qui avait jadis, paraît-il, poussé l'audace jusqu'à mettre les chevaux de ses Côtes de fer dans les églises profanées, notamment dans celle de Huestminster (*sic*), laissant tous ces souvenirs déjà anciens, Daphnis revient à son entrée dans Londres, et raconte à Carite ses impressions à ce sujet.

« Les femmes ne m'ont point paru belles, dit-il, d'abord : c'est apparemment vous, madame, qui leur faites ce tort, mais à qui ne le faites-vous pas? »

Deux choses l'ont cependant d'abord charmé ; l'aspect de la Tamise sur laquelle se promènent de petits bateaux chargés de violons et de hautbois, accompagnés de mille autres bateaux sans musique. Ces bateaux vont et viennent sans cesse pour la commodité des habitants, qui y trouvent plus de douceur et moins de dépenses qu'à se servir de carosses, lesquels sont rudes, et coûtent jusqu'à douze sous par heure.

Il admire aussi beaucoup la promenade du parc. La description qu'il donne de cette promenade fait songer aux tableaux de Paul Bril ou de Van Keissel !

« C'est un lieu champêtre. Les dames s'y promènent à pied ; le vert des arbres y est charmant, un petit marais qui se trouve dans l'un des bouts, nourrit une multitude incroyable d'oiseaux de rivière, on voit en ce même parc des corbeaux, des merles, des moineaux blancs, et une multitude de serins de toutes sortes de couleurs.

Au milieu, un canal bordé d'arbres ; (c'est sur ce canal, ô Charles II ! que vous promeniez vos sérénades aujourd'hui éteintes, et vos musiciens dispersés !)

Le reste est un pré où paissent des daims et des vaches.

La grande beauté de ce lieu consiste en ce qu'il fait entrer la campagne dans la ville. Charles second eut l'idée de l'embellir davantage, et fit venir de Paris un très-habile homme, le même qui avait fourni le dessin des Tuileries. Cet homme, après avoir un peu rêvé, trouva que cette simplicité naturelle, ce lieu, en quelques endroits même désert, avait quelque chose de plus grand que tout ce qu'il y pourrait faire, et persuada au roi de n'y pas toucher.

Ce devait être toi, honnête et modeste Le Nôtre, toi qui arrêtais Louis XIV, en lui disant : — Vous n'en saurez pas davantage, — lorsque voulant égaler ta récompense à ton mérite, il élevait tes appointements à chaque merveille que tu lui promettais !

Daphnis termine ainsi sa description du parc : « Tout y est rustique et champêtre. Cependant ce tout a mille agréments ! »

Certaines choses déplaisent fort à Daphnis : d'abord, la difficulté de compter en livres sterling, dont chacune valait à cette époque 14 livres de France. Cette monnaie tire son nom, dit-il, d'ouvriers appelés Sterling, que Richard Cœur de Lion fit venir d'Allemagne pour battre monnaie en Angleterre.

En second lieu, il désapprouve fort que des seigneurs portant l'épée la quittent, ainsi que la cravate et les gants, pour se gourmer, comme il l'a vu faire en pleine rue et en plein soleil, au duc de Grafton. Le noble duc, à propos d'une question de salaire, se battit à coups de poings, et dans toutes les règles, avec un cocher de fiacre qu'il rossa d'importance.

Quant aux théâtres de Londres, notre voyageur en parle peu : il trouve l'opéra médiocre, les airs mélancoliques, admire beaucoup une décoration faite tout entière de satin transparent (?) et signale dans la musique anglaise l'abus des tambours et des trompettes ; cet abus, alors local, est devenu depuis, hélas ! européen.

Le musicien Purcel était à la mode en Angleterre, et Daphnis annonce à Carite qu'il lui envoie *quelques chansons nouvelles* tirées *d'Abelazor*, et de *la Femme vertueuse*, les deux meilleurs ouvrages de Purcel, « qu'il ne faut pas confondre avec son frère, organiste de la Madeleine à *Oxeford*, et, ajoute-t-il, homme de peu de mérite.

« Je vous envoye les chansons que vous m'avez demandées, mademoiselle ; je n'avais garde d'y manquer, et de me mettre au hasard de fâcher un cœur que tout le monde loue, et que toutes personnes raisonables désirent ! Si celui qui voltige toujours auprès de vous ne vous est point incommode, ayez la bonté de l'y laisser en repos ; il est fidèle, et je vous réponds de son respect et de sa soumission. »

Pour en finir avec les choses de la comédie, Daphnis signale dédaigneusement la mort d'une fille de théâtre, Nell Gwin. Cette fille après avoir essayé sa voix en criant du poisson dans le marché, monta avec succès sur les planches de l'Opéra, fut la maîtresse de Charles II, à qui Dieu pardonne, et pensa faire mourir de rage et de jalousie la belle duchesse de Portsmouth, qui au moins, « celle-là, dit Daphnis, était une femme de qualité. »

Comme exemple du flegme britannique (est-ce un avertissement adressé, sans en avoir l'air, à la belle Carite ?) il cite la terrible histoire qui venait d'arriver à Londres, et que voici :

Une femme se sentant sur le point de mourir, s'avisa de demander pardon à son mari d'une grande offense, « qu'il saurait, lui dit-elle, quand il se serait engagé à lui pardonner. » Il s'y engagea, et la femme lui avoua une galanterie. Le mari l'assura avec beaucoup de calme, qu'il n'aurait aucun ressentiment de ce qu'elle venait de lui dire, ajoutant qu'elle n'avait pas non plus sujet d'être trop contente de lui, et qu'il la priait de vouloir bien à son tour lui pardonner le mal qu'il pouvait lui avoir fait. Ce que la malade lui accorda volontiers, autant surprise que ravie d'une si grande bonté. Le mari là-dessus lui aprit (*sic*) qu'il s'était bien aperçu de sa galanterie, et que pour cela même, il l'avait empoisonnée.

« Voilà, ajoute Daphnis, « le sang-froid et la constance d'un Anglais qui a pris son parti. »

Si nous ne craignions de fatiguer le lecteur, et de dépasser les bornes que nous nous sommes imposées, nous donnerions ici dans son entier, — la véritable histoire du patron de l'Angleterre, copiée et traduite pour Carite, sur un très ancien manuscrit, dont, dit sérieusement Daphnis, il ne reste plus que deux exemplaires dans le royaume. On y voit : comment Saint-Georges, bon gentilhomme de Cappadoce, délivra d'un dragon furieux la fille du roi de Lybie et douze jeunes filles, désignées par le sort pour servir de pâture au monstre ; comment le saint, beau, fier et vaillant comme son épée, les rencontra, pleurant sur le rivage, vêtues de robes de laines parsemées de larmes noires et rouges (le costume que porte Andromède dans une histoire qui ressemble beaucoup à celle-ci, ayant paru visiblement trop *shocking* à l'auteur de cette légende), comment le chevalier les aborda avec respect, les prenant d'abord pour la vierge Marie, suivie de ses anges ; comment il répondit par un fier sourire à l'invitation que lui fit la princesse de se retirer pour ne point partager leur sort, et enfin comment lorsque parut le dragon, avec sa lance et son épée, Il accommoda à la tartare cette monstrueuse anguille, protégé qu'il était d'ailleurs contre le démon qui habitait cette carcasse maltraitée, par les saintes reliques qu'il portait sous sa cuirasse et qui n'étaient autres, dit le vieux chroniqueur, que le chapelet ordinaire d'Adam, l'abrégé de la vie des saints que le bon Abel avait dans sa poche et le jeu de cartes que le méchant Caïn portait toujours dans la sienne.

Après la traduction et l'envoi de cette légende, dont le fond antique et chevaleresque est brodé, comme on voit, de plaisanteries modernes et irrévérencieuses sur les saints et les reliques, Daphnis se prépare à quitter Londres. Peut-être sentait-il sa foi catholique se troubler dans ce pays protestant.

Tant il y a qu'après avoir visité la Bourse, où se vendaient les mille petits riens à la mode, il annonce ainsi son départ à Carite : « Je sors de la boutique du fameux Tompion ; on y fait des montres, et moi j'y fais des soupirs, qu'apparemment vous n'entendez pas. » Puis annonçant son intention de se rendre en Hollande, il ajoute : « On me dit mille merveilles de cet heureux pays, mais quelques douceurs et quelques charmes qu'il présente à tout le monde, le moyen qu'il en aie pour moi, madame...! Vous n'y êtes pas !

En quittant Londres, Daphnis se rendit à Anvers, afin de profiter, pour passer à Rotterdam, d'un de ces gros bateaux à voiles qui transportaient les marchandises et les voyageurs de la Flandre espagnole dans les Provinces-Unies ; et comme après avoir déposé ses bagages au Chariot-d'Or, hôtel fort recommandé aux étrangers, il demandait à s'aboucher avec le patron du navire qui devait le conduire à Rotterdam, on lui indiqua, hors des murs, une taverne où le digne marin faisait alternativement, après la dînée, sa partie de cartes et de quilles.

Daphnis, vu le désir qu'il avait de partir le lendemain, se décida à l'aller trouver.

Accompagné de l'inséparable M. de V..., il sortit de la ville.

La soirée s'avançait : à l'extrémité de l'horizon le soleil venait de disparaître derrière un rideau lointain d'ormes et de tilleuls. Enveloppés dans un bain d'or pâle, apparaissaient les

toits de briques d'un petit village dont le clocher aigu s'enlevait d'un ton bistré sur le fond lumineux.

Nos deux voyageurs marchaient sur le gazon d'un vert humide, coupé çà et là de larges plaques sablonneuses. Des cigognes au bec rouge, au plumage noir et blanc, traversaient
à tire-d'aile le ciel d'un gris violet, encore çà et là glacé de
rose.

Sur un des derniers plans du paysage, un berger, dont la
pureté de l'atmosphère laissait apercevoir distinctement la
veste rougeâtre et les bas bleus, commençait à rassembler son
troupeau. Des vaches grises et noires, que l'éloignement faisait ressembler à des échappées des étables de Lilliput, et des
moutons gros comme des flocons de laine, se hâtaient, des
quatre coins de la pâture, de se diriger vers ce bonhomme éclatant, qui leur rappelait l'étable close et le foin chaud.

A quelques pas devant nos deux voyageurs, une servante,
la tête couverte d'un béguin blanc d'où s'échappaient des cheveux couleur de bière ; la taille serrée dans une camisole de
futaine coquelicot, le bras passé dans l'anse d'un de ces paniers
de cuivre estampé, dont les fabriques de Dinan inondaient
alors les Flandres, causait avec un vieillard aimable, coiffé
d'un feutre bossué, et le bon drille devait débiter quelque
gaillardise ; car la maritorne souriait.

Le long du mur du cabaret, se hâtant dans le sentier jaune,
un colporteur chargé de sa balle, et précédé d'un petit chien
gai, qui courait devant lui en faisant sauter ses oreilles, se
dirigeait vers la ville. Cependant, à cheval sur le banc de
chêne, la barbe grise floconneuses, le chef préservé de la
fraîcheur du soir par un bonnet de coton blanc, les cartes en
éventail et la physionomie tranquille et réfléchie, le digne
marin que Daphnis était venu chercher attendait, sans se troubler, l'effet d'une carte encore inconnue dont le menaçait le
bras levé très-haut de son adversaire goguenard. On entendait
derrière le cabaret le bruit des quilles heurtées par la boule

de bois, et le chant d'un grillon rassuré par cette paix profonde, se faisait entendre de tout près.

Les arrangements faits, les dispositions prises, Daphnis et
son compagnon rétournèrent à la ville. Le lendemain à cinq
heures du matin, ils commencèrent à glisser lentement, entre
les deux rives d'émeraude dont la riche campagne flamande
sertit les nappes limpides de ce beau fleuve l'Escaut, qui,
comme tous les cours d'eau des Pays-Bas, n'est jamais encaissé et coule presque toujours à fleur de prairie.

·Après une traversée sur laquelle il ne donne pas de détails,
Daphnis vit tout à coup, comme s'il approchait d'une ville
inondée, sortir du sein de l'onde la pointe des clochers et la
cime des arbres de Rotterdam. Ville singulière et charmante,
où la profondeur des canaux est telle, dit-il, « que les plus
grands vaisseaux peuvent venir au millieu de la ville, et où
les cheminées des maisons, les banderolles des navires, et le
branchage des arbres, forment, à la première vue, un mélange
inouï; car on ne sait si l'on approche d'une flotte, d'une ville,
ou d'une forêt; et où l'on trouve mêlés ensemble les curiosités
et les agréments de la mer, de la ville et de la campagne. »
Tout enclin que soit Daphnis à mettre Carite au-dessus de
toutes les femmes qu'il voit, et la France au-dessus de tous les
pays qu'il visite, il ne peut se soustraire au charme de ce pays
honnête, laborieux, riche et heureux, où les intérieurs sont
tenus nets comme les consciences, où les rues sont si propres,
que les femmes s'y promènent en pantoufles, et les hommes en
robe de chambre. Il admire une fois pour toutes, à propos de
Rotterdam, ces maisons hollandaises, si propres et si soignées,
où les portes et les fenêtres sont encadrées de pierres de taille
ou de marbre, les devantures ornées d'un vitrage quelquefois
composé de glaces de Venise transparentes et étincelantes
comme du cristal de roche; maisons où l'on nettoie avec du
sable jusqu'aux manches des balais, et tellement semblables
les unes aux autres, qu'il a fallu peindre les contrevents en

rose, en rouge ou en vert, pour que chacun puisse distinguer son logis de celui du voisin.

Daphnis vit à Rotterdam cette manufacture où l'on faisait les petites boules émaillées et les jouets d'enfants que la compagnie des Indes échangeait avec quelque avantage contre les perles, l'or et les diamants des sauvages.

Il jette un regard en passant sur la statue d'Erasme, et nous raconte que le grand réformateur de la langue latine tient dans sa main de bronze un livre de bronze, dont on dit qu'il tourne une page chaque fois que l'heure sonne. « On dit aussi, ajoute-t-il avec un scepticisme naissant, que quand il tournera la dernière page ce sera la fin du monde; mais on ne fait croire ceci qu'aux petits enfants et aux badauds, à qui l'âge n'a point encore donné un fort jugement. »

Décidé à faire un assez long séjour à Amsterdam, notre voyageur s'arrêta peu sur la route de cette ville. Il séjourna cependant quelques jours à Delft, pour y voir le superbe tombeau que la République fit élever au prince Guillaume de Nassau, après qu'il eût été assassiné par Balthazar Gérard. Il admira le tombeau de pierre de touche, les quatre femmes de bronze aux quatre coins, les vingt-deux colonnes de marbre noir, les sept arcs de marbre blanc surmontés de sept autres de cuivre, ainsi que la statue en bronze du prince assis sur une chaise et ayant derrière lui une Renommée; à ses pieds, on voit un chien couché.

Voici l'histoire de ce chien, que nous trouvons touchante et à laquelle nous demandons la permission de nous arrêter quelque peu.

« Dès que le prince son maître fut mort » c'est Daphnis qui parle « il ne voulut point abandonner son corps et ne voulut jamais plus ni manger ni boire. »

Rien autre chose, le maître est frappé, le chien ne veut plus vivre; la douleur est plus forte que l'instinct, il refuse toute nourriture et meurt!

Que se passait-il dans la cervelle et dans l'intellect épais de ce pauvre chien, pendant que, la tête appuyée sur le lit de parade du héros, il laissait la vie s'en aller et la mort venir? Sans doute il revoyait dans sa mémoire obscure, et avec son instinct affiné jusqu'à l'intelligence par la douleur et l'amitié, les longues soirées d'hiver, alors que, couché en rond devant le feu bienfaisant, il dormait sous le fauteuil du Taciturne, avec ce sentiment de bien-être et de confiance que donne aux enfants et aux animaux la présence d'un être ami et protecteur.

Il se revoyait bondissant dans la fumée, derrière son compagnon, le cheval de bataille, ou dans la forêt verte quand il sautait jusqu'à l'arçon du duc de Nassau et que flatté par sa main, encouragé par sa voix il poursuivait le gibier agile arrêté tout à coup dans sa course par le coup de feu inévitable du chasseur. Et lorsqu'après un semblable coup de feu il vit tomber à son tour, pour ne plus se relever, son maître devenu le gibier du sombre Balthazar Gérard, quel écroulement dut se faire dans ce cerveau imparfait. Le mouvement et le bruit, la nourriture donnée avec la caresse, la familiarité soufferte par cet être supérieur, tout cela aboutissant à ce corps froid et immobile et à cette main glacée ! Aussi, sans répondre à aucune voix, immobile, anéanti, mourut-il sans comprendre et sans plus rien vouloir accepter de personne.

Que sont nos douleurs humaines, adoucies par la plainte, désapprouvées doucement par la raison, et bientôt consolées par le temps, auprès de la fidélité de ce chien, et de la douleur sans fond de cette pauvre brute !

Aujourd'hui sculpté en pierre de touche, il dort à Delft, sur le monument funéraire de son maître et de son ami.

Daphnis vit donc rapidement La Haye, avec son cours *voorhout*, et les trois allées de tilleuls entrelacées où ne pénétrait jamais le soleil. C'est sous ces admirables tilleuls que, dans les belles soirées d'été, les cavaliers de Terburg venaient saluer les belles dames de Miéris, pendant que les instruments et les voix retentissaient sur le milieu de la promenade, entourée de barrières, et qu'à travers les arbres noirs, la lune et les constellations à peine entrevues dans le feuillage épais, tiraient dans le clair obscur du ciel un silencieux feu d'artifice, d'étincelles et d'étoiles.

Il vit aussi à La Haye la belle maison du Bois, avec ses cigognes et ses cygnes, sur le collier desquels était représentée une potence : muet et suffisant avertissement adressé à ceux qui auraient été tentés de troubler dans leur repos ces animaux privilégiés. Il passa une journée à Leyde, où vivait alors, comme il vit aujourd'hui, le souvenir de Pierre-Adrien de Verf, l'héroïque bourgmestre ! Lors du siége de Leyde par les Espagnols, de Verf répondit aux bourgeois exténués par la famine et qui le pressaient de se rendre : « Mes compatriotes, il m'est égal de mourir de vos mains ou de celles de nos ennemis; je voudrais avoir des vivres à vous donner; mais, en attendant, prenez ce misérable corps et partagez-le à vos femmes et à vos enfants. »

Le dévouement de ce Christ de la patrie, offrant son corps et son sang pour sauver la ville qui lui était confiée, fut récompensé. Peu de temps après, les Hollandais se servant du terrible moyen de défense que la nature leur a donné, crevèrent les digues de la Meuse et de l'Yssel, et, du haut des remparts de Leyde, Adrien de Verf vit s'enfuir en toute hâte les quelques soldats espagnols échappés aux flots.

Au milieu de ses remarques curieuses et de ses souvenirs héroïques ou touchants, Daphnis paraît avoir éprouvé les premières atteintes du mal du pays ; car il écrit à Carite, qui avait eu la singulière fantaisie de lui demander des vers burlesques, cette lettre chagrine , peut-être inspirée par les brouillards, qui sont à la Hollande ce qu'est le vent d'est à l'Angleterre.

« Vous me demandez des vers burlesques, mademoiselle, comment en pourrais-je faire , quand j'ai le cœur plein de regrets et de soucis ? »

Puis il continue avec une liberté imprudente :

« J'ai été sur le point de faire partir une jatte pour aller chercher S... (Scarron) dans l'autre monde, afin de vous obéir.

» A défaut cependant de vers burlesques, vous n'en aurez point d'autres que ceux-ci :

> Et comme s'il n'était ni bien ni mal au monde,
> Que celui de la voir ou de ne la voir pas,
> Tout m'opprime en ces lieux, ma peine est sans seconde,
> Et je souffre cent maux pire que le trépas.

Puis, essuyant avec son mouchoir parfumé d'eau de la reine de Hongrie, les larmes qui commençaient à perler dans ses yeux tournés vers la route de France, il prend, comme on dit, son courage à deux mains, et part pour Amsterdam.

« Toutes les villes des Etats généraux sont belles, agréables et propres. Celle-ci est charmante ! Elle a dans sa simplicité des grâces et des beautés que toutes les autres villes n'ont point. » Voilà ce qu'écrit Daphnis à Carite, en arrivant à Amsterdam, cette foire perpétuelle de l'univers, cette ville sans pareille au monde ! Elle abritait dans son port jusqu'à trois mille navires, et tenait le premier rang parmi les villes opulentes de ces Provinces-Unies, qui se vantaient de posséder plus de vaisseaux que de maisons !

Habitué aux douceurs des éducations françaises, et aux charmantes roueries des Valères, des Cléanthes, et des Angéliques, envers les pères et des maris indulgents et dupés, il vit avec étonnement, par quels moyens héroïques, les Hollandais chassaient de leurs mœurs, purifiées comme leurs logis, l'oisiveté, la débauche, la prodigalité, tous ces vices, enfin, qui s'établissent dans les âmes, comme les insectes immondes dans les coins obscurs des appartements négligés. Il pénétra dans ces maisons *à scier* dans lesquelles les petits crevés et les gandins, coupables alors de quelques-uns de ces jolis tours, si facilement amnistiés aujourd'hui, étaient occupés du matin au soir, à scier sans relâche le dûr bois des îles, tandis qu'à côté, dans la maison à *filer,* jouissant des bienfaits d'une éducation vraiment égalitaire, les filles, riches ou pauvres, soupçonnées de certaines tendances à laisser éteindre le feu sacré de Vesta, filaient toute la journée pour remplir une tâche dont le non accomplissement entraînait, faut-il le dire, une large et fraternelle distribution de coups de nerfs de bœufs.

Daphnis vit aussi des spectacles plus riants. Il but, avec une aristocratique bienveillance en entrant dans ces salles publiques de danse, nommées *musichyys,* le verre de vin que venait en souriant, offrir à l'étranger, la Frisonne au frontail doré, ou la paysanne de Delf à la coiffure de dentelles. Il prit sa part de gigantesques diners ; il se mêla à ces gracieuses kermesses hollandaises si différentes des emportements flamands où la riche bourgeoisie se confondait avec la noblesse, et où la plaisanterie la plus risquée consistait en ceci que les dames, toujours masquées cherchaient, en contrefaisant leur voix et leur allure, à se faire donner par les cavaliers des fleurs et des présents qui, souvent, se trompaient d'adresse. De là, brouilles, raccomodements, et toutes ces charmantes choses que connaissent et dont profitent si bien les amoureux. Il fut admis dans ces riches intérieurs ornés des chefs-d'œuvre de Gerard Dow, de Ruyssdael, et comme en gentilhomme qu'il était, il ne dédaignait pas les beaux arts et était volontiers curieux de peintures habilement finies, il écrivit cette lettre à Carite :

» J'ai, mademoiselle, le désir de vous envoyer, en manière de souvenir, quelques raretés des pays que je parcours. Les ajustements, bijoux, etc., étant ouvrés de façon bien supérieure à Paris qu'en tout autre lieu du monde, c'est dans les choses particulières, que je choisirai pour vous quelques bagatelles· Et comme la Hollande est le pays des bons peintres, pour certains petits sujets et drôleries, comme tableaux de buveurs, de fleurs, d'animaux, etc., je me suis renseigné près d'un connaisseur et j'ai su la demeure d'un assez bon peintre en ces genres, qui jouit dans ce pays d'un honnête renom. »

Nous continuerons, sous forme de narration la lettre de Daphnis ; il raconte à Carite, dans les plus grands détails, sa visite au peintre de drôleries.

Pour comprendre l'étonnement qui perce dans ce récit, il faut savoir que le seul atelier de peintre qu'avait encore visité Daphnis, c'était à l'Académie de peinture, le bel atelier dans lequel le grand Charles Lebrun, au milieu de tableaux de prix et de sculptures antiques, peignait assis dans un fauteuil doré, vêtu d'une splendide robe de damas de soie marron, protégeant sa veste de drap d'or et ses chausses de velours contre les taches d'huile grasse et de couleurs, devant lesquelles sont égaux le dernier des rapins et les demi-dieux de la peinture.

Quelle fut donc la surprise de l'amant de Carite, lorsqu'après avoir fait retentir la marteau brillant de cuivre poli attaché à la porte d'une maison modeste, une vieille servante qui tenait dans ses mains un seau et un balai, ustensiles sans lesquels on ne peut guère se représenter une ménagère hollandaise, répondit à la demande qu'il lui fit de visiter l'atelier de mein heer Guillaume Kalftt en ouvrant au font du vestibule obscur une petite porte qui donnait sur un jardinet plein de soleil et de tulipes, et lui montrant au bout d'une allée soigneusement sablée, une porte mal jointe.

— Mein heer est là, dit-elle.

Puis, saisissant un rateau, elle se mit à marcher derrière le visiteur jusqu'à la porte indiquée et revint à reculons, effaçant avec le rateau la trace que les pas de Daphnis et les siens avaient laissée sur le sable fin de l'allée.

La porte ouverte et refermée derrière lui, notre voyageur se trouva dans un petit endroit, moitié cave moitié cellier, ne recevant de jour que par les larges interstices des planches dont il était formé. Une obscurité blonde et transparente régnait dans ce réduit. Le soleil, en jouant avec l'ombre, produisait là des effets merveilleux. Un vaste chaudron appuyé contre une hotte, renvoyait, en un rayon étincelant, le coup de lumière que recevait sa cavité de cuivre jaune, tandis que le fond de l'utile récipient noirci par la fumée de vingt cuisines, empruntait à la nuit une telle vigueur et paraissait d'un noir si profond, que l'œil retrouvait avec peine son contour estompé, presque confondu avec les ténèbres.

Une botte de ces oignons violets, si chers aux artistes néerlandais, était accrochée au mur; une cuillère de bois et un double pied de céléri, gisaient près du chaudron, et dans le fond, sur un banc presque invisible, un pot de terre vernissée recevait une petite éclaboussure de soleil et la renvoyait adoucie, comme une phrase musicale répétée par les violon en sourdine. Un homme grand, fort simplement vêtu, comtemplait, le menton dans sa main, ces jeux d'ombre et de lumière ; il se leva du billot de bois où il était assis, et demanda poliment à Daphnis ce qu'il pouvait faire pour son service.

Certes, il y avait aussi loin de tout ceci à la robe de damas de Charles Lebrun et au palais dans lequel il travaillait, que de *la famille de Darius* aux intérieurs de cuisine que le peintre hollandais présenta à Daphnis. Cependant ce dernier choisit pour Carite deux petits panneaux, qu'il qualifie avec bienveillance d'assez singuliers ; et quoique trouvant que l'artiste déplorait avec trop d'emphase la mort de quelques-uns de ses confrères, notamment des nommés Rembrandt et Paul'Potre, dont il parlait « comme on aurait pu le faire de ces hommes élevés en dignités, dont l'existence est pour ainsi dire indispensables aux empires, » en quittant Guillaume Kalftt Daphnis demeura, dit-il, assez content de lui et comme il voulait prier un riche banquier d'Amsterdam de faire parvenir à Paris son emplette, il se présenta chez lui. Mais n'ayant pas fait, comme il était alors indispensable, annoncer sa visite, il lui fut répondu avec la simplicité hollandaise, que « monsieur examinait ses livres et que madame était à sa lessive, » ce qui lui inspira une telle mélancolie, qu'après avoir mis au bateau d'Anvers les petits tableaux de Kalftt, il rassembla ses bagages, écrivit quelques billets d'adieu et de remerciements, et, toujours accompagné de M. de V..., et suivi de Kamel, il prit la route qui devait le conduire en Italie, en traversant l'Allemagne ; et songeant à part lui que ce voyage au lieu de l'éloigner de Carite l'en rapprochait au contraire, puisque Rome était la dernière grande ville qui lui restât à visiter, il termine sa lettre de départ par ces paroles, où l'on sent déjà la joie et le sourire du retour :

« Adieu madame, jusqu'à Rome, en attendant que je puisse dire jusqu'à Paris, où j'espère bientôt avoir l'honneur de vous donner des marques du respect et de la passion que j'aurai toute ma vie à vous honorer. »

Après avoir rapidement et sans s'arrêter traversé l'Allemagne, Daphnis entra en Italie par le Trentin et se dirigea sur Venise, l'avant-dernière ville où il devait faire séjour avant son retour en France. Il décrit assez comiquement un mauvais dîner qu'il fit dans un petit village appelé la Torre, où sont les limites du Véronais et du Vicentin. « On nous apporta pour commencer le régal je ne scais si c'est du drap, du linge ou une nappe, mais je scais bien que le cœur se perd à le regarder. » Puis il donne la carte du festin. « Deux œufs qu'on tira d'un vieux coffre où l'on se souvenait à peine de les avoir mis. Une noisette servie entre deux assiettes de bois, un plat contenant vingt et un pois gris fricassés à l'huile, presque rien dans une écuelle de terre, c'est-à-dire un petit morceau de fromage que son antiquité fait respecter, et qui ne serait plus il y a dix ans, si les rats et les souris avaient eu le cœur de l'attaquer. »

Après ce régal, il ajoute avec une bonne humeur inaltérable : « Notre estomac n'étant pas trop chargé, nous n'en voyageons que plus légèrement, et, à moins d'accidents, c'est de Venise, madame, que sera datée ma première lettre. »

Après avoir traversé ces lagunes, où s'embourba jadis la flotte de Pépin, il arriva à Venise le soir de la veille de l'As-

cension, se choisit un gîte convenable, et fut réveillé le lendemain par le canon annonçant l'ouverture du port et le commencement de la fête splendide, dans laquelle, tous les ans, le
doge épousait la mer.

Arrivé avec son compagnon sur la place Saint-Marc, il vit
passer l'époux de l'Adriatique allant trouver sa capricieuse et
perfide compagne.

Le doge, vêtu d'hermine et de pourpre, marchait gravement
sous un dais de drap d'or. Le *corno* qu'il avait sur la tête, et
qu'il n'ôtait jamais qu'à l'élévation de l'hostie, était enrichi de
diamants et de perles ; un bel enfant, portant un flambeau de
cire blanche, marchait devant lui. En tête du cortége, huit
trompettes d'argent massif mêlées de quelques hautbois sonnaient, et l'on voyait flotter au vent de la mer les huit étendards de la république. Il y en a deux blancs, qui signifient la
paix, deux violets qui signifient la trève, deux bleus qui indi-
quent la ligue ; deux étendards rouges marchaient les premiers,
indiquant que les portes de Janus étaient ouvertes, et que la
sérénissime république était alors en guerre.

Le doge ayant mis le pied sur le *Bucentaure*, qui depuis un
instant déjà, sorti des bassins de l'arsenal, attendait Sa Sérénité, la lourde et longue galère à deux étages, sculptée et dorée jusqu'à l'eau, couverte dans toute sa longueur d'une banne
de velours cramoisi, avec de larges bandes d'or, se mit en
mouvement, au commandement de son capitaine ; il venait,
suivant l'usage, de jurer sur sa vie qu'il ramènerait au port le
vaisseau sacré, malgré les ennemis, les vents et les orages. A
l'aide des vingt paires de rames qui perçaient ses flancs magnifiques et le faisaient ressembler à un navire antique, le *Bucentaure* gagna majestueusement la pleine mer. Arrivé à environ
un mille du rivage, il s'arrêta : les innombrables gondoles qui
le suivaient en firent autant. Le bruit du canon se prolongea
en bondissant sur les vagues bleues, et dans cette vaste étendue d'air libre et de lumière, on entendit tout à coup éclater
les sons grêles des trompettes, et le chœur des voix qui chan-

taient un hymne d'Antonio Lotti, le jeune organiste de Saint-
Marc.

Un homme se leva, petit, dans l'espace immense ; son bonnet
de drap d'or reçut le coup de soleil levant et renvoya un éclair ;
il monta sur la proue du navire et, sous le poids de cent mille
regards, levant son bras d'écarlate et prononçant les paroles
consacrées : « Nous vous épousons, ô mer, pour marque d'une
véritable et éternelle seigneurie ! » il lança dans l'Adriatique
un lourd et magnifique anneau d'or.

Dans le tumulte joyeux qui suivit ce moment solennel et
avant que le *Bucentaure*, avec son escorte de gondoles, se remît
en marche, Daphnis courut un assez grand danger qu'il faut lui
laisser raconter lui-même.

« M. le comte de *** qui me vit de loin me fit signe de passer
en sa gondole. On n'y pouvait aller sans en traverser une multitude ; j'en avais déjà passé sept ou huit, quand mon justaucorps
s'accrocha au fer de la proue d'une, dans laquelle je n'avais
plus qu'un pied, en ayant un dans une autre. Je désacrochai
mon justaucorps, m'imaginant que le reste me serait aisé ; je
m'y trompai et me trouvai entre deux gondoles, le dos dans
l'eau. Voyant qu'elles s'éloignaient l'une de l'autre et que j'étais
sur le point de n'être en aucune, je me jetai à un des bâtons
qui soutiennent le drap qui la couvre ; ce bâton trop faible cassa,
je ne tenais plus à rien, et c'était fait de moi ; voyant que je
n'avais plus rien à espérer de celle qui était devant moi, je pas-
sai brusquement mes mains derrière et j'attrapai heureusement
la gondole que je venais de quitter.

Je m'y tins ferme, comme vous pouvez penser ; mais ce qui
vous surprendra, c'est que de deux cents gondoliers qui me
voyaient à deux doigts de ma perte, pas un, ni voisin ni autre,
ne se mit en état de me secourir ; je n'osai hasarder de remonter tout seul en la gondole, de peur de la renverser. Je la tenais
mal, parce que je la tenais les mains derrière le dos ; je sentais la moitié de mon corps dans la mer, je n'y pouvais laisser
aller le reste sans aller au fond et revenir toujours sous quel-

qu'une des gondoles ; c'était bien des hasards, mais j'avais bon courage, et celui d'un Français acheva de me tirer d'affaire. J'en fus quitte pour de l'eau et quelques railleries de MM. les nobles.

« Le soir, le cours se fit dans un autre canal que celui d'ordinaire ; la foule y était terrible , j'abordai une grande barque que plusieurs Français avaient prise le matin, afin d'être plus en sûreté. Ils savaient ma disgrâce, je leur proposai de me venger des railleries qu'on m'avait faites. Ils y consentirent ; une pistole donnée aux gondoliers les mit de la partie, et nous heurtâmes si rudement, avec notre grande barque, le flanc de la gondole de deux nobles Vénitiens qui s'étaient bien divertis le matin à mes dépens, qu'elle fut renversée sens dessus dessous. Quel plaisir de voir nos excellences à *nage-patault*, les barettes d'un côté et les robes de l'autre ! J'en entretins le lendemain mes deux meilleurs amis, MM. de Juste et Canfa. Ils me promirent de n'en parler qu'après mon départ et de n'en railler que quand il serait temps. »

Il fallait que Daphnis comptât bien de la part de Carite sur une affection solide et sans orages, car après ne pas avoir craint de se représenter à elle penaud et mouillé, il lui raconte naïvement une autre aventure sur laquelle bien des fiancées modernes auraient demandé des explications.

Un soir, ne sachant que faire de son loisir et de sa paresse, il chantait à sa fenêtre. Le balcon d'une noble Vénitienne n'en était séparé que par le canal. Elle y venait apparemment plutôt pour y prendre le frais que pour l'entendre, et il chantait assurément plutôt pour chanter que pour la divertir. Ces sérénades innocentes, accompagnées de plusieurs rencontres aux mêmes églises et aux mêmes messes, amenèrent des saluts réciproques. Tout cela déplut au mari, et un soir que Daphnis recommençait machinalement et sans s'en apercevoir à roucouler à sa fenêtre, le noble Vénitien tira sur lui, heureusement sans l'atteindre, deux coups d'une de ces grosses arbalètes dont les balles de terre cuite servent à tuer les oiseaux de mer. Daphnis riposta dans la nuit par un coup d'une véritable arquebuse, tirée en l'air, ce qui effraya tellement le jaloux, que le lendemain il partit avec sa femme pour la campagne ; « d'où, ajoute Daphnis, avec quelque étonnement, elle n'est pas encore revenue. »

Ayant ainsi contre lui, par un guignon assez prononcé, les arquebusades imméritées et les bains froids involontaires, le feu et l'eau comme on voit, il ne paraît pas avoir fait un long séjour à Venise. Aussi, après avoir mentionné en un seul bloc les mille raretés que l'on y voit et avoir raconté à Carite, avec quelque dédain, la singulière habitude qu'ont les nobles vénitiens peu favorisés par la fortune, de se servir de leur large manche comme d'un panier et d'y fourrer les provisions qu'ils vont eux-mêmes acheter au marché ; le voilà parti pour Rome, dédaignant de voir à Florence un fameux miroir. « Lorsque un homme s'y mire, dit-il, la glace lui fait voir une femme, et si c'est une femme, elle lui représente un homme. »

Ne tenant même pas à visiter cette délicieuse maison de Pratolino, où les berceaux, les jets d'eau, et tout ce qui peut rendre un endroit agréable, sont dans leur dernière perfection, à ce point que lorsque le voyageur fatigué se place sur certains siéges pour se reposer, les piliers des bancs pressés font sortir une infinité d'eau qui vous mouille dans un moment depuis les pieds jusqu'à la tête, il passe vite et ne s'arrête qu'à Rome.

Rome ne paraît pas avoir fait une impression bien vive sur l'esprit du jeune voyageur. « On y voit de belles rues, des fontaines ravissantes, des peintures qui se remuent, qui parlent et qui marchent ; mais on y remarque, comme ailleurs, que la puissance du sort et du temps s'y est bien fait sentir. »

Si la peinture et l'architecture étaient bien déchues en Italie, depuis Raphaël et Michel-Ange, la musique, en quittant les sublimes hauteurs où l'avaient élevée Pierluigi Palestrina, venait, avec Cacini, Monteverde, Cavalli, de se tracer une autre route, et de trouver de grands et de nouveaux moyens d'effet, en s'unissant à la poésie théâtrale et en empruntant le secours des décorations et des machines, pour former cette œuvre d'art multiple, à laquelle concourent tous les arts, et que l'on appelle par excellence un opéra.

Les grands compositeurs et les grands virtuoses abondaient alors en Italie. Daphnis parle avec enthousiasme d'une soirée qu'il passa dans un théâtre de Rome (qui pourrait bien être le théâtre Calpranica), et avec admiration, d'un opéra d'Allessandro Scarlatti, dont il ne donne pas le titre. Corelli, ce violoniste dont les belles compositions ont sauvé le nom de l'oubli, Pasquini, le plus grand organiste de l'Italie, et Gaetani, le premier homme du monde pour l'archiluth ou le théorbe, n'avaient pas dédaigné de faire partie de l'orchestre. Il est vrai qu'on leur donnait à chacun, pour un mois ou six semaines, de trois à quatre mille francs!

L'opéra commençait par les évolutions de cent Maures et de cent amazones. Puis, dans un char de triomphe traîné par quatre chevaux superbes, arriva le célèbre sopraniste Férini, habillé en princesse, avec une longue robe de soie vert lamée d'or, un turban de gaze d'argent, et une aigrette de diamants placée coquettement sur l'oreille gauche !

Un écrivain du temps dit en parlant des sopranistes qui remplissaient les rôles de princesses : « Il sont tellement accoutumés à faire les rôles de femmes, que les meilleures actrices ne les font pas mieux qu'eux. Ils ont la voix aussi douce qu'elles, et l'ont avec cela beaucoup plus forte. Ils sont plus grands que le commun des femmes, et ont par là, plus de majesté qu'elles. Ils sont même ordinairement plus beaux en femmes que les femmes. »

Quoi qu'il en soit de cette opinion au moins singulière, ce qu'on ne peut mettre en doute, c'est le grand talent que possédait Ferini. Après une symphonie charmante exécutée par les trois grands virtuoses de l'orchestre, où le violon de Corelli se mêlait aux sons du clavecin de Pasquini, et à l'archiluth de Gaetani, il se trouva que cette symphonie n'était

qu'un accompagnement, et lorsqu'elle se répéta, la voix de
Ferini se fit entendre dominant les trois instruments merveilleux, et chantant un air encore plus beau que l'accompagnement.

C'étaient des sons de voix de rossignol, des haleines à faire
perdre terre, à vous ôter presque la respiration, des haleines
infinies par le moyen desquelles il exécutait des passages de
je ne sais combien de mesures, puis des échos de ces mêmes
passages, des notes soutenues d'une longueur prodigieuse, au
bout desquelles, par un coup de gosier semblable à ceux des
rossignols, il faisait encore des cadences de la même durée. »
Cette voix douce et rossignolante était, quand il le fallait, aussi
forte qu'elle était douce. Ferini avait de plus, paraît-il, une
prononciation et une articulation si admirables, que l'on ne
perdait pas une seule syllabe, des vers qu'il chantait.

Combien devait paraître délicieuse, ainsi exécutée, l'œuvre du grand maître napolitain, qui commença à dégager la
musique des formes scolastiques où elle était enveloppée, employa un des premiers l'air *da capo*, donna aux accompagne-
ments plus d'intérêt, et au récitatif plus d'importance et
d'ampleur ! A côté du merveilleux sopraniste, un comédien,
dont Daphnis ne nous dit pas le nom, se faisait applaudir.
« Il était aussi fort pour la musique que pour le chant, valait
comme acteur notre arlequin (Gherardi sans doute) ; et l'on
m'apprit que cet homme n'était ni musicien, ni comédien de
profession ; c'était un procureur qui, pendant le carnaval, quittait les affaires pour prendre un rôle à l'Opéra, et remplissait
sa charge durant tout le reste de l'année. »

Pendant cette soirée, sans doute dans les intermèdes de
ballet, on vit arriver sur le théâtre un éléphant ! Cette grosse
machine parut en un instant se dépécer, et une armée la rem-
plaça. Tous les soldats de cette armée avaient formé cet éléphant qui paraissait naturel et véritable, par le seul arrange-
ment de leurs boucliers.

Puis, on vit s'avancer un fantôme de femme entouré de

gardes. Ce fantôme étendant les bras, développant ses habits, il s'en forma un palais tout entier, avec sa façade, ses ailes, ses corps, et ses avant-corps de bâtiment le tout d'une architecture enchantée. Puis les gardes piquèrent leurs hallebardes sur le théâtre, et elles furent changées sur-le-champ en jets d'eau, en cascades, en arbres, qui firent paraître un jardin charmant en face de ce palais. Voilà où en était alors, en Italie l'art des machines, des trucs, comme nous disons aujourd'hui.

Quant au reste des merveilles de Rome, Daphnis admire beaucoup Saint-Pierre, blâme la place que fit faire Alexandre VII à la porte de cette église, et se prépare à s'éloigner de Rome, en disant que tout ce qu'on y voit ne peut être comparable à ce qu'on voit en France, et il termine sa lettre à Carite par ces mots : « Le plaisir d'être une heure avec vous vaut mille fois mieux que tous ceux que je saurais prendre à Rome. »

En quittant les États-Pontificaux, Daphnis se prépare, pour rentrer en France, à traverser le Milanais, ayant l'intention de ne plus s'arrêter qu'à Crémone. Carite avait, à ce qu'il paraît, le talent, assez commun chez les belles dames du XVIIe siècle, de jouer de la basse de viole, et, fidèle à la promesse qu'il avait faite de lui rapporter, comme souvenir de ses voyages, quelques-unes des raretés particulières aux pays qu'il traverserait, Daphnis voulait choisir lui-même, dans la ville qu'habitaient alors les Amati et leur école célèbre, un instrument de musique digne, par son excellence, de s'appuyer aux genoux et d'être caressé par la main de celle qu'il trouvait la plus belle personne de l'univers.

Il entra donc dans Crémone, et après s'être renseigné, suivant son habitude, afin de savoir quel était le luthier le plus célèbre de cette ville, sur ce qu'il lui fut répondu que la vieille gloire des Amati commençait à s'éclipser devant la jeune renommé d'Antoine Stradivari, un de leurs élèves, il se fit indiquer la demeure de cet habile ouvrier, et malgré l'heure matinale (son voiturier l'avait déposé à six heures du matin à l'hôtel du grand Marc-Antoine), il se dirigea vers la rue Saint-Dominique, en face la place Majeure, et ne tarda pas à se trouver devant une boutique au-dessus de laquelle on lisait ces mots : *Antonius Stradivarius, élève de Nicolas Amati.*

Des deux côtés de la porte, à travers les vitres de la boutique, on apercevait, suspendus par leur volute à des tringles de fer, une infinité d'instruments : violons, altos, basses de violes, archiluths, viola de Gamba, quintons, pochettes, etc. Les uns, jeunes néophytes, à peine terminés, blancs c　 ｽ. des vierges, et attendant leurs robes éclatantes de vernis, les autres, vieux, fendus, maltraités, aux marqueteries soulevées par l'humidité des siècles, vénérables instruments sur lesquels Duiffoprucgard, le luthier fabuleux, avait peut-être penché sa barbe blanche, et qui venaient dans cette boutique comme dans une maison de santé, pour se refaire des travaux accomplis, et pour retrouver une voix et une jeunesse nouvelles, sous la main du célèbre ouvrier.

A gauche de la porte d'entrée, un petit comptoir de chêne, sur lequel un lambeau de tapisserie verte, mouchetée de noir, formait matelas, indiquait la place où se tenait tout le jour le maître de la maison, ayant derrière lui un petit miroir au cadre hérissé de factures et d'adresses ; à sa droite, sur un trépied de cuivre, la petite casserolle où bouillotait tout le jour la colle forte, et, à sa gauche, un petit cabinet d'ébène dont les nombreux tiroirs renfermaient les outils précieux et les mille ingrédients destinés à composer ces merveilleux vernis où l'or de l'ambre jaune se mêle à la pourpre du grenat ; le bouton arraché d'un de ces tiroirs était remplacé par un bout de chanterelle noué à triple nœud. Un jeune garçon balayait le devant de la porte de la boutique, où ne se trouvait encore qu'un seul ouvrier ; le visage tourné vers la muraille, il travaillait sans lever les yeux, et arrondissait sur ses deux pouces une éclisse qu'il allait poser au flanc d'un violon de forme antique, en remplacement de celle que les vers et les cirons avaient à moitié dévorée.

Daphnis entra et demanda à l'ouvrier, que sa voix fit bondir sur sa chaise, tant il était absorbé dans son occupation, si maître Stradivarius était au logis. — Hé! Guadagnini... Holà! petit Jean-Baptiste! cria le raccommodeur d'éclisses. Le petit apprenti parut alors dans l'encadrement de la porte de la boutique, appuyé sur son balai, et ayant, comme Nostradamus dans son tombeau à Aix, une moitié du corps en dehors et l'autre moitié en dedans. — Est-ce que maître Antonius est malade? — Non, monsieur Pierre, répondit l'enfant; mais comme il a travaillé hier fort tard, voilà pourquoi il n'est point encore descendu ce matin.

Au même instant, des pas se firent entendre dans le petit escalier tournant placé dans un coin, et un homme, grand, maigne et de bonne mine, fit à son tour son entrée dans la boutique.

Il avait le front intelligent du savant, les yeux calmes et la bouche sereine du mathématicien, de longs cheveux châtains s'échappaient de son bonnet de laine blanche et étaient relevés derrière ses oreilles; il appuyait sur la rampe de chêne la main fine et adroite de l'artiste habitué aux œuvres de délicatesse et de précision; on reconnaissait cependant l'ouvrier, aux épaules déjà voûtées par l'habitude de l'établi, aussi bien qu'au tablier de peau blanche, dont la bavette était attachée par deux cordons qui se réunissaient derrière son cou pour former une large rosette.

— Par l'âme de Paolo Magini! dit-il sans voir Daphnis, ce paresseux, ce vaurien de Joseph Guarnerius n'est point encore au travail! » Et se tournant vers maître Pierre: — Tu n'as pas besoin de rougir et de baisser la tête, mon enfant; si jamais deux cousins ont été dissemblables, certes c'est bien vous deux. Toi, laborieux, exact, suivant aveuglément mes conseils et mes prescriptions; l'autre, travaillant à ses heures, c'est-à-dire presque jamais; buveur, débauché, plus encore. N'a-t-il pas osé me dire l'autre jour que je bombais trop la voûte de mes instruments, et que mes épaisseurs n'étaient point assez fortes ! Mais apercevant Daphnis, il se tut. Notre voyageur exposa le but de sa visite et demanda au célèbre luthier la plus belle basse de viole de sa boutique, promettant de ne pas regarder au prix et de payer, s'il le fallait, le double, afin d'être mieux servi.

— Monsieur, dit poliment Stradivarius, lorsque je laisse sortir un instrument de mes mains, c'est que je ne puis plus rien pour sa perfection. Le prix de chacun de mes ouvrages, aussi bien pour le plus grand seigneur que pour le pauvre violoniste du théâtre de Crémone, est de quatre louis d'or qui font à peu près quatre-vingt-seize livres de France. Mais je puis, par égard pour la peine que vous avez prise de vous détourner pour moi de votre chemin, vous guider dans le choix des bois et la nuance des vernis.

Pendant qu'il ouvrait devant Daphnis de larges tiroirs, dans lesquels reposaient dans la pluche et la ouate plusieurs merveilleux instruments, un homme en habit d'ouvrier entra dans la boutique. Ses cheveux étaient brouillés sur son front pâle, et l'on pouvoit remarquer dans ses mouvements cette incertitude nerveuse, que donne aux membres fatigués une nuit passée sans sommeil ; il se dirigea sans mot dire vers sa place ordinaire.

Stradivarius, qui venait de faire passer Daphnis devant lui, le priant de monter au premier afin de voir d'autres instruments, s'arrêta sur une des marches de l'escalier. — Ah ! vous voilà, monsieur, dit-il, est-ce ainsi que vous remplissez vos devoirs envers moi et envers vous-même ? Croyez-vous faire ainsi votre chemin dans le monde et laisser, comme le grand Amati, un nom respecté dans le bel art que je vous ai appris ? Puis, sans attendre une réponse, il disparut à son tour, dans les ténèbres de l'escalier.

Joseph Guarnerius s'assit devant son établi en murmurant :

— Oui, disait-il, appelez-moi ivrogne, débauché. Devenez

riche, célèbre, avec vos violons élégants et léchés comme les tableaux mignards de l'efféminé Carle Maratte ! Lorsque je serai maître, à mon tour, au moyen de la forme que je rêve et que j'ai presque trouvée, je mettrai dans les miens des sons éclatants et joyeux comme les chansons de l'ivresse, poignants comme les douleurs de l'amour.

Et quand le temps aura usé vos superbes instruments, et que leur voix sera devenue chevrotante comme celle des vieillards, on entendra encore la voix éternellement jeune des violons énergiques de Joseph Guarnerius !

Allons cousin, dit doucement Pierre, avoue que tu n'es de si terrible humeur que parce que la Bastardina, ta servante t'a joué encore quelque méchant tour ?

Joseph Guarnerius se leva en trébuchant. — Oh ! s'écria-t-il, en brandissant un large couteau, si elle me trahit, je me vengerai, dussé-je vivre et mourir en prison, dussé-je ne plus avoir pour réaliser mes rêves et exécuter mes violons, que cette serpette avec laquelle je la tuerai !

Daphnis redescendait l'escalier d'un air joyeux, Stradivarius portait derrière lui une admirable basse de viole, qui reluisait dans l'obscurité d'un éclat vif et brillant. Arrivé au jour, Daphnis considéra encore avec satisfaction, la tête de satyre sculptée, formant la volute, l'admirable ensemble de toutes les parties de l'instrument, ensemble aussi harmonieux pour l'œil, qu'un accord parfait pour l'oreille. Il voulut que l'on emballât devant lui la merveilleuse basse de viole, et pendant ce temps, il écrivit sur le comptoir de Stradivarius, une dernière lettre qu'il glissa dans l'étui du superbe instrument.

La pensée du retour le ravissait, il avait envie de rire et de dire des folies ; aussi oubliant pour cette fois la gravité tendre avec laquelle il a presque toujours parlé à Carite, il écrit la curieuse lettre que voici, adressée non-seulement à sa bien-aimée, mais aussi à celle de son compagnon, M. de V***, pour annoncer à ces deux belles dames le retour en France de leurs fidèles adorateurs.

« Puisque je ne trouve point de remède en ma patience et qu'une peine secrète me persécute partout depuis que je vous ai quittée, vous ne devez pas vous étonner si je cherche à me venger. Vous voudrez donc bien, mademoiselle, vous trouver à Lyon le 4 de ce mois, accompagné de Mlle S***, Monsieur et moi, nous vous y attendrons chacun avec un bon cheval, de bons pistolets et une bonne épée ; le choix des armes et la manière du combat dépendront de vous. Si même vous avez dessein de vous y trouver plus de deux nous en recevrons le parti ; mais je doute que personne ne veuille prendre celui de deux petites bandies qui ne s'occupent qu'à troubler le repos et la liberté des gens.

« Adieu, mademoiselle, n'oubliez pas l'aventure que vous offrent deux cavaliers qui sauront mieux défendre leur vie que je n'ai su peut-être garder le cœur de Carite ! »

Puis il ajoute bien vite le timide post-scriptum que voici :

« J'espère, mademoiselle, que vous ne serez point offensée de cette liberté. M. de V... écrit de son côté à Mlle de S..., et quant à moi, il me suffit de vous dire que je vous honorerai toute ma vie, avec tout le respect et toute la tendresse que vous méritez. »

Carite n'eut garde sans doute de manquer au rendez-vous qui lui avait été donné ; elle y vint accompagnée de parents auxquels Daphnis n'a pas oublié dans ses voyages, d'écrire de temps à autre des lettres sérieuses et pleines de respect.

Puis, le bonheur n'a pas d'histoire ! Ils furent unis.

Après ces longs et lointains voyages, qui firent paraître si doux le retour et le nid préparé, Daphnis fut appelé, comme on disait jadis, à remplir les grandes charges de l'Etat. Il devint quelque grave conseiller, quelque imposant magistrat. Son portrait, fait par Largillière et gravé par Drevet, a peut-être passé sous nos yeux.

Enveloppé dans une simarre de soie noire, il tient à la main encore une lettre ; mais sur celle-ci, on ne lit plus la douce suscription « pour Carite » mais « au roy. »

Quant à Carite, il nous semble l'avoir vue peinte dans la maturité de sa vie, en poudre et en satin blanc, tenant une faucille, ce qui indique chez le peintre la prétention de l'avoir représentée en Cérès.

Durant de longues années, les récits et les aventures de notre voyageur défrayèrent le foyer conjugal, pendant que Carite vieillissait sous ses dentelles, et que Daphnis, près d'elle au jour tombant, dans quelque grand salon d'un de ces nobles hôtels du Marais ou du quai Saint-Louis, appuyait son soulier de basane sur le chenet illuminé de rouges lueurs.

Tous deux gardaient parfois de longs silences, songeant, au moment de fermer le livre, au commencement de ce roman fini, au matin rayonnant de cette journée paisible, noblement remplie, et bientôt terminée, hélas !

IL y a quelques années, la rue Mauconseil existait encore dans son entier ; c'était une bonne vieille rue dont les maisons fléchissaient du premier étage comme des bourgeois qui prennent du ventre. Elle commençait, du côté de la rue Montorgueil, par la boutique d'un marchand de vin, lequel, ami de l'antithèse, avait pris pour enseigne un bas-relief en fer repoussé et doré représentant toute une famille costumée à l'antique ; sur l'invitation de son chef, toute cette famille était occupée à « humer le piot ! » Sous le bas-relief on lisait cette finesse : *Au bon conseil.*

Cette rue, autrefois comme aujourd'hui habitée par le haut commerce, fut toujours propice aux comédiens ; c'est là que florissait cet illustre théâtre, dit de l'Hôtel de Bourgogne, dont Gherardi, le célèbre arlequin, a publié un répertoire en six volumes, présentant le tableau le plus complet et le plus amusant des mœurs de la cour et de la ville sous le règne du grand roi.

Tant que les comédiens italiens se contentèrent de jouer leurs pièces d'*Arlequin Protée*, d'*Arlequin lingère du palais*, d'*Arlequin Grapignan*, etc., ils vécurent en bonne intelligence avec l'autorité ; mais, entraînés sans doute par le désir de plaire à leur clientèle, composée surtout de cette bourgeoisie riche et frondeuse vivant à l'aise entre la comédie qui les faisait pécher en pensées, paroles, actions, et l'église de Saint-Eustache qui les absolvait de ces péchés, les comédiens italiens eurent l'audace, en 1697, de représenter une pièce intitulée *la fausse Prude ;* cette pièce obtint un tel succès, que M. de La Reynie se dérangea de sa personne pour venir poser sur la porte de l'hôtel de Bourgogne les sceaux royaux, et mettre ainsi fin aux tentatives aristophanesques des compatriotes de Pasquin et de Marforio.

Plus tard, dans la grande bataille qui s'engagea, au XVIIIe siècle, entre les institutions décrépites, les abus écrasants et la raison humaine se développant de plus en plus, les théâtres, alors réunis rue Mauconseil, de la Comédie-Italienne et de l'Opéra-Comique, risquèrent à leur tour des hardiesses devant lesquelles Beaumarchais lui-même aurait reculé.

Il nous a paru équitable, en voyant tomber ces vieilles pierres et disparaître ce vieux bâtiment, qui tout auprès de la Halle aux cuirs, s'éclairait par une longue fenêtre grillée dans toute sa hauteur, de donner un souvenir au berceau de l'opéra comique français, et à tous ces pauvres Fantoches disparus ! ils eurent leur heure de courage et d'utilité dans ce monde, puisqu'ils s'attelèrent à la grande charrue, qu'ils combattirent avec les armes qu'ils avaient dans les mains, pour le champ et la récolte dont nous avons cueilli les fruits, et qu'à force d'esprit et de vaillance, ils réussirent à donner parfois à la latte d'Arlequin le tranchant et la force de l'épée !

Pour expliquer notre pensée et fournir nos preuves, il faut que l'on nous permette de remonter un peu haut et de sortir pour un instant du cadre spécial que nous nous sommes imposé.

Au commencement du XVII⁹ siècle, et dans ce monde sublime de l'art, qu'habitaient seuls alors les dieux, les saints, les héros, un personnage nouveau s'introduit tout à coup ; un élève de Rubens, le peintre des olympes terrestres, le vieux David Téniers, dont le fils continuera l'œuvre et surpassera le talent, sent vaguement s'agiter et palpiter autour de lui des êtres et des idées nouvelles ; sur les nobles panneaux et sur les nobles toiles de la Hollande, il esquisse trois paysans ; couverts de gros drap de Frise et la plume de coq au chapeau, sous la tonnelle ou dans la salle enfumée de l'auberge, ils boivent et fument ; la peinture est spirituelle, amusante, et affriande par sa solidité et son agréable couleur. Les nobles spectateurs sourient ; quelles figures étranges : ces gens-là, que nous n'avions jamais regardés, existent donc ? Dans ces pauvres huttes où nous ne voudrions pas loger nos chiens et nos chevaux, on rit, on boit, on s'embrasse, et les nobles seigneurs et les nobles dames se mettent à rire aux éclats.

Riez, messieurs ! riez, mesdames ! Ces paysans si comiques, boivent et fument, mais ils causent aussi, et voulez-vous entendre ce qu'ils disent ? Ils se racontent l'un à l'autre que là-bas, du côté du Zuyderzée, trois cents paysans comme eux, ont osé dire tout net à Marguerite de Parme qu'ils ne voulaient pas de l'inquisition sur leur terre, et, flétris du nom de gueux par un des conseillers de la princesse, ils ont ramassé ce nom, et mettant sur leurs bannières l'écuelle et la besace, les voilà qui ont chassé l'étranger, et maintenant, sur terre et sur mer, ils naviguent et moissonnent pour eux.

Trouveriez-vous cela, aussi drôle si vous saviez que ce grand gaillard à la veste déboutonnée, qui se renverse si gaiement sur le dur banc de chêne en élevant son vidrecome rempli de bière, au lieu de boire comme il convient au bon seigneur que lui a donné l'Espagne, boit à la santé d'Adam de Haren, le chef des Gueux?

Louis XIV, l'avait bien senti lui, lorsqu'il disait devant les tableaux des Téniers : Otez-moi ces magots! Les seigneurs n'ont pas compris, et ils ont continué à regarder les bambochades des peintres anversois avec le rire enfantin des patriciens de Rome s'amusant de la folie de Brute!

C'est fini, le paysan est introduit dans le monde des arts et de la pensée, il n'en sortira plus! et les plus grands seigneurs désormais se préoccuperont des images de ceux qui échappaient aux aristocratiques regards de Labruyère, et qu'il appelait de petits animaux noirs grattant la terre.

Il est vrai que l'anathème lancé par le Roi-Soleil contre cette mode inouïe, et ce goût imprudent qui introduisait, même en peinture, le peuple dans les demeures seigneuriales, eut pour effet de retarder en France l'apparition du nouveau personnage comique.

L'art français du XVIIe siècle paraît l'ignorer, et le théâtre courtisan de cette époque n'a garde de l'admettre, si ce n'est comme un personnage très-accessoire et très-effacé. Jugez donc, le bourgeois lui-même, ce grain de la noblesse cependant, n'est souffert sur ce théâtre qu'à la condition d'être ridicule, de faire rire avec ses larmes et d'agenouiller son bon sens et son droit insulté devant l'héritière pervertie des Sottenville.

Cependant, bien que l'on eût placé sous les fenêtres du palais de Versailles un jardin en livrée, et que l'on eût taillé la chevelure des arbres et des buissons, de façon à imiter le plus possible la coiffure du grand roi, les ordonnateurs des fêtes de Louis XIV ne pouvaient pas bannir entièrement la nature de leurs programmes. C'est alors, qu'afin d'avoir la campagne sans le campagnard, le paysage sans le paysan, on employa tant le berger; ôtez, ôtez ces magots, ces fils de la terre, espèces de gnomes inconnus, dont le rire ressemble à un rugissement, ils poussent, lorsqu'on touche à leur foi ou à leurs petits, des sanglots si profonds qu'ils pourraient troubler les festes de Versailles!

Le berger, à la bonne heure, cela n'a pas d'opinion, cela est chaussé et culotté de satin, cela sourit du bout des lèvres, cela ne demande rien, qu'un peu plus de pitié peut-être, de la part d'Amaryllis! ô Melicerte! ce n'est pas toi qui réclameras jamais les droits de l'homme!

Mais après la mort du grand roi, arriva le Régent, ce bon enfant, ce prince facile, qui disait de tout: eh qu'importe! aussi une fois le soleil couché, la nature tout entière, comme après une longue et fatigante journée d'étiquette et d'ennui, jeta son habit de cérémonie, desserra sa ceinture et respira!

Un des premiers actes d'autorité de Philippe d'Orléans fut de rappeler les audacieux comédiens italiens, et comme il était indispensable d'effacer dans la salle de l'hôtel de Bourgogne les traces du coup de foudre dont les avait frappés Jupiter, le Régent leur donna asile dans la salle du Palais-Royal, où ils commencèrent à représenter, le 18 mai 1716, ainsi qu'il appert d'un vieux registre oblong ayant appartenu aux comédiens italiens rappelés, et où se trouve la note singulière que voici : « Au nom de Dieu, de la vierge Marie, saint François et des âmes du Purgatoire, nous avons commencé aujourd'hui par l'*Inganno Fortunato*. »

Instruits par le malheur et ramenés par un des chefs de l'aristocratie, les comédiens italiens ne renouvelèrent pas la tentative satirique qui leur avait si mal réussi. C'est alors, pour la comédie italienne, où règnent Marivaux et la belle Sylvia, une époque de tranquillité; on est occupé, pendant près d'un quart de siècle, à faire passer par l'alambic les sentiments les plus raffinés pour en extraire la quintessence de l'amour! et bien que le fond de la comédie, *les Jeux de l'Amour et du Hasard*, soit assez irrévérencieux, puisque la possibilité de prendre les valets pour les maîtres et les maîtres pour les valets, est un instant admise, la banque du Mississipi a fait voir de si étonnantes révolutions de fortune, que l'on commence à ne plus s'étonner de rien.

Mais, pendant ce temps, et sur les tréteaux des foires Saint-Germain et Saint-Laurent, un genre singulier qui s'était appelé burlesquement lui-même l'opéra *comique*, commençait à passionner la foule et à lui faire délaisser *la Bouche de vérité*, *le Sauvage* et *le Sérail de l'empereur du Cap-Vert*.

Enfin, Lesage, Fuzelier, d'Orneval, et A. Vadé, que l'on surnomma, ne l'oublions pas : le Téniers de la poésie, se saisissent du personnage du paysan, et le font parler ce langage parsemé de *morgué*, de *tatigué*, de *j'avions* de *j'étions* ; qu'emploiera souvent, pour se conformer à une mode nouvelle, le maréchal duc de Richelieu.

Certes, le paysan est encore bien inoffensif, peu raisonneur. jovial et bon vivant, et quand il est représenté jeune et qu'il s'appelle Colin, la différence entre lui et le berger est peu sensible ; mais voilà les événements qui s'accentuent : pour réclamer les droits imprescriptibles de la justice et de la raison méconnues toute voix est acceptée, tout devient tribune. Le drame va bientôt s'emparer de ces personnages autrefois comiques, et voici que paraissent ces révolutionnaires sans le savoir, Greuze, Sédaine l'ancien tailleur de pierres, Philidor et Monsigny.

Dès lors, pour introduire et faire supporter sur la toile ou sur la scène, le type du paysan, plus n'est besoin de le représenter grotesque, ivrogne, ou hurlant sous la lourde main de l'opérateur du village ; la sympathie publique est maintenant avec ce vieil opprimé, et la mode va le parer de toutes les qualités et de toutes les vertus qui manquent à son adversaire, le seigneur ! Aussi dans ses tableaux, *la Lecture de la Bible*, *la Bénédiction paternelle*, *la Malédiction*, *l'Accordée de village*, Greuze, en nous montrant le paysan intéressant, respectable et dramatique, va-t-il nous donner le portrait de ces êtres nouveaux, simples et raisonnables qui ont levé le front du sillon et regardé le ciel ! Voilà bien ces hommes robustes contrastant si cruellement avec les races étiolées d'alors, ces paysannes fraîches et saines, qui porteront dans leurs flancs les fortes races de la République et de l'Empire ; ces enfants vigoureux qui seront un jour les soldats d'Arcole et d'Austerlitz, et aussi ces notaires, couverts du manteau du Tiers, et prêts à partir peur l'Assemblée constituante.

Oui, toute la grande époque qui va naître, tous les maîtres de l'avenir sont là, dans les tableaux de Greuze ! Voilà pourquoi ses toiles claires et argentées contrastent avec les Watteau éclairés par la lumière de la rampe, et les Boucher cendreux, comme le matin avec le soir !

Presqu'au même moment, Monsigny Philidor et Sédaine vont prendre ce type modifié, élevé et embelli, le faire passer de l'opéra comique forain sur le théâtre restauré de la Comédie-Italienne, et, en face de la société la plus aristocratique, parfois même sur les théâtres illustres de Fontainebleau et de Trianon, faire parler, chanter le paysan, le mettre en présence de son vieil ennemi le seigneur, dans des poëmes où ce dernier n'a pas toujours le beau rôle, enfin faire entendre l'écho des plaintes d'autrefois et exposer les griefs du temps présent avec une force et un courage inouïs.

Pour soutenir cette thèse, et pour donner cette importance à ce qu'on appelle en souriant les paysans d'opéra comique, il nous faut citer quelques exemples ; c'est ce que nous allons faire, en priant nos lecteurs de vouloir bien nous suivre à la Comédie-Italienne, qui, un peu délaissée du public et appauvrie, fut obligée, en 1762, de se mêler avec l'opéra comique dont le succès allait grandissant. La Comédie Italienne consentit à ce mariage avec la même répugnance qu'eût éprouvée alors une fille noble et pauvre forcée d'accepter la main d'un paysan riche et parvenu.

En prévision de ces noces, et peut-être à l'aide des deniers du futur, le logis conjugal de la rue Mauconseil fut remis à neuf en 1760.

8

Deux colonnes accouplées d'ordre corinthien, cannelées à bâtons et peintes en marbre blanc veiné, remplacèrent de chaque côté de la scène les antiques gradins qui avaient vu, en 1716, débuter le vieux Baletti encore au théâtre en 1760.

La devanture des loges fut formée de panneaux à fond blanc, ornés de masques de lion, de cadres, médaillons et guirlandes, le tout doré.

Les murs du fond de ces loges furent peints aussi en marbre blanc veiné.

Le plafond représentait un ciel où voltigeaient des génies et des amours tenant des guirlandes de fleurs.

Sur le rideau, la muse du théâtre présentait au public un écusson, sur lequel on lisait la devise fameuse : *Castigat ridendo mores.*

Cette translation des pénates de l'opéra comique, au logis de la rue Mauconseil, apporta un certain trouble dans les habitudes et l'existence des comédiens composant alors la troupe de l'opéra comique. Clairval laissa son logis de la rue des Quatre-Vents, pour venir demeurer rue Montorgueil ; M. et Mlle Laruette quittèrent de la rue des Cordeliers, pour se loger rue Française ; M. Cailleau s'établit rue Bourg-l'Abbé ; Delisle et Audinos, pauvres bohêmes, qui n'avaient eu jusqu'alors pour logis que la buvette de la foire, vont demeurer rue Saint-Denis. Quant à Mme Favart, elle abandonne son joli appartement de la rue du Petit-Lion-Saint-Sauveur, pour se loger à deux pas de la Comédie-Italienne, en pleine rue Mauconseil.

Un des premiers succès obtenus par la troupe de l'opéra comique fut le *Bûcheron ou les trois Souhaits,* paroles de Guichard et Castel, musique de Philidor, ce grand compositeur français effacé plus tard par Grétry, et dont les ouvrages oubliés renferment de remarquables beautés et dénotent une véritable organisation dramatique, servie par une éducation musicale bien supérieure à celle de son heureux rival ; Philidor, l'auteur du *Sorcier,* du *Maréchal ferrant,* d'*Ernelinde,* et de l'ouvrage le plus fort qu'un musicien ait publié en France, de Rameau à Méhul, le *Carmen seculare*!

Nous demandons la permission de citer ici une scène, et d'analyser un air du *Bûcheron*, laissant au lecteur le soin d'apprécier les intentions, et de se faire une idée des effets produits sur le public de 1762. Nous ne pouvons malheureusement qu'indiquer et tâcher de faire comprendre ce qu'ajoute de force à ces plaintes la musique de Philidor.

Le Bûcheron : il entre une cognée sur l'épaule et s'essuie le front avec sa manche : « Ouf! je suis tout en eau, respirons un moment; les pauvres gens sont-ils assez à plaindre! Depuis que je suis au monde, je ne fais que travailler et je n'en suis pas mieux! »

Air

Chaque matin,
Je prends en main
Ma lourde cognée;
Et dans le bois voisin,
Toute la journée,
Je vais taillant,
    Coupant,
    Abattant.
    Han! Han!
Qu'on a de peine
Pour un petit gain!

Toute la fatigue héréditaire qui pesait depuis tant de siècles sur le pauvre Jacques surmené, et lui faisait paraître si lourd l'outil avec lequel il travaillait pour un autre, est exprimée ici avec une justesse et un talent musical merveilleux! Quant au *han*! auquel l'accompagnement donne une si terrible énergie, il est asséné avec une rage telle, qu'un chêne, ou la porte d'un château féodal, céderait sous ce seul effort. Mais poursuivons :

Ma besogne achevée,
Je n'ai plus de repos,
Sergent, taille ou corvée.
Sont le moindre de mes maux!

Sur ces paroles amères, Philidor a fait un adagio mineur d'une tristesse profonde ; puis il change brusquement de mouvement, et dit rapidement avec la colère douloureuse de quelqu'un qui n'a jamais été consolé :

A la maison,
Un vrai démon,
Me querelle,
Me harcelle,
Méchante femme et pas de pain !

Ensuite vient une exclamation navrante où l'on sent le dégoût profond qu'éprouve le malheureux pour la hutte, où l'attendent la misère, la laideur et les reproches.

Ah quel destin !
Ah quel destin !

L'air se termine avec une explosion majeure, dont les premières notes, par un hasard que nous rencontrerons encore, rappellent les premières notes de la Marseillaise :

Mais un peu de vin
Me redonne haleine,
Mais un peu de vin
Me remet en train.

Tout, dans ce beau morceau, peut-être à l'insu des auteurs traduisant naïvement sans les raisonner les impressions qui étaient alors dans l'air, porte l'empreinte d'une patience arrivée au dernier degré de la lassitude ; il semble que derrière la musique et les vers, on entende les lointaines clameurs des foules irritées, et rien n'est plus saisissant que ces douleurs physiques et morales exposées sans plaintes, sans demande de secours, et auxquelles succède tout à coup cette explosion farouche d'une gaieté menteuse et menaçante !

Après le *Bûcheron*, Philidor prêta aussi sa verve et son talent à un autre petit brûlot : *Le Jardinier et son Seigneur*. Ce petit opéra, confectionné sous le titre innocent de comédie à ariettes, est une amère critique de l'aristocratie et des mœurs, pendant les dernières années du règne de Louis XV.

Le sujet est emprunté à Lafontaine, mais il est embelli de beaucoup de développements que nous n'oserions raconter ici, tant la violence de l'attaque touche parfois à l'odieux.

Un seigneur (*sic*) est appelé par un honnête campagnard pour le délivrer d'un lièvre qui dévaste son jardin.

Introduit dans la paisible famille, il commence par manquer de respect à la fille de la maison ; il traîne avec lui deux femmes perdues. Ces femmes cherchent à corrompre la pure enfant, ce qui amène une belle scène où, avec l'honnête brutalité et la lourdeur de main de l'ancien tailleur de pierre, Sédaine fait dire à la jeune fille, par la mère irritée ces nobles et rudes vers :

> Tu sais que sans la vertu,
> La beauté n'est qu'un fétu !
> Tu sais bien que sans l'honneur,
> Une fille est une horreur!
> Quoi, tu quitterais ton père ?
> Quoi tu laisserais ta mère?
> Ta mère qui n'a que toi!

La mère et la fille tombent dans les bras l'une de l'autre, le génie du mal est vaincu pour cette fois,

> Que m'importent leurs bijoux,

dit Fanchette.

> Puis-je être mieux qu'avec vous ?

Survient maître Simon éploré, on l'a battu, on a pillé son champ, détruit sa récolte, mais comme en se défendant, il a déchiré sur le dos d'un valet la livrée du seigneur, celui-ci lui donne tort : tort à Mme Simon d'avoir repris sa fille en manquant de respect aux deux drôlesses, tort à maître Simon d'avoir rendu les coups reçus.

Taisez-vous, lui dit-il (s'adressant aux deux filles), mesdemoiselles, je suis très-fâché que vous ayez été insultées !

Mais comme il est bon diable après tout, et que les paysans du village viennent lui faire un beau compliment : « Allez, dit-il, qu'on leur donne dix louis pour boire, et comptez sur ma protection. » Puis il sort après avoir dit en regardant de travers maître Simon coupable d'avoir défendu son bien et son foyer : « Mais vous avez ici un méchant homme. »

Voilà les bonnes petites satires qui se jouaient librement, vingt ans avant *le Mariage de Figaro*, sur le théâtre inoffensif de la Comédie-Italienne.

Nous nous sommes arrêtés, dans cette étude, à l'année 1763 et après la première représentation de la comédie satirique *le Jardinier et son Seigneur*.

En 1774, un règne nouveau commence : un souverain jeune et philosophe, une reine belle et simple, sont assis sur le trône ; la nation française en présence de cette brillante aurore, se réconcilie sincèrement avec le roi. Les vieilles querelles sont oubliées. Toutes les impatiences se calment; les espérances légitimes ou criminelles sont ajournées. La comédie italienne change d'aspect ; le seigneur, si audacieux et si injuste dans l'opéra du *Jardinier*, est maintenant, dans la *Rosière de Salency*, le bénisseur de la pièce. Le paysan, si irrité et si amer du *Bûcheron*, redevient, dans le *Félix* de Monsigny, calme, grave austère, jouissant de sa vertu et se glorifiant de sa probité. Philidor, qui a fait son œuvre, et dont la musique nerveuse et incisive accompagnait si bien les violences satiriques de ses collaborateurs, se trouvant dépaysé dans cet apaisement général, et se sentant atteint par cette amusante et injuste plaisanterie que le jeune Grétry avait, en 1778, lancé contre le grand Rameau et la musique française, Philidor se tait, penche son visage attristé sur l'échiquier et demande des consolations suprêmes à la science de l'échec et mat. C'est l'instant heureux et paisible où le public se lève à l'opéra, lorsque paraît la reine, et se retourne vers elle pendant le cœur de Gluck : *Que de grâce! Que de majesté!* sans savoir que ces paroles forment une lugubre prophétie, puisqu'Iphigénie à qui elles sont adressées ne vient en Aulide que pour y chercher la mort !

Bientôt, hélas ! les malentendus recommencent, les vieilles haines se réveillent, les comédies agressives comme celles du *Bûcheron et du Jardinier* retrouvent leurs spectateurs empressés, voici que commence cette dernière vingtaine d'années qui va de 1780 à 1800, et que la royauté ne verra pas finir !

Le ciel, gros de tempêtes, s'obscurcit de plus en plus, et des présages sinistres, méconnus et raillés, viennent, aux yeux de tous, se mêler aux accents de Clairval et de mademoiselle Colombe l'aînée. Le 29 décembre 1778, à l'heure de l'ouverture des bureaux de la Comédie italienne, un fait étrange se passa : la foule assiégeait les portes ; les carrosses, les chaises à porteurs, les vinaigrettes, les laquais, les heiduques en riches livrées encombraient la rue Mauconseil, lorsque l'on vit paraître et prendre la file une simple charrette conduite par un savoyard ; dans cette charrette, comme le fantôme menaçant du peuple oublié dans ces fêtes, se tenait debout, un soi-disant charbonnier couvert de ses habits de travail et le visage noirci et méconnaissable : il descendit gravement de son modeste équipage, et disant à son savoyard de venir le chercher à six heures, il prit une loge au bureau, entra et assista seul et immobile au spectacle.

Puis la comédie terminée, comme chacun donnait des ordres à son cocher : touche chez la présidente ! touche à Versailles ! touche à l'hôtel Dubarry ! Le charbonnier remonta dans cette charrette spectre, dernier équipage dans lequel beaucoup de ces gens animés et joyeux devaient se rendre un jour à la place de la Révolution, et s'adressant au savoyard en guenilles : touche, dit-il à haute voix, chez Margot la ravaudeuse. Cette satire et cette menace ne furent pas comprises, et le petit chevalier fit de cet incident des contes à mourir de rire dans le salon de l'Œil-de-Bœuf.

C'est alors que ranimant les antiques querelles, rappelant les vieilles et impardonnables offenses, posant de nouveau hardiment les questions alors insolubles, la Comédie italienne, qui venait, en 1783, de se transporter dans la salle bâtie exprès pour elle sur les terrains de l'hôtel Choiseul, et où est encore aujourd'hui l'Opéra-Comique, représenta le *Droit du Seigneur*, cette comédie sans nom d'auteur, mise en musique et dédiée à Mme de Fronsac, par Martini, ancien hussard ! Le compositeur prend seulement sur la première page de sa partition, ce titre modeste : amateur. Voici le sujet de la pièce :

Un jeune seigneur a rencontré sur le domaine de son père, Babet, gentille paysane fiancée au jeune paysan Julien ; il l'a poursuivie et effrayée, mais l'enfant a eu le bon esprit de cacher à sa famille et à son fiancé la tentative dont elle a été l'objet.

Au lever du rideau, c'est le matin de la noce, on chante, on orne de rubans et de devises les arbres qui entourent la chaumière de Babet ; le bailly se fait attendre ; il arrive enfin, mais c'est pour réclamer le droit féodal, *de servitute puellarum*, envers leurs seigneurs et maîtres. La jeune fille se tiendra prête, on l'amènera au château, elle sera enfermée dans un pavillon et y restera jusqu'au moment de subir l'épreuve imposée par la loi.

Julien, ivre d'amour et de colère, demande quel est ce droit, et s'il n'est aucun moyen d'y soustraire sa fiancée ; le bailli y répond par ces paroles ironiques :

> Pour le bonheur de vos familles,
> Ses aïeux avaient en effet,
> Le droit d'interroger vos filles
> Sur le choix qu'elles avaient fait,
> Monseigneur en agit de même,
> Preuve certaine qu'il vous aime,
> En quatre mots voilà le fait.

La jeune fille éplorée avoue alors que le jeune comte l'a sollicitée, menacée ; le bailli la console, la rassure, dit sérieusement à Julien que le père du jeune seigneur sera là pour la protéger ! qu'il ne s'agit que d'une simple formalité, que, d'ailleurs, on ne peut se soustraire à ce qu'on exige, que la désobéissance est impossible, etc., etc.

Babet, dit Julien en sanglotant :

> Je n'ai plus rien à dire,
> Mais si l'on ose t'affliger,
> Si l'on ose te faire injure,
> Je jure
> De te venger.

Maintenant mettez dans le parterre tous ces jeunes inconnus qui seront demain Hoche, Marceau, Vergniaud, Danton peut-être ! et songez quel effet devait produire sur ces cœurs enflammés la suprême insulte infligée à Julien.

Arrivée au château, la jeune fille doit être entraînée et cachée dans une ferme lointaine par le comte, aidée d'un de ces affreux valets si détestés alors, Lafrance ou Frontin. Mais elle est réellement protégée par le père du jeune homme, espèce d'honnête niais qui croit sérieusement que son fils n'a fait demander Babet que par intérêt pour elle, et voit dans cette sollicitude une preuve du bonheur que goûteront un jour ses vassaux.

Mais tout-à-coup arrive à la tête du village révolté, Julien, ce n'est pas un Colin, celui-là, mais bien plutôt un futur hussard, comme l'auteur de la musique :

> Oui, contre un droit qui nous offense,
> Tout nous dit de nous armer !
> Nous respectons votre puissance,
> Mais nos cœurs, nos cœurs sont à nous !
>
> Quelle insolence !
> Retirez-vous,

dit le marquis ! Il ne veut pas que son fils outrage Babet,

mais il défend ce qu'il appelle son droit. Morceau d'ensemble, le marquis pérore, Julien menace, le père et la mère de Babet, bons vieux paysans façonnés à l'obéissance, pleurent et s'épouvantent, en voyant l'audace de Julien. Le morceau a de la chaleur et de l'élan.

La musique n'est que de l'émotion écrite ! Ceci est si vrai, que lorsque plus tard, il s'agit de composer l'air de l'hymne du 10 août, Catel, retrouva toute chaude dans son âme l'impression éprouvée pendant cet émouvant morceau ; les deux premières mesures de son héroïque mélodie :

Jeunes guerriers,
Troupe immortelle?

sont empruntées notes pour notes à une des phrases principales de Martini, phrase dans laquelle se trouve aussi, comme dans l'air de *Blaise le Bûcheron* un pressentiment de *la Marseillaise* !

Enfin, tout se calme : le marquis promet de rendre la jeune fille à sa famille ; son fils se repent et dote Babet ; mais c'est égal, il faut convenir que si Julien et le jeune comte se rencontrent jamais dans un combat d'avant-postes, le premier devra un bon coup de sabre au second !

Après le succès du *Droit du Seigneur*, et ce réveil des idées agressives auxquelles Philidor aujourd'hui vaincu, avait jadis prêtée sa musique franche et décidée, l'auteur de la *Rosière de Salency*, le peintre de l'esprit et des élégances d'une société condamnée, le protégé de Mme Dubarry, cette belle que la bête démagogique allait bientôt dévorer, Grétry enfin, rassemble toutes ses forces pour défendre une cause perdue, et comme un avocat qui lance dans sa péroraison un magnifique appel à la pitié, il donne, en 1784, son chef-d'œuvre, *Richard Cœur-de-Lion.*

Les événements, dit un proverbe anglais, portent leur ombre devant eux ! Voilà pourquoi ressentant parfois des frémissements prophétiques, les poëtes et les artistes, ces harpes d'Eole, vibrent, remués à leur insu par le souffle de la tempête, encore insensible à tous ! Quel est, en 1780, l'artiste à la mode recherché et aimé par cette société condamnée ? Hubert-Robert, le peintre des palais et des temples ruinés, celui qui étale si volontiers les haillons populaires sur une corde tendue entre deux statues mutilées.

Quel est, en 1784, le grand succès du moment ? *Richard Cœur-de-Lion*, où l'on voit derrière les grilles d'une prison ressemblant à la tour du temple, un roi malheureux et prisonnier.

Avec *Richard Cœur-de-Lion*, ce chef-d'œuvre de sensibilité héroïque et naïve, Grétry avait payé sa dette à la société et aux maîtres dont il avait été le favori.

Il avait donné une forme musicale immortelle aux aspirations de tous ces Blondels qui allaient venir avec un dévouement admirable et inutile, hélas ! mourir sous les murs de cette prison où agonisaient de royales victimes.

Que de fois peut-être, le soir, au fond de la Tour, dans la chambre sordide, éclairée par une chandelle fumeuse, les captifs du 10 août n'ont-ils pas relevé la tête, en entendant dans la rue noire dont un sinistre réverbère étoile le brouillard d'une tache pâle et huileuse, une voix invisible et lointaine chantant :

> O Richard ! ô mon roi !
> L'univers t'abandonne.
> Sur la terre il n'est plus que moi
> Qui s'intéresse à ta personne !

Richard Cœur-de-Lion fut la plus haute expression du talent de Grétry et son plus grand succès ; après ce chef-d'œuvre, et ainsi que jadis Philidor, il a fini sa tâche, l'attention se détourne de lui, et le succès l'abandonne.

Du reste la faible voix de l'opéra comique est bientôt étouffée, les grandes questions effleurées avec mille précautions par le théâtre vont se poser hardiment et se résoudre sur les champs de bataille ! La musique, exaltée par le patriotisme et par la fièvre, va produire l'hymne du 10 août, la Marseillaise et le Chant du Départ !

C'est ici que finit l'histoire de l'introduction, dans les arts, du personnage du paysan, histoire que nous avons essayé de raconter en nous plaçant au point de vue à peu près spécial de . de l'opéra comique et de la comédie italienne.

Après la querelle vidée entre le serf et le seigneur, ce type se transforme à peu près complétement alors que naît le citoyen !

Puis le temps est venu où, les abus déracinés, les vieilles barrières renversées, après les larmes données aux victimes et. les tombeaux aux morts, sur cette terre si profondément labourée, au milieu de ce monde renouvelé, un chef militaire va prendre le paysan libre et raisonnable, en faire un soldat et l'entraîner sur ses pas dans une croisade où il trouvera, à son tour, des domaines, des blasons, même des trônes ! sans autres conditions ni entraves que cette seule et héroïque restriction : aux plus vaillants !

C'est à ce moment qu'apparaissent sur le théâtre Feydeau, le paisible successeur de la Comédie-Italienne, les officiers des *Maris-garçons*, et *d'Adolphe et Clara*, que l'on applaudit et que l'on aime, parce qu'ils sont jeunes, braves et brillants, et sans leur demander s'ils sont nés dans la chaumière ou dans le château.

PROMENADE

SUR

UN ANCIEN BOULEVARD

———

Un des effets les plus grands, suivant nous, dont se soit servi Walter Scott dans ses admirables romans, est celui-ci : un homme, arrivé à la maturité de l'âge, après mille traverses, mille efforts, après avoir savouré les jouissances de l'amour-propre satisfait, connu le désenchantement du rêve réalisé, avoir fait en un mot, suivant l'expression favorite de l'auteur écossais, « son chemin dans le monde, » revient à l'endroit d'où il est parti, et se retrouve, mélancolique et grave, dans les mêmes lieux qu'il a visités jadis, jeune et souriant au soleil levant, alors que toute destinée, quelque brillante qu'elle fût, pouvait être la sienne, que toute jeune fille, si charmante que le ciel l'eût faite, et si haut que le sort l'eût placée, pouvait être sa future fiancée, que tout roman, quelque impossible et aventureux qu'il parût, pouvait contenir son histoire, avant, en un mot, qu'il n'eût tiré son lot à cette loterie de la vie qui contient tant de billets noirs !

Ce retour vers le passé, ce pèlerinage vers des lieux chers à la jeunesse envolée, qui ne l'a pas fait au moins une fois en sa vie ? Et qui n'a pas senti ses yeux humides en relisant le passage où Mannering, après avoir servi vingt ans son pays dans les Indes, reparaît colonel et splendidement riche devant le château d'Ellangowan ? Ou bien encore ces pages éloquentes des *Puritains* qui racontent le retour de Henry Morton, après son voyage de Hollande, lorsque, le cœur plein de douleurs et d'inquiétudes, il revient inconnu frapper à la porte de son château de Milnwod, et qu'ainsi que le héros d'Homère, il n'est reconnu que par son chien : A bas ! A bas ! Elphin ! Seigneur Dieu, dit la vieille Alison, vous connaissez le nom de notre chien !

Avant que les embellissements modernes ne l'aient fait presque disparaître sous leurs splendeurs, il était un endroit dans Paris admirablement fait pour servir de cadre à ces idées. Nous trouvions doux, pour notre part, d'y venir à la fin du jour, et là, seul, assis sur le revers d'un fossé, d'y ouvrir au soleil couchant, comme dit Jean-Paul Richter, cet herbier du souvenir, tout rempli de plantes desséchées et de fleurs fanées.

Les lignes que nous écrivons n'intéresseront pas les jeunes gens, mais les hommes de cinquante ans et plus, parcourront de nouveau, peut-être avec quelque plaisir, ces champs et ces boulevards aujourd'hui disparus ou si profondément modifiés.

En 1829, époque la plus lointaine où nous retrouvons nos impressions d'enfance, lorsque après avoir laissé à main droite les tréteaux de Bobino, on sortait du Luxembourg par la porte de l'allée des sycomores, on se trouvait en face d'une rue aux maisons rares, laquelle débouchait sur le boulevard Montparnasse, juste en face d'un monument singulier, planté en pleine campagne et posé triangulairement derrière les arbres du boulevard ; ce monument, dont nous n'avons jamais su l'histoire, formait un carré long d'une trentaine de pieds de hauteur sur dix environ de largeur. Il était terminé par un fronton triangulaire sur la corniche duquel le grand *chic* était, pour les enfants de notre âge, d'arriver à loger des pierres.

Le pauvre monument, abandonné et insulté, profitait philosophiquement de ces injures quotidiennes pour orner au printemps son fronton vide de bas-reliefs et d'inscriptions, au moyen des pâles coquelicots et des folles avoines, qui consentaient à pousser dans le peu de terre végétale envoyée avec les cailloux, et augmentée de celle que lui apportait le vent, avec cette générosité dont il gratifie volontiers les monuments abandonnés.

De chaque côté de ce monument, s'étendait une plaine vaste et unie comme le fond d'un tableau hollandais. Une chaussée large et bien entretenue la traversait.

C'est là que passaient tout le jour les modèles favoris de Géricault : charrettes aux ridelles branlantes, gros chevaux normands fouaillés à tour de bras par les rouliers robustes aux longs bonnets de coton rayés, aux blouses bleues brodées de rouge au collet. Au bout de cette chaussée se trouvait la barrière Montparnasse, encore fermée la nuit de larges portes en voliges terminées en pointe, fragile précaution prise lors du siége de Paris et dont un modèle se retrouve encore dans le tableau d'Horace Vernet : *la Barrière de Clichy.*

Ces portes une fois franchies, la chaussée devenait rue, et se bordait de chaque côté de restaurateurs et de guinguettes dont les arbres verts dépassaient le haut de palissades discrètes, et s'étendaient au dehors sans nul souci de l'alignement.

C'est dans le jardin de ces guinguettes que vingt ans plus tôt, les vainqueurs d'Ulm et de Wagram était venus recueillir la plus précieuse récompense de la valeur, les sourires de la beauté ! C'est à cette époque où l'on avait vu apparaître dans sa nouveauté et sur de jeunes têtes, cet affreux bonnet de tulle ruché que tant d'ouvreuses de loges et de portières ont conservé jusqu'à la vieillesse la plus reculée, sans doute par un souvenir de reconnaissance pour les succès autrefois obtenus !

Mais lui ! qu'il était séduisant lorsque, après avoir suspendu aux palissades du cabinet de verdure, le sabre au baudrier bien astiqué et le bonnet militaire à la torsade blanche ou au rouge pompon, il s'enlevait les deux bras arrondis, sur l'air d'une contredanse du nègre Julien. Comme il connaissait bien le pouvoir irrésistible d'une jambe serrée dans la guêtre de coutil ! Comme il se félicitait d'avoir employé les loisirs du camp à se faire instruire dans l'art de Terpsichore par le tambour-maître, au son du fifre joué par le jeune soldat en veste blanche, aux manches surchargées de galons où le rouge vif se mêlait au rose tendre !

Qu'ils étaient beaux ces quelques jours de paix entre deux victoires ! On avait la poche bien garnie, le cœur satisfait ; on travaillait à une œuvre inconnue, mais que l'on sentait utile et grande, on voyait l'avenir sans limites. Tous les jours étaient des dimanches, l'air était plein des cris des lapins massacrés, les violons avaient à peine le temps de cirer de colophane leur archet fatigué, et pendant que dans les cabinets discrets des restaurateurs aux maisons blanches les officiers en bourgeois traitaient quelque contemporaine amoureuse de la gloire, sous les arbres verts, près des soldats en fête, les femmes de chambre et les bonnes d'enfants menaient une existence pleine d'enivrement.

En 1828, tout était bien changé : les guinguettes, devenues silencieuses, ne se réveillaient plus que le dimanche ; leurs jardins déserts, n'étaient plus fréquentées dans la semaine que par de rares joueurs de siam, utilisant au profit de leur partie le sol battu pour la danse, devant l'orchestre muet où dormait la contre-basse ; et dans les cabinets de verdure, les tables de bois sur lesquelles les jeunes soldats avaient payé aux anciens tant de tournées, n'étaient plus guère occupées que par de vieux employés en retraite, offrant à leur femme une partie fine en souvenir d'autrefois.

Du reste, les dernières années de la Restauration nous apparaissent dans nos souvenirs d'enfant comme revêtues d'une teinte de mélancolie.

Sous un gouvernement qui ne représentait plus que les idées

et les sentiments d'un petit nombre, en sentant le présent incertain et l'avenir inconnu, tous les regards se tournaient vers le passé, car le ciel, rouge encore au couchant, ne s'éclairait à l'orient d'aucune lueur.

C'est alors que le boulevard des Invalides prit une physionomie toute particulière ; à la gaieté relative que lui donnait jadis le voisinage de cette barrière Montparnasse que nous avons essayé de décrire, avait succédé la plus sombre tristesse.

Beaucoup plus étroit qu'aujourd'hui, planté de vieux ormes séparés par des fossés tout remplis d'herbe verte, le boulevard des Invalides formait un angle adouci, à la hauteur de la rue Oudinot ; il était bordé de chaque côté par de longs murs ; généralement peu élevés, ces murs laissaient passer la tête des tilleuls ou des marronniers, dont les fruits couleurs d'acajou, et à moitié sortis de leurs coque épineuse, jonchaient parmi les feuilles mortes le fond des sauts-de-loup assez fréquents qui séparaient ces jardins mystérieux de la chaussée du boulevard.

De temps en temps, une grille interrompait le défilé des tristes murs et laissait apercevoir quelque petit hôtel construit en reculement, à la large façade, aux colonnes plates et engagées, aux longues portes-fenêtres. Ces portes s'ouvraient parfois devant un de ces hommes, jeunes encore, aux favoris épais, à la tournure militaire, type complet de ces immortels cavaliers qui avaient tant galopé à travers l'Europe, et sur lesquels pesaient alors les lourdes heures de la non-activité.

Il venait tristement s'asseoir derrière la grille, sur quelque vieux banc rongé de cette lèpre que la pluie donne à la pierre de taille, et répondait par un pâle sourire au salut que lui adressaient, en touchant le bord de leur casquette de cuir bouilli, cannelée, évasée et plate comme le haut de certains chapiteaux de colonne, les soldats mutilés des grandes armées détruites ou dispersées, en passant deux à deux sur la chaussée, la canne à pomme d'ébène suspendue au bouton d'étain

de la capote bleu sombre, la manche vide attachée sur la poitrine, et ramenant d'un mouvement fier et régulier la jambe
de bois qui, traçant son pénible demi-cercle, essayait encore
de marquer le pas.

C'est ainsi que chefs et soldats se trouvaient réunis, par les
événements et le sort, presque au même lieu, où ils avaient,
brillants capitaines ou séduisants vélites, convives des grandes
tables d'Austerlitz ou de Marengo, marché dans la lumière, le
bruit et la gaieté, entourés de l'admiration et de la sympathie
générale. Entre cette vive lumière et ce soleil couché, entre
ce bruit et ce silence, entre cette gaieté et cette tristesse, il y
avait bien des malheurs et bien des larmes ! Il y avait les plaines glacées de la Russie, les plaines brûlées de l'Espagne, les
plaines sanglantes de la Champagne, les défaites et les trahi-
sons ! Ils avaient descendu tout entière la gamme des sensations militaires et patriotiques, de la *Marseillaise* à *T'en
souviens - tu, disait un capitaine,* deux chefs - d'œuvre que
Géricault traduisit sur la toile par ce hussard chargeant qui
s'élance avec tant d'ardeur dans le feu et dans la fumée, et ce
cuirassier blessé qui revient dans la neige et soutient d'une
main défaillante son cheval épuisé !

On avait tant parlé, sur ce triste boulevard et dans ces tristes hôtels, de la défaite inexplicable de Waterloo, et du retard
malheureux de Grouchy, que ces lieux solitaires en avaient
conservé, même jusqu'à nos jours, comme une incurable
tristesse.

Puis, un problème insoluble et désespérant ne se dressait-il
pas, alors, nettement dans l'esprit des chefs, obscurément
peut-être, mais plus terrible encore, dans l'esprit des soldats ?

Le grand travail de la Révolution française, les grandes
œuvres et toutes les grandes batailles de l'Empire étaient
donc inutiles, puisqu'ils revoyaient les choses presque en l'état
où ils les avaient trouvées ! C'était donc vrai que les justes
revendications avaient été des révoltes impies ! ils avaient
donc travaillé à une œuvre mauvaise ! Ces grandes aventures,

pendant lesquelles ils avaient jeté aux quatre vents du ciel cette graine si féconde de la liberté qu'ils avaient arrosée de leur sang, étaient donc des expéditions inutiles ! C'était donc pour rien qu'ils avaient semé leurs membres et usé leur vie sur le chemin de toutes les capitales ! Dieu n'était donc pas avec eux, puisque une fois vaincus et sur la place où ils avaient cru fonder un nouvel empire, gardé par de plus justes lois, comme sur l'emplacement du camp d'une armée détruite, les anciens propriétaires revenaient chercher sous la cendre et la poussière, la place où avaient été jadis ces domaines défendus par le privilége et cultivés par le serf.

C'est à cela qu'ils songeaient pendant leur promenade quotidienne, en suivant ces longs boulevards, de l'hôtel où ils mangeaient un pain accordé à des services que la rapidité des événements avait singulièrement vieillis, jusqu'à cette place funeste où tomba un de leurs plus illustres chefs, dont, comme la patrie, ils ne comprirent jamais bien la faute, mais dont ils se rappelaient les exploits.

Et ceux qui moururent alors, de quelle lassitude et de quelle amertume leurs derniers moments ne durent-ils pas être entourés !

Non-seulement les hommes disparus, mais aussi leurs idées et leurs sensations laissent aux lieux qui leur ont été familiers une trace invisible et profonde.

Aussi, était-ce avec une impression presque douloureuse que, tout enfant, nous mettions le pied sur ce boulevard, pour nous plein de fantômes.

Le seul souvenir riant que nous ayons conservé de ces tristes lieux, c'est celui de la station inévitable que notre mère ne manquait pas de nous faire faire, à ma sœur et à moi, devant une vieille marchande de gâteaux, dont l'établissement s'appuyait contre un gros arbre le long d'un des fossés latéraux de l'hôtel, à la place où est aujourd'hui un square verdoyant. La mère Renard, — c'est ainsi qu'on l'appelait, — se tenait assise à côté de sa boutique, mal protégée contre les ardeurs du soleil par un drap blanc soutenu de quatre manches à balai. Elle avait devant elle une aiguière égueulée de faïence de Rouen à fleurs, dans laquelle, sous prétexte de rafraîchissement, trempaient deux carafes d'une eau tiède et jaunâtre, au ton bistré de laquelle ses droits bruns n'étaient peut-être pas étrangers, et qu'elle débitait sous le nom de coco ; le goulot d'une de ces carafes, que quelque choc déjà ancien avait taillé en sifflet, était ramené à sa forme ovale par un linge qui entourait le cou de la carafe, et prenait, grâce au fil qui l'assujettissait et au liquide dont il était toujours imbibé, un faux air de pansement qui aurait inquiété des goûts plus délicats que les nôtres.

Le verre de coco, — les denrées étaient alors moins chères, — ne coûtait que deux liards, et comme on nous abandonnait généreusement la monnaie du sou consacré à ce modeste *lunch*, nous avions pour les deux liards restants deux réductions de Bolivar en un pain d'épice, dans la confection duquel la poussière entrait certainement comme un condiment indispensable, car jamais, depuis, aucun pain d'épice authentique de Reims ne nous a paru aussi savoureux.

La mère Renard à laquelle nous avons toujours soupçonné les accointances (légitimes, nous l'espérons) dans l'hôtel, était fréquemment entourée d'un cercle d'écloppés auxquels elle avait jadis versé la goutte sur plus d'un champ de bataille ; aussi entourée que la reine d'un bal, son grand chapeau de paille qu'avait, dit-on, brûlé le soleil de Saint-Jean-d'Acre, disparaissait dans le cercle formé par les capotes bleues.

Il est probable que dans ce groupe de vieux soldats on ne disait pas de bien du gouvernement d'alors, car sitôt que nous étions installés en qualité de clients devant la boutique de la mère Renard, la conversation très animée à notre arrivée cessait brusquement et ne reprenait que lorsque, le dernier soulier de Bolivar disparu, nous nous remettions en route.

Il y a une quarantaine d'années de tout cela ; la mère Renard et tout son groupe d'attentifs reposent maintenant à l'abri du soleil brûlant et des souvenirs amers !

Nous avons voulu, dans un jour de loisir, revenir, nous aussi, comme les héros de Scott et dans la maturité de la vie, rechercher ce que ces lieux avaient gardé de ce bon autrefois qui paraît toujours si cher et si doux.

Le voisinage de l'Exposition a forcé le sombre boulevard à faire aussi sa toilette : on l'a redressé, replanté, élargi, les sauts-de-loups ont disparu, d'élégantes constructions, de superbes églises ont remplacé les murs délabrés et les jardins abandonnés.

Personne ne songe à s'en plaindre, pas même nous.

A la places des ombres chassées et des souvenirs envolés, nous avons rencontré l'autre jour un dernier reste du passé, un type d'autrefois, bataillant encore contre la destruction et l'oubli.

Semblable à ces figures à moitié évanouies que vit le poëte dans son voyage aux enfers, représentant attardé d'un Paris qui n'existe plus, exécutant sans conviction et sans espérance d'illusion ses tours éventés, un escamoteur avait dressé son établissement dans le lieu rajeuni, près de la rue Oudinot, mais, grand Dieu ! que cet homme était démodé et attristant !

Une table sans tapis, des gobelets d'étain noircis et bossués comme le chapeau d'un chef de claque un [soir de *première orageuse*, un jeu de cartes dont la graisse avait confondu les personnages, tels étaient les accessoires déplorables de cet artiste méconnu ! entouré d'un cercle d'ouvriers qui lisent le *Petit Journal* et parient pour les courses, il était écouté poliment ; mais pas un sourire n'accueillait ses mots les plus risqués ; la dame de trèfle sortait vainement de sa poche, le valet de carreau de sa cravate, personne ne s'étonnait, et les regards lui disaient : « Connu ! » il travaillait seul, se faisant à lui-même son boniment ; on sentait qu'à la suite d'une fin de mois difficile, son pître l'avait abandonné.

Le temps n'était plus où, revêtu d'une redingote à la propriétaire, le chapeau incliné sur l'oreille, la cravate ornée d'un diamant invraisemblable, il faisait son entrée dans un cercle

nombreux et attentif en donnant un soufflet bienveillant à
Gringalet, et commençait son discours par le traditionnel :
« Tu ennuies ici ces messieurs... »

Peu soigneux de son costume comme les ambitieux irrévocablement déçus, il portait une casquette de drap rapé, une
redingote amadou ; plus heureuses, hélas ! que leur maître, qui
n'avait peut-être rien pris, ses chaussures prenaient l'eau !

Quand il proposa à une petite ouvrière placée en face de lui
de choisir une carte pour arriver à connaître son avenir, elle
leva sans façon les épaules ! Alors forçant ses effets, et perdant
la tête, comme le font quelquefois les acteurs devant la froideur du public, il essaya de coller la dame de trèfle sur le
képi d'un soldat de la ligne, lequel se recula avec une réserve pleine de dignité, lui faisant ainsi comprendre combien
il était nécessaire de tenir compte de la distance qui séparait
aujourd'hui l'élève de Chassepot, le soldat même nouvellement
admis dans les armées françaises, de l'antique et crédule Jean-
Jean, jadis illustré par Charlet.

Ce dernier coup l'acheva, et ramassant une pièce ronde que,
respectueux pour les grandes infortunes, j'avais pieusement
déposée sur son établissement sordide, il jeta ses piteux gobelets dans son sac à la malice déshonoré, enleva sa table, et
passant son bras dans le tréteau rapidement reployé, il s'é-
loigna !...

Va, pauvre hère ! ce qui t'arrive aujourd'hui te rendra peut-
être service ; ce métier qui t'abandonne va te forcer d'en
choisir un autre plus digne et plus fructueux. Chacun aujour-
d'hui doit suivre le grand mouvement ! Les êtres inutiles et les
terrains abandonnés doivent être forcément remis en valeur
par une société si active, qu'elle brise, dans son éternel mouvement, tous ceux qu'elle n'entraîne pas dans sa marche.

FRAGMENTS DU JOURNAL

D'UN

MUSICIEN DE L'OPÉRA

1762

Je suis arrivé par le coche, hier 20 décembre 1761, de Dijon, la ville natale du grand Rameau, avec une lettre de recommandation pour M. Berton, batteur de mesure à l'Académie royale de musique de Paris ; j'ai 80 livres dans ma poche, et dans son étui un violon de Boquay, que j'ai tenu sur mes genoux pendant toute la route. J'ai été enfant de chœur à la cathédrale ; mon vieux maître de chapelle m'a appris ce qu'il savait : l'orgue, le violon et un peu d'harmonie. J'ai lu la *Genération harmonique*, j'admire *Hippolyte et Aricie*, *Castor* et *Dardanus*, et je viens, comme tant d'autres, puisque je suis à présent tout seul, chercher à vivre de mon talent, suffisant déjà, si j'en crois mon vieux maître, qui m'a embrassé, il y a huit jours, en me disant adieu, la larme à l'œil, sur la promenade de l'Arquebuse.

Au moment où je descendais du coche, j'ai été assailli par une foule de gens ; on m'a tellement tiraillé, que mon modeste paquet et mon violon de Boquay ont pensé être mis en pièces. Je me suis laissé conduire à l'hôtel des trois-Rois, rue de Tournon ; j'ai dîné à la table de l'hôte, fort bien dîné, ma foi ! quoique au milieu d'un bruit et d'une animation qui m'ont d'abord embarrassé. Pendant le repas, de jolies filles entrent dans la salle et vous offrent de menus ouvrages ; des moines chartreux viennent proposer des salades pour lesquelles le jardin de leur couvent est renommé.

Après le dîner, je suis remonté dans la chambre que l'on m'a choisie au cinquième, l'aspect de ma boîte de violon ayant probablement averti l'hôte que je n'étais pas un voyageur à grosse dépense.

J'ai voulu voir comment mon Boquay avait supporté le voyage ; je l'ai tiré de son étui, je l'ai accordé, et je n'ai pu résister au plaisir de jouer de mémoire un passage de cette *Logistille* de Roland, avec laquelle je réussissais si bien à Dijon. On a frappé à la fois au mur, à ma gauche, et sous mes pieds des coups précipités, qui me battant la mesure à contre-temps m'ont forcé de m'arrêter, et la voix de mon voisin de gauche, mieux placé pour haranguer que mon voisin d'au-dessous, a crié : « Eh bien ! eh bien ! a-t-il bientôt fini ce maudit râcleur, de faire ainsi jurer sa chanterelle à près de dix heures du soir ? » Puis, comme un chœur, après le solo terminé, les deux manches à balai ont recommencé leur tapage avec un ensemble que je n'ai pas toujours trouvé dans nos concerts, à Dijon.

Je me suis tu, j'ai soufflé ma chandelle, et, sur la pointe du pied, j'ai gagné mon lit, dont le bois desséché a poussé, sous mon poids, un gémissement que j'aurais bien voulu étouffer, car il a été accueilli de mon voisin irritable par un S..... tonnerre...! proféré d'une si énergique façon que j'en ai caché mon front sous la couverture ! Voilà mon premier succès à Paris ; est-ce un présage ?

21 *décembre.* — J'ai dormi jusqu'à neuf heures ce matin ; en m'éveillant, j'ai ouvert ma petite fenêtre : il faisait beau, sec, presque doux, et il y avait déjà dans la rue de Tournon plus de mouvement que dans la grande rue de Dijon à midi. Des perruquiers blancs de poudre de la tête aux pieds, et portant d'une main la boîte à poudre et de l'autre le cornet de carton destiné à préserver le visage, se croisaient avec des maîtres d'armes; le grand chapeau incliné sur l'oreille gauche, le plastron au cœur écarlate sur la poitrine et des fleurets sous le bras, ces fils de Mars, jetaient un regard dédaigneux sur quelque maître de danse, sautillant sur la pointe de ses escarpins, le tricorne sous le bras, et la main posée sur la tête de sa pochette, toujours prête à s'élancer de la basque de son habit de velours. Des jeunes gens coiffés de casquettes de jockey, enveloppés de leurs robes de chambre et les mains cachées dans un manchon, se rendaient au manége et au jeu de paume; des chaises, des brouettes, des vinaigrettes passaient; on criait de l'eau et des petits gâteaux chauds, et de temps en temps, un cabriolet lancé au grand galop traversait toute cette foule bigarrée en y traçant un sillage qui mettait quelque temps à s'effacer.

J'ai voulu savoir où j'en étais avec mon hôte, et j'ai fait demander mon compte : pourboires, dîner, etc., près d'une pistole ! Hum ! à ce prix, mes pauvres quatre-vingt livres n'iront pas longtemps ! Après déjeuner, j'irai porter ma lettre à M. Berton.

23 *décembre.* — Victoire ! je suis reçu, je suis officier du roi ! membre de l'Académie royale de musique !

Hier 22, après avoir bien des fois traversé inutilement la place du Palais-Royal, monté le vilain petit escalier noir qui donne cul-de-sac de l'Opéra et conduit dans l'intérieur du théâtre, j'ai été enfin assez heureux pour rencontrer M. Berton. Un valet à la livrée du roi m'a conduit, à travers mille détours, au fond d'un corridor noir, et auprès d'une petite porte derrière laquelle des chants se faisaient entendre. Une très-jolie voix de femme chantait les paroles du *Phaéton* de Lully, que j'ai si souvent chantées moi-même, alors que ma voix de fausset ne m'avait pas abandonné.

> Vous estes digne de l'empire,
> Mais si votre grand cœur me force à l'admirer,
> C'est en tremblant que je l'admire!

Ici la voix, au lieu du *fa* dièze écrit, prit un *fa* naturel, et détonna complétemment. Une violente dispute mêlée de cris et de rires s'éleva.

Profitant de cette bourrasque, mon conducteur entr'ouvit la porte et m'introduisit ; puis ôtant son chapeau, il prit ma lettre, traversa la salle d'un pas discret, et s'approchant d'un monsieur bien vêtu assis près du clavecin, il lui remit le message qui portait toute mes espérances et lui dit quelques mots à l'oreille. Pendant ce temps, la dispute continuait : — « C'est votre faute, Noblet, disait une très-jeune dame, rouge de colère, à l'accompagnateur assis au clavecin ; vous m'avez frappé un faux accord ! — Mais, mademoiselle Arnould, répondait celui-ci avec une patience angélique, j'ai frappé sur le *si* naturel un accord de septième avec la tierce majeure retardée ; nous devons nous trouver en *mi* mineur, et grâce à la note que vous faites, nous nous en allons tout doucement en *ut* majeur. » Et comme on se moquait, Mlle Arnould se retourna, moitié riant moitié furieuse : — « Tas de croquants ! s'écria-t-elle, que vous, Gelin, que vous, Larrivée, vous soyez aussi mordicants pour une camarade, passe encore ! Mais que toi, le Roi-des-Belles, un coryphée qui, en fait d'intonation, n'en est certes pas à un demi ton près, tu te permettes de rire, c'est trop fort ! D'ailleurs, ajouta-t-elle, en saisissant son manchon et son rôle, il fait du soleil, je vais me promener au Cours-la-Reine. J'en ai jusque là de Lully, de Destouche, de Marais, et de votre vieux Rameau, que vous avez pris sous votre protection, Noblet, parce qu'il vous a fait entrer ici ! Et cependant vient-il d'assommer assez le public avec ses ennuyeux *Paladins*, que personne ne comprend excepté vous. — Mademoiselle, répondit Noblet un peu ému, on admirera bientôt les *Paladins* à l'égal de *Dardanus* ; la poire n'est pas encore mûre ! — Ça ne l'a cependant pas empêchée de tomber ! » s'écria Mlle Arnould, aussi heureuse qu'un maître d'armes profitant d'une faute de son adversaire pour le boutonner en plein corps. Et elle sortit radieuse, au milieu des cris et des bravos, me frôlant de sa soie et de ses dentelles, et répandant autour d'elle mille parfums exquis.

Pendant ce temps, M. Berton avait lu ma lettre : — Vincent ! s'écria-t-il se levant, mon vieux Vincent existe encore ! Ah ! jeune homme, vous ne pouviez pas avoir près de moi une meilleure recommandation que celle de ce vieil ami. La répétition est finie, voilà tous ces messieurs qui partent : le Roi-des-Belles et Noblet, en formant contre Sophie mille projets de vengeance, oubliés demain ; Gelin et Larrivée pour aller colporter dans tout Paris le dernier mot de Mlle Arnould. Je vais prier Labbé et Chapotin de demeurer et nous allons vous entendre et vous juger. » Le cœur me battait bien un peu en tirant mon Boquay de sa boîte ; mais encouragé par quelques mots bienveillants de M. Berton, je commençai le concerto en *ré* majeur de Geminiami ; à la fin du premier solo, M. Berton et M. Chapotin se regardèrent, et je crus voir dans leurs yeux qu'ils n'étaient pas mécontents.

On apporta la partie de violon du fameux morceau d'*Atys*, les *Songes funestes* ! ce morceau, depuis Lully, sert de suprême épreuve à tous les violons qui se présentent à l'Académie royale de musique. Habitué que j'étais aux sonates de Corelli et de Tartini, je puis dire que je n'en fis qu'une bouchée. — « Bravo ! jeune homme, dit M. Berton ; je vous prends, vous êtes admis. Allons, écrivez à Vincent que nous avons fait honneur à sa recommandation, et que je l'aime toujours. »

Aujourd'hui je viens de recevoir une grande lettre à cachet rouge ! ma nomination ! Je suis admis à l'orchestre de l'Opéra, aux appointements de 400 livres par an comme violon du grand chœur ! Quand je passerai parmi les violons du petit chœur, chargé des nuances plus délicates et des passages les plus difficiles, j'aurai un peu plus.

Certes, ce ne sont pas là les appointements de MM. Gelin et Larrivée, ils touchent chacun plus de cent louis par an ! ni ceux de Mlle Guimard qui, m'a-t-on dit, a, grâce à ses feux, encaissé cette année la somme énorme de 6,000 livres ! Mais avec le concert spirituel et quelques leçons, je pourrai, grâce à Dieu, me tirer d'affaire.

5 *janvier* 1762. — J'ai commencé mon service à l'Opéra le 1er de ce mois. Le jour où j'ai été nommé violon du roi, j'ai pris la résolution de ramasser et d'écrire sur ce journal ce qui me paraîtra curieux, intéressant et digne d'être conservé dans tout ce que je vais voir et entendre.

Me voici définitivement installé : j'ai loué, juste en face la porte d'entrée des artistes de l'Opéra, maison du perruquier, deux chambres au quatrième étage ; je les ai meublées modestement, mais très-proprement, avec le reste de mes quatrevingt livres et un peu de crédit que l'on m'a forcé d'accepter.

J'ai un lit passable, deux bons fauteuils de velours d'Utrecht jaune, un petit clavecin à deux claviers, avec accouplement pour le grand chœur ; il est peint couleur gris de lin, et bordé d'une guirlande de muguet ; à l'intérieur, on voit Apollon et les Muses ! j'ai aussi une jolie commode en bois des Iles, avec cuivres dorés, et sur ma cheminée deux bustes en biscuit de Sèvres, représentant Lully et Rameau ; la pendule absente est remplacée par un groupe de petits bergers, également en biscuit, qui dansent, sous un verre bombé, entre les deux plus grands musiciens du monde.

La première fois que je suis entré à l'orchestre et que j'ai vu la salle de l'Opéra brillamment éclairée et remplie de dames en brillantes toilettes, j'ai été un peu ému.

Cette salle du Palais-Royal est vraiment belle ; elle a été construite par Mercier et forme un carré long. Un beau portique doré, composé de trois grandes arcades, donne accès dans la salle ; vingt-sept degrés de pierre, que l'on couvre soigneusement de sable tous les soirs, descendent mollement et insensiblement de ce portique vers la scène ; deux balcons dorés, posés l'un sur l'autre, vont aussi du portique à la scène. La salle est éclairée avec des lustres chargés de bougies. Mais ce qui est vraiment beau, c'est la perspective du plafond : le célèbre Le Maire a point, sur ce plafond, une longue ordonnance de colonnes corinthiennes soutenant une voûte fort haute ; il semble que cette architecture soit véritable, et cela rehausse le couvert de la salle et lui donne l'élévation qui lui manque, à ce que disent les connaisseurs.

C'est dans cette salle que jouait le fameux Molière.

Mes camarades de l'orchestre m'ont bien accueilli, j'ai pour compagnon de pupitre un vieux musicien qui finit de gagner sa pension ; entre nous, il n'est pas fort ; j'ai remarqué qu'il se mouchait volontiers pendant les endroits difficiles, et qu'il se plaignait de l'éclairage toutes les fois qu'il faisait une fausse note. Il se nomme M. Piffet, est à l'Opéra depuis 1744, a une petite place dans la ferme des tabacs, et dort souvent, à moins qu'il ne parle, tout en jouant, sans que sa physionomie change et presque sans que ses lèvres remuent ; il a pris cette habitude afin de ne pas attirer les regards du batteur de mesure. Moi je me tais et je joue pour deux, car devant nous est placé un jeune homme, M. Francœur, le propre neveu du directeur de l'Opéra. Il y a aussi parmi nous un M. Exaudet, maître de danse, et auteur, dit-on, de menuets charmants.

La compagnie chantante de l'Opéra est bien composée, à l'exception de Pillot, bien faible haute-contre. Les parties de basse-taille et de dessus sont bien tenues ; M. Gelin a un organe puissant, mâle et sonore ; M. Larrivée a plus de pathétique, plus de feu ; il joue avec naturel et aisance.

Il y a déjà un peu longtemps que Mlle Chevalier jouit de sa réputation ; Mlle Arnould est naturelle, onctueuse ; dans les scènes de tendresse, elle est inimitable. La voix de Mlle Lemière est une magie continuelle : c'est un rossignol qui chante, un ruisseau qui murmure, un zéphir qui folâtre !

Pendant les entr'actes, mon vieux voisin me parle avec enthousiasme de Jéliotte, de M. de Chassé, et même de Thevenard, qui vivait encore il y a une vingtaine d'années ; l'histoire du mariage de ce vieil interprète des opéras de Lully est curieuse, et je veux l'écrire ici.

Thevenard passait un jour sur la butte des Moulins, **près de la devanture d'un marchand cordonnier, lorsqu'il s'arrêta tout** à coup à considérer une petite pantoufle en satin vert bordée de rubans roses ! cette pantoufle reposait sur un coussin, en attendant que sa sœur jumelle fut achevée. Thevenard entra dans la boutique, lia conversation avec le cordonnier, et, à force d'amabilité et de vieux bourgogne, il apprit que cette jolie pantoufle était destinée à la fille d'un marchand, syndic de sa corporation et fort ennemi des gens de théâtre. Thevenard, le favori dés duchesses, le représentant sur la terre des dieux et des héros, ne put parvenir à faire sortir de sa mémoire cette pantoufle ensorcelée. Il parvint à se faire présenter chez le syndic, et à force d'empressement, de bonne humeur, de tendresse, en se servant auprès du père du moyen qui lui avait déjà réussi avec le cordonnier, il obtint la main de la jeune propriétaire de la pantoufle ; elle le rendit le plus heureux des hommes et des pères, jusqu'à l'année 1741, où il mourut dans ses bras, en bénissant les cordonniers et les pantoufles vertes.

8 janvier. — Mlle Arnould cherchait depuis longtemps, à ce qu'il paraît, une occasion de rompre avec M. de Lauraguais. Ce seigneur ayant quitté Paris il y a peu de jours, Mlle Arnould a fait mettre dans un carrosse que lui avait donné M. de Lauraguais, les bijoux et les étoffes qu'elle tenait de sa générosité ; elle y a joint deux enfants dont elle lui attribue la paternité, et elle a renvoyé le tout à Mme de Lauraguais, fort surprise d'un pareil envoi.

10 janvier. — Mlle Arnould a été sifflée hier.

Sans date. — Mon vieux camarade de pupitre m'a décidément pris en amitié ; c'est un brave homme, qui parle peu (excepté pendant que l'on joue) et à peu de personnes. Il a du goût, juge bien, et me raconte beaucoup de choses curieuses, qu'il a recueillies, tant par lui-même que par tradition, sur la musique et les musiciens.

L'autre soir, après le premier coup d'archet de l'ouverture d'*Enée et Lavinia*, donné avec cet ensemble si renommé et si apprécié des étrangers et des bourgeois de Paris, M. Piffet me dit : — Ce n'est pas tout de suite, mon cher Saublay, que nous sommes arrivés à cette perfection ; on ne saura peut-être pas assez gré au grand Rameau d'avoir, par son génie et sa fermeté, puissamment contribué à former notre orchestre. Avant lui et les violentes discussions qu'il eut avec quelques-uns de nos chefs, il arrivait souvent, et il arrive même encore parfois, vous avez dû vous en apercevoir, que malgré les coups d'œil furieux de notre batteur de mesure, un instrumentiste curieux de ce qu'il appelle la propreté du chant, se laisse aller par habitude à faire un fredon ou un flatté qui n'est pas écrit sur sa partie. Il y a cinquante ans, cette habitude était alors dans toute sa force, et Lully lui-même, malgré tous les violons qu'il a cassés sur la tête de ses musiciens, n'a rien pu contre elle. Vous trouverez comme preuve de ceci, à la fin d'une cantate de Carolet, intitulée *Médée travestie*, une note ironique ainsi conçue :

« On reprend la symphonie pour finir : messieurs les *violons brodeurs* pourront, cette seconde fois, l'orner de tous les fredons dont ils se servent pour rendre à la musique la plus ancienne les grâces de la nouveauté, et donner aux pièces les plus simples et les plus gracieuses un air diabolique. »

Vous pourrez encore vous faire une idée de l'ensemble auquel étaient jadis habituées les oreilles du public français, en lisant dans la partition de l'*Omphale* de Destouches cette note de l'auteur : « On entend derrière le théâtre un bruit de trompettes qui *s'essayent* pour la feste d'Hercule ; » et plus loin, dans la même partition, afin d'interrompre Argine dans ses imprécations contre Omphale, entre ce vers :

Que j'immole du moins Omphale à mon transport !

et celui-ci,

On vient, on va chanter le jour de sa naissance !

la partition contient deux demi-portées toutes blanches, et
au-dessous, Destouches a écrit : « Ici, tous les instrument pré-
ludent en *A-mi-là*. » Ce qui devait faire juste l'effet de ce moment pendant lequel tout l'orchestre s'accorde, chacun faisant
son prélude favori sans s'inquiéter de ce que font les autres.

Il n'est pas jusqu'à ces pauvres bouffons, si malmenés par
l'*Almanach des spectacles*, qui ne nous aient appris quelque
chose. Et pourtant, comment les avons-nous reçus ces pauvres
Italiens amenés par Bambini ? Nous étions jeunes, nous étions
excités par nos seigneurs et maîtres les premiers sujets, que
les succès de Manelli, de Cosimi, de Rossi empêchaient de
dormir ; puis nous croyons servir la cause de la musique française que l'on nous disait être en péril ! Aussi, que d'avanies !

J'ai vu la charmante Tonelli chanter les airs gais de la *Serva
Padrona* et de *Bertoldo in Corte*, avec ses beaux yeux pleins
de larmes, accompagnée à tour de bras par des bourreaux de
violons ne permettant pas à sa voix pure et flexible d'arriver jusqu'au public. Puis tout-à-coup, au moment d'une ri-
tournelle mélodieuse d'Aldolfi ou de Ciampi, les premiers
dessus de violons jouaient doux, tandis que les deuxièmes
dessus, en jouant de toute leur force faisaient disparaître la
mélodie ; au milieu d'un air, on entendait un violon qui s'accordait ; si on lui faisait une réprimande, il en prétextait pour
jouer toute la soirée encore plus faux que de coutume. Notre
copiste Durant les trahissait et ne transcrivait pas exactement
leurs partitions. Un de nos violoncellistes s'est vanté devant
moi de n'avoir jamais manqué d'exécuter en mineur les morceaux écrits en majeur, et *vice versa*. Les violons s'entendaient
tous pour jouer tantôt un quart de ton trop haut, tantôt un
quart de ton trop bas. Quant aux hautbois, c'étaient les mêmes qu'aujourd'hui, vous devez comprendre en les entendant
qu'il était inutile de les faire entrer dans aucun complot, et

qu'il suffisait de les laisser jouer de leur mieux. Il n'était pas jusqu'aux trompettes qui, au milieu des morceaux les plus pathétiques, ne sortissent sous les prétextes les moins honnêtes en toussant et en renversant les chaises ; aussi ils partirent les pauvres bouffons.

« Quand à moi, grâce à Dieu ! je n'ai jamais pris part à ces indignités ; mais la diable de musique italienne est parfois si vive et coupée d'une si singulière façon, que j'ai aussi à me reprocher bien des fautes contre la justesse et la mesure ; le dieu de la musique me les pardonnera, j'espère, car du moins j'ai la satisfaction de penser qu'elles étaient involontaires ! Écoutez, je ne sais si c'est le souvenir des crimes dont ses pareilles furent les complices, mais il me semble que Mlle Chevalier chante encore plus mal que de coutume ! Puis il ajouta sans la regarder :

« Oui, hurle, va ! remue tes vilains bras pour seconder l'effort de tes poumons : un air crié par toi ne vaudra jamais dix mesures chantés par la Tonelli ! »

Décidément mon vieux compagnon est un fantasque, mais il est amusant. A ce moment, et comme le rideau baissait, notre trompettiste, M. Caraffe, qui a manqué le dernier chœur et a empoché ces trois livres d'amende, est rentré tout mouillé ; il pleuvait à verse, et j'avais oublié mon surtout d'écarlate ! J'ai eu bien peur pour mon habit de soie et ma perruque neuve que j'avais retiré des cordes le matin même ! Comme j'ai bien fait de me loger en face ! Je suis rentré à peu près sans dommage.

(Il y a ici dans le journal de Saublay une lacune de trois années. L'incendie de l'Opéra en 1763 ; sa translation dans la salle des Tuileries, en bouleversant les habitudes de notre musicien, lui ont fait probablement négliger son journal, car ce journal ne recommence qu'en 1765, et de 1765 à la fin de 1768, il n'offre plus qu'une simple nomenclature de premières représentations et de débuts mêlés à des dates de dépenses et de recettes toutes personnelles. Nous reprenons donc, à l'année 1769, la publication du journal de Saublay, dans lequel nous devons encore pratiquer de larges coupures.)

———

1769 a 1787

26 *novembre* **1769.** — Mlle Sophie Arnould vient d'obtenir sa grâce ; tous les amateurs de l'Opéra sont dans le ravissement. Mlle Arnould avait osé, au spectacle de Fontainebleau, manquer essentiellement à Mlle la comtesse Dubarry. Le roi avait aussitôt ordonné que Mlle Arnould, fût mise pour six mois à l'hôpital.

Mme Dubarry, qui est la douceur et la modération en personne, a bien voulu sacrifier sa vengeance au plaisir public, Le roi s'est laissé fléchir ; mais toutes les fois que Mlle Arnould, (elle n'est pas aimée à l'Opéra,) s'approche d'un groupe de ses camarades, on lâche le mot d'hôpital, ce qui humilie beaucoup cette superbe reine.

15 *décembre.* — Deux spectateurs se sont pris de querelle à propos du plus ou moins de talent de Mlle Asselin, qui n'en a pas. Ils sont sortis pour se battre, et l'agresseur, M. Hoocke, a été tué raide.

Cette catastrophe relève merveilleusement la réputation de Mlle Asselin ; toutes ses camarades l'envient.

26 *janvier* **1770.** — Nous avons inauguré aujourd'hui la nouvelle salle du Palais-Royal par l'opéra de *Zoroastre.* On avait illuminé cette salle, il y a quelques jours, pour Mme la comtesse Dubarry ; elle avait désiré la voir avant tout le monde.

18 *mai* **1770.** — Nous avons joué hier, prour premier spectacle, à la cour, *Persée,* de Lully. Madame la dauphine assis-

tait à la représentation ; elle n'a pas eu l'air de s'amuser beaucoup à l'audition de ces récitatifs français, que l'on sait être
insupportables pour ceux qui n'y sont pas habitués. Voici le
portrait de madame la dauphine, j'étais admirablement placé
pour la voir. Cette princesse, (elle vient d'avoir quinze ans), est
petite et doit grandir encore ; elle est maigre, sans être dé-
charnée, et telle que l'est ordinairement une jeune personne
qui n'est pas encore formée.

Elle est bien faite, bien proportionnée dans tous ses membres. Ses cheveux sont bien plantés et d'un beau blond ; on
juge qu'ils seront un jour d'un châtain cendré. Elle a le front
beau, la forme du visage d'un ovale un peu trop allongé ; les
sourcils aussi bien fournis qu'une blonde peut les avoir. Ses
yeux sont bleus, sans fadeur, et jouent avec une vivacité pleine
d'esprit.

Son nez est aquilin, un peu affilé par le bout ; sa bouche est
petite : ses lèvres sont épaisses, surtout l'inférieure, qu'on sait
être la lèvre autrichienne. La blancheur de son teint est
éblouissante, et elle a des couleurs naturelles qui peuvent la
dispenser de mettre du rouge. Son port est celui d'une archi-
duchesse, mais sa dignité est tempérée par sa douceur ; enfin,
il est difficile, en voyant cette princesse, de lui refuser ce respect mêlé de tendresse que les Français ont toujours ressenti
pour leurs souverains.

15 *novembre* 1771. — Il paraît qu'on a joué hier à Fontainebleau *Zémire et Azor*, de M. Grétry ; on a même fait l'honneur
à messieurs de la Comédie Italienne de leur prêter pour le
palais d'Azor la fameuse décoration de diamants! elle a paru
plus superbe que jamais. Les anciens acteurs, habitués aux
tréteaux de la foire Saint-Laurent, dans le palais de Zoroastre ! c'est un peu fort. Enfin, le roi est le maître !

26 *novembre* 1773. — Un jeune musicien français, nommé
Floquet et qui n'a pas encore vingt-trois ans, vient de faire

représenter avec un succès extraordinaire sur le théâtre de l'Académie royale de musique, un opéra intitulé : l'*Union de l'Amour et des Arts*. On a plusieurs fois obligé l'orchestre de s'interrompre, afin de laisser applaudir, et le jeune Floquet, redemandé par tout le monde, a été obligé de reparaître â la fin de l'opéra.

C'est un honneur que n'a jamais eu Rameau !

14 *janvier* **1774.** — Le sieur Gluck, musicien allemand, a publié dans le *Mercure* une lettre adressée à MM. les directeurs de l'Opéra. Dans cette lettre, il offre de leur apporter l'*Iphigénie* de Racine mise en musique par lui.

Il a l'honneur d'être connu de Madame la dauphine; elle le protégera certainement.

30 *janvier* **1774.** — Le sieur Guignon, dernier roi des ménétriers, charge aujourd'hui supprimée, est mort à Versailles, à l'âge de quatre-vingts ans. Il avait dans sa jeunesse fort adroitement joué du violon.

17 *avril* **1774.** — Il s'est passé, à la dernière répétition générale d'*Iphigénie en Aulide*, du sieur Gluck, un fait bien divertissant. La demoiselle Duplant, chargée du rôle de Clytemnestre, a pour amant un célèbre sacrificateur de veaux et de moutons, bien connu dans Paris sous le nom du boucher Colin, cet amoureux boucher, appelé à l'administration pour choses concernant son état, traversait les coulisses accompagné d'un gros dogue qui le quitte rarement ; il demeura un instant à écouter Mlle Duplant ; elle chantait l'air :

Armez-vous d'un noble courage....

Mlle Arnould, tout en prêtant l'oreille aux représentations de sa mère Clytemnestre, avait aperçu dans la coulisse les deux amis de Mlle Duplant ; elle commença aussitôt avec le dogue un tel jeu de clins d'yeux, d'appels à voix basse et de gestes

bienveillants terminés par l'offre sournoise d'une gimblette,
que l'animal oubliant toute retenue, s'élança de la coulisse et
bondit vers elle ; mais rencontrant à mi-chemin Mlle Duplant,
qu'il connaissait bien davantage, il l'étreignit de ses pattes, et
pour lui prouver son amitié, essaya de rapprocher du visage
de Clytemnestre sa gueule noire d'où sortait une langue rouge
comme du feu ! Alors Mlle Arnould, reculant d'un pas et inter-
rompant la répétition, s'inclina devant Mlle Duplant et lui dit
à haute voix ce vers de la pièce :

Reine, de votre amant voici l'ambassadeur !

Dieu sait comme nous avons ri...

3 *avril* 1774. — Les amis de Mme Dubarry lui ont fait comprendre que, puisque Madame la dauphine avait pris sous sa
protection le sieur Gluck, il était convenable qu'elle eût aussi
un auteur favori. Son choix est tombé sur le sieur Piccini,
compositeur italien de quelque renom ; il a débuté avec succès
à Paris, par la *Buona Figlia*. Tous les partisans de Madame la dauphine, tous ceux qui se permettent de censurer la
conduite du roi, et ont l'audace de lui reprocher les divertissements qui ont toujours été l'un des priviléges de son rang,
en un mot, tous les admirateurs des mœurs allemandes,
dont Madame la dauphine affecte la simplicité, en sont plus
animés en faveur du chevalier Gluck. Les vieux courtisans, les
favoris de Lucienne, se rangent d'avance du côté de M. Piccini ; Mais le sieur Gluck a su se bien mettre avec M. J.-J.
Rousseau, le citoyen de Genève, dont il a fait cesser la querelle
avec l'Opéra ; toute la clique littéraire et philosophique sera
pour M. Gluck.

21 *avril* 1774. — Le chevalier Gulck n'a pas eu avec *Iphigénie en Aulide* tout le succès qu'il espérait ; on a attribué au
désir de plaire à Madame la dauphine les applaudissements
donnés à l'opéra nouveau.

Madame la dauphine, (elle semblait avoir fait cabale), ne cessait de battre des mains, ce qui obligeait tout le monde à en faire autant.

Il y a dans *Iphigénie* des morceaux sublimes, d'autres très médiocres et d'autres très plats. Les airs de ballet sont négligés, les décorations pitoyables, tout l'accessoire est manqué.

1er *décembre* **1774.** — Le jeune musicien français Floquet, l'auteur de *l'Union de l'Amour et des Arts*, représenté avec le plus grand succès sur la scène de l'Opéra, a fait jouer l'opéra d'*Azolan*, que les mauvais plaisants appellent *Désolant* ; on essaie d'opposer ce jeune homme, (il n'a que vingt-quatre ans), au chevalier Gluck ; les partisans de ce dernier intriguent beaucoup en sa faveur, et l'orchestre est mal disposé pour M. Floquet, qui a voulu imiter M. Gluck, et nous a dit des choses dures pendant les répétitions.

(*Écrit en* 1775.) — Ces étrangers sont vraiment inconcevables ! Rien n'est plus curieux que de voir le sieur Gluck faire répéter ses opéras ; il crie, tempête, jette sa perruque sur le théâtre, se met tout en sueur, et quand la répétition est finie, les plus grands seigneurs, pour faire leur cour à notre jeune reine, sa protectrice, s'empressent de l'aider à passer sa polonaise de fourrure et les grosses bottes qu'il met par-dessus ses bas et ses souliers.

On prétend qu'à Vienne, en été, il fait transposter son clavecin dans une prairie, et qu'il compose là ses ouvrages, excité par la chaleur du soleil et par le vin de Champagne, dont il use abondamment.

En hiver, il se renferme dans son cabinet, déclame, chante de toutes ses forces, et assomme son clavecin, qui n'en peut mais ; sa nièce seule a, dit-on, la permission d'entrer dans ce cabinet pour lui essuyer le front et lui donner à boire. Pourquoi ne se met-il pas nu, comme un geindre ?

Il a déjà donné trois ouvrages à Paris : *Iphigénie en Aulide,* opéra dans lequel Sophie Arnould a été bien touchante, et qui, grâce à elle, à M. Legros et à la protection de la reine, alors dauphine, a eu du succès ; *Orphée et Eurydice*, où se trouve une belle scène et un beau chœur, et *Alceste* ; ce dernier ouvrage n'a pas beaucoup amusé le public.

Il nous promet le *Siége de Cythère*, *Armide*, et encore une autre *Iphigénie*.

(*Ecrit de* 1775 *à* 1776.) — Le sieur Gluck révolutionne tout à l'Opéra. Il a d'abord essayé de faire prononcer nos acteurs à l'italienne, et a eu une vive altercation avec M. Larrivée, à propos de ce vers d'*Iphigénie* :

Peuvent-ils ordonner qu'un père....

que M. Gluck voulait faire prononcer :

Pouvent-ils ordonner qu'oun pâre....

M. Larrivée ne l'a pas voulu, et a bien fait, Mlle Rosalie Levasseur est malheureusement plus docile !

Jusqu'à présent, les choristes ne changeaient presque jamais de place : il y avait les choristes côté du roi et ceux côté de la reine ; on dit même qu'on leur adressait des lettres avec cette souscription : à M...., côté du roi, châssis n° 4. M. Gluck veut maintenant qu'ils passent de droite à gauche et de gauche à droite, quand cela est nécessaire à l'action ; il a fait nommer à l'Opéra un *maître de gestes*, qui leur apprend à lever les bras au ciel quand il le faut !

Ces pauvres gens en perdent la tête !

L'orchestre jouait presque toujours fort, donnant pour prétexte qu'il fallait bien couvrir les fautes des chanteurs ; il a prétendu qu'il valait mieux que les chanteurs ne fissent plus de fautes. Le pauvre homme demande là l'impossible !

Il se fait haïr de tout le monde ; jusqu'à présent, pendant la soirée, nous sortions quand nous le jugions à propos ou que cela était nécessaire ; — il est vrai que l'on abusait de cette tolérance, à ce point qu'il n'y avait jamais à l'orchestre, même pendant le jeu, beaucoup plus de la moitié des musiciens.

Défense désormais de sortir quand le rideau est levé.

Défense de s'accorder pendant les morceaux.

Défense de rien ajouter à sa partie, sous peine de démission à la récidive.

Enfin mille vexations !

Quant aux costumes et aux ballets, car il se mêle de tout, ç'a été bien autre chose ! Au lieu des jolis costumes dits à l'antique et drapés en guirlandes, que chacun arrangeait à sa fantaisie, il a exigé que l'on copiât sur les tableaux de Lebrun les habits des personnages grecs ou romains de ses opéras ; il a forcé les acteurs à mettre des barbes, et les actrices à se passer de corps !

Dans *Iphigénie*, il a même empêché Mlle Rosalie Levasseur de porter ses girandoles de diamants et de se coiffer à la mode du jour !

Quant aux danseurs et aux danseuses, il les a mis tous contre lui en les forçant d'abandonner, pour se chausser à l'antique, leurs souliers noirs à talons rouges et à boucles de jaïet ou de diamants.

Il a eu, il y a quelques jours, une scène violente avec M. Gardel, à propos d'un sacrifice. La scène commençait par des vestales qui dansaient en montrant leurs jambes jusqu'aux genoux ; il avait supporté cela assez patiemment, et enrageait tout bas en brochant des mâchoires dans ses joues grêlées ; nous étions ravis de sa mauvaise humeur, tout en craignant qu'elle ne tombât sur nous, lorsqu'il vit paraître un grand prêtre danseur en habit court et sans barbe. L'artiste commençait son pas, lorsque le Tudesque s'est levé en fureur ; il a jeté sa perruque au milieu du corps de ballet, a frappé un coup violent sur le plancher avec sa canne, et murmurant les mots de *bestia*, d'*asino*, de *canaglia*, il a demandé M. Gardel, lui a fait des reproches devant tout le monde, et comme Vertris voulait se mêler de la querelle en disant : « Che oun avait touzours fait ainsi, » Gluck l'a pris à partie, et lui a dit avec un accent allemand que doublait sa colère, qu'il saurait, au moins dans ses ouvrages balayer le théâtre de l'Opéra et en faire disparaître toutes ces inepties ; qu'il forcerait bien M. Vertris lui-même à abandonner l'éternel juste blanc et argent, orné d'un ordre de son invention en cristaux blancs et gris, et à modifier aussi le jupon court également en argent, avec lequel M. Vestris et sa famille dansaient dans toutes les fêtes athéniennes et romaines qui avaient eu lieu à l'opéra depuis plus de trente ans !

M. Vestris s'est contenu devant ce brutal, mais il a pu à grand'peine, soutenu par deux choristes, gagner le foyer ; à la suite de cette scène, il a eu une violente attaque de nerfs.

A la fin du nouveau ballet : *Cythère assiégée*, qui par parenthèse n'a pas eu beaucoup de succès, les assaillants viennent en scène avec des échelles, pour escalader Cythère : — Pourquoi ces échelles ? demanda tout haut un spectateur. — C'est, répondit un plaisant, pour afficher un autre opéra. M. Gluck n'en a pas moins touché sa rétribution de 20,000 livres !

Mars 1777. — Malgré le talent des chanteurs, *Armide* a été accueillie sans beaucoup d'enthousiasme.

Le spectacle fini, j'ai voulu voir la mine que faisait le sieur Gluck : il était dans le foyer, entouré d'amis, je n'ose dire de consolateurs ; on lui disait que c'était superbe ! Il a répondu : « Superbe, oui ; mais quand j'aurai donné ma seconde *Iphigénie*, je remercierai la reine de toutes ses bontés, et je retournerai pour toujours à Vienne. Je suis épuisé par toutes ces luttes. » On dit qu'il a fait de meilleures affaires d'argent en trafiquant des diamants qu'avec ses opéras.

Il a du talent, c'est vrai ; mais s'il part, comme il le promet, que Dieu le conduise, et ne nous le ramène jamais !

1778 a 1787

Décembre **1778.** — Nous étions ce soir plusieurs musiciens réunis dans le petit café qui fait le coin de la place du Palais-Royal. Ce n'était pas jour d'Opéra, et après une journée laborieusement remplie, le matin par nos leçons et l'après-midi par un raccord d'*Armide*, nous nous arrangions pour passer tranquillement notre soirée.

J'avais commencé une partie de carte avec le jeune Laurent, admis à l'orchestre depuis cette année seulement ; je suis pour lui ce qu'était jadis pour moi le pauvre père Piffet. Je lui parle de l'ancienne salle et des anciens artistes de l'Opéra comme mon vieux camarade me parlait de Jeliotte ; je suis devenu conteur à mon tour, et mes seize années passées à l'orchestre me donnent de l'autorité sur les jeunes.

Mon chapeau bien accroché au-dessus de ma tête, à sa place accoutumée, ma canne placée dans son coin habituel, doucement engourdi par la chaleur d'un poêle tiède, je jouais les yeux fermés, et dans mon esprit peu préoccupé de la perte ou du gain de la partie, dont l'enjeu était les bavaroises, que nous buvions à petites gorgées, je me reportais avec plaisir à seize ans en arrière : je me revoyais arrivant de Dijon par le coche, avec ma boîte de violon et mon petit paquet. Je revoyais aussi le sourire bienveillant de M. Berton, après le concerto de Geminiani, les figures de Noblet, de Labbé, du père Piffet... Je suis plus avancé maintenant ; j'ai une bonne clientèle, j'ai seize ans de fait sur ma pension à l'Opéra, je fais partie du concert spirituel, on m'a gravé six livres de sonates pour le violon avec la basse chiffrée, qui se vendent rue du Sentier, chez le portier de M. Lenormant d'Etioles, et j'ai une belle pendule de Leroy sur ma cheminée.

La porte du café s'est ouverte, et Wendling, la première flûte du concert spirituel, a paru, faisant passer devant lui un tout jeune homme, âgé de vingt à vingt-deux ans au plus, ha-

billé tout de noir et portant la décoration de l'Eperon d'or à sa
boutonnière : — Entrez donc, mon cher Mozart ! dit Wendling.
A ce nom, tous les musiciens qui étaient dans le café se sont
retournés ; il y avait là Punto, le célèbre corniste, et Rodol-
phe, tous deux du concert spirituel : Raff le chanteur, le compositeur Papavoine, et plusieurs musiciens attachés comme
nous deux Laurent, à l'orchestre de l'Opéra. Tout le monde
accueillit avec chaleur ce jeune Allemand, il paraît que c'est
un prodige ! Depuis l'âge de six ans, il parcourt l'Europe,
en donnant des concerts dans lesquels il chante, joue du
violon, et improvise sur le clavecin, en faisant cacher les claviers sous une serviette. On prétend qu'il a une bague enchantée, et que grâce à elle il triomphe des plus grandes difficultés :
je crois bien qu'il y a là de la superstition : cependant, à Rome,
dans un concert, le public a exigé qu'il ôtât sa bague, et il
paraît que son exécution n'a plus été aussi parfaite.

Il a été présenté jadis à notre jeune reine Marie-Antoinette,
et il arrive, comme tant d'autres, pour se faire connaître à
Paris. Ah ! les communications deviennent trop faciles : on
multiplie les chaises de poste, on fait de nouvelles routes en
quantité, on vient maintenant en trente-cinq ou trente-six
jours de Vienne à Paris ! Aussi, nous sommes accablés d'étrangers ; les Allemands, les Italiens s'appellent les uns les autres,
et viennent comme Gluck et Piccini, se disputer en France
notre argent et nos applaudissements. Avec tout cela, on a
découragé Philidor et Floquet, et Rameau n'est pas remplacé !
Au reste, ce monsieur Mozart est assez bien d'aspect : c'est un
petit jeune homme pâle, qui parle avec un peu trop de dureté
d'un pays où il vient chercher fortune ; il critique nos chanteurs et nos chœurs. Quand il n'est pas avec nous, il ne doit
pas ménager nos orchestres ; il parle un peu trop de l'Italie,
où il a eu, paraît-il, des succès ; il tousse un peu, il a le front
avancé, le nez long, l'œil clair, la bouche petite et le cou un
peu enfoncé dans les épaules. Il s'est lancé, à propos de l'*Alceste* de M. Gluck, dans une dissertation sur l'opéra seria, que

son accent allemand m'a un peu empêché de suivre, et de laquelle il résulte que le temps des dieux et des héros est à peu près passé. « Il serait possible, dit-il, en mêlant le fantastique au réel, et en transportant dans les temps modernes l'action d'un opéra, de trouver de nouveaux effets et de grands succès. Tenez, le convive de Pierre, de Tirso de Molina, imité par votre Molière, sous le titre de *Don Juan*, et abîmé, — il a dit abîmé ! — par Thomas Corneille, voilà un sujet ! voilà de quoi faire un chef-d'œuvre ! »

Je n'ai pas pu me contenir : « Mais jeune homme, lui ai-je dit, en admettant que vous fassiez chanter Don Juan, un débauché sans grandeur, oserez-vous aussi faire chanter sa victime le Commandeur, et quels traits de chant voulez-vous mettre dans la bouche de ce défunt ? » — « Oh ! laissez-moi faire, dit-il, et que Dieu me laisse vieillir ! je ferai plus encore que de faire chanter ce spectre : je mettrai en musique les sublimes paroles de l'*Office des Morts*, et avec les larmes que je viens de verser sur ma pauvre mère morte, j'écrirai un jour un morceau qui servira éternellement à exprimer les grandes douleurs de l'humanité ! »

Il manque un peu de modestie, mais il parle bien, et ses sentiments l'honorent. Je me sentais en veine, et j'ai voulu remettre la conversation sur *Don Juan*. « Puisque vous parlez de la pièce de Molière, lui dis-je, que ferez vous de Pierrot et de Charlotte ? Voulez-vous donc aussi mêler dans le genre du grand opéra des paysans et des seigneurs, le comique bas avec l'héroïque ? » — « Pourquoi pas ? a-t-il répondu. Schiller le tente en ce moment en Allemagne, avec son *Ecolier de Nassau*, et Chekspir (*sic*) l'a bien fait il y a deux siècles en Angleterre ! » Aussi, lui répliquai-je assez heureusement : « Voltaire lui a bien dit son fait ! » Il m'a regardé, un moment, comme en rêvant, puis il a dit à Wendling, mais pas assez bas pour que je ne l'entendisse : « Voilà un monsieur qui est singulier ! » Singulier tant qu'il vous plaira, ai-je pensé, mais du moins, moi, je suis officier du roi, je ne cours pas l'Europe comme un Bohémien, et si je n'ai pas fait d'opéras, j'ai fait six livres de sonates, avec la basse chiffrée, qui se vendent rue du Sentier, nº 43.

Ce jeune homme ne m'a que médiocrement plu ; il parle de sa dignité, et se plaint qu'on l'ait fait attendre chez Mᵐᵉ la duchesse de Chabot dans un salon sans feu ! Parbleu ! et nous aussi on nous fait quelquefois attendre chez le roi, et chez nos fantasques écoliers et écolières : est-ce que jamais nous n'avons songé à nous plaindre ? Du reste, il fait partie, dit-on, de cette dangereuse société de francs-maçons, dont le but réel n'est pas bien connu. Le lieutenant de police devrait bien avoir l'œil sur tous ces Allemands que la reine, Dieu la bénisse ! attire dans cette ville, qui s'était jusqu'ici si bien passée d'eux ! Cette petite altercation m'avait animé ; je me suis fait chauffer, en rentrant, un peu d'eau de fleur d'oranger, et en me couchant dans mon bon lit, j'ai pensé, en regardant ma belle pendule, au bonheur de ne pas passer ma vie comme ce jeune monsieur, loin de mon pays et dans de tristes chambres d'auberges, pour courir après quoi ?... je vous le demande !

1782. — Excepté l'heureux départ de M. Gluck, je n'ai pas remarqué, depuis longtemps, grand chose qui vaille la peine d'être écrit sur mon journal.

Les événements me paraissaient jadis plus intéressants ils me laissent aujourd'hui complétement indifférent. Et puis le monde est si changé ! Au lieu de parler de Mˡˡᵉˢ Arnould, de Lekain, de Clairval, on parle maintenant de M. Necker et de M. Turgot ! On s'occupe des Américains : des gens qui n'ont seulement pas d'Opéra ! Enfin, dans cinq ans j'aurai ma pension, ce qui, joint à pas mal de doubles louis que j'ai ramassés depuis vingt ans, me permettra de me retirer à Dijon, d'être libre à mon tour ! ce doit-être bien bon, puisque tout le monde aujourd'hui parle de liberté. Nous verrons !...

. . . .

31 *décembre* 1787. — C'est fini ! j'ai terminé mon service, je

suis à la retraite ! J'ai joué pour la dernière fois ce soir ma partie dans *Armide*.

Depuis un mois déjà, mes camarades me regardaient comme parti !

Le jeune Laurent s'était même inscrit pour obtenir du garçon d'orchestre l'armoire où je serrais mon violon et où je déposais mon chapeau, ma canne et mon surtout. Il a raison, ce jeune homme : autant lui qu'un autre ! c'est la meilleure armoire de l'Opéra, la plus proche de la porte d'entrée du foyer ; grâce à cette position, j'avais toujours fini mes apprêts de départ le premier, et je m'en allais cinq minutes avant les autres. Quand j'ai franchi aujourd'hui la porte noire et les petits corridors obscurs, j'ai eu le cœur serré.

Dans les entr'actes, quelques camarades sont venus me dire : Est-il heureux, ce père Saublay : il est libre... le voilà maître de ses actions !

Tout le monde a eu l'air plus agréable avec moi que de coutume ; le chef lui-même, qui me faisait souvent les gros yeux, m'a souri deux ou trois fois...

On va représenter un nouvel opéra le 20 février 1788, et comme je ne dois pas le jouer, on m'a dispensé des répétitions ; j'ai voulu une fois y assister par curiosité... j'ai bien vu que je gênais... Celui qui va me remplacer était assis à ma place et répétait...

Aujourd'hui, il m'a semblé qu'*Armide* allait plus vite que de coutume ; le dernier acte n'était pas commencé, à ce qu'il m'a paru, depuis plus de cinq minutes, j'ai regardé ma partie, nous n'avions plus que vingt pages à jouer !...

Mon voisin m'a demandé si je ne voudrais pas lui céder mon petit banc si commode que j'ai fait faire, et sur lequel depuis vingt-cinq ans je posais mes pieds. Je lui ai donné...

Le rideau est tombé, et pendant que tous mes camarades sortaient de l'orchestre le plus vite possible, quelques-uns seulement, ce sont les plus jeunes, ont crié gaiement : Adieu, père Saublay !...

Ils reviendront demain, eux !

Je suis resté le dernier dans le foyer désert, j'ai posé mon violon dans la boîte où je le place depuis si longtemps ! J'ai tiré l'étui de l'armoire, je l'ai fermé, et l'ai emporté avec moi.

En passant devant le concierge, je lui ai dit adieu, du fond du cœur ; il m'a salué avec indifférence. C'est juste, maintenant je suis un étranger, demain peut-être, il ne me laissera plus monter... Sitôt que ma pension sera réglée, je partirai... Me voici libre... Que vais-je faire maintenant !

LA MORT DE ZERLINE

Madame Codesaca vient de mourir à Milan, à l'âge de cent deux ans. Elle avait créé à Prague le rôle de Zerline dans le *Don Juan*, de Mozart. »

Voilà tout : deux lignes dans un journal, et puis c'est fini ! Allez dormir, Zerline !

Mais est-ce vous, charmante Saporiti, qui vous cachiez sous ce nom bizarre, à vous imposé peut-être par un nouvel époux ? Quoi ! vous existiez donc encore, et vous habitiez Milan, muette, immobile, oubliée ? Hélas ! si j'avais su, comme disait le pauvre Hégésippe, j'aurais tout laissé, tout quitté : la maison tranquille, le travail commencé, et près de vous, pieux comme un fils, attentif comme un enfant auquel on raconte un voyage dans des pays merveilleux, je vous aurais demandé quelques récits des temps lointains, alors que le demi-dieu Mozart était pour vous un camarade, et que vous répétiez le *Don Juan* sans savoir que vous travailliez à un monument éternel !

Cette brillante soirée du 4 novembre 1787 était-elle encore bien entière dans votre mémoire, et le temps n'en avait-il pas estompé les contours après quatre-vingt-deux années ? De cette époque, vous étiez restée bien certainement la dernière, car toutes ces lumières, toutes ces flammes réunies, formant ce grand foyer brûlant où, par un soir de fièvre, un chef-d'œuvre fût forgé, le temps les a soufflées une à une ; comme dans les danses macabres des vieilles fresques allemandes, la mort s'est bouchée les oreilles et a fait cesser les chants de Mozart, elle a glacé la grâce enchanteresse de Bassi, imposé silence aux élans passionnés de Th. Saporiti, tari les larmes touchantes de Micelli ; les graves conseillers, les brillants militaires, les savants professeurs, les délicieuses beautés de Karlstadt, qui composaient le public de cette soirée, sont allés aux cimetières de la Bohème faire pousser les fleurettes, et de ces vieux enthousiasmes et de ces vieilles ivresses, voix exhalées, bravos finis, lustres éteints, cœurs refroidis, il ne restait plus qu'une pauvre vieille à moitié endormie dans un vieux fauteuil, et qui avait été l'alerte, la séduisante Zerline !

De cette belle histoire de Da Ponte : *Il dissoluto punito*, histoire se terminant pour nous au châtiment de don Juan, vous, sans doute, ô Zerline, vous saviez le reste, doux fantôme, attardé devant les portes refermées de l'idéal, et que visitaient le soir des ombres familières et conteuses ; vous saviez comment finit Mazetto, le pauvre homme qui vous aimait tant et souffrait de si vives peines en voyant don Juan vous emmener à sa barbe en lui jetant d'insultantes consolations.

Vous avez eu le secret de ces longues nuits que dona Anna passait dans l'oratoire, maudissant don Juan, mais troublée encore jusqu'au fond de l'âme par le souvenir de ce désir immense, passionné et brutal, qui était venu la ravir à travers le sang et les larmes, le feu des torches et l'éclair des épées, et ne pouvant oublier cette minute énivrante et maudite pendant laquelle elle avait senti battre sur sa poitrine un cœur aussi brûlant et aussi énergique que le sien.

Elle rêve et prie, et don Ottavio engraissé, son bonnet de guipure de Flandre bien tiré sur les oreilles, dort tranquillement sous les courtines du lit nuptial déserté.

Vous savez à quelle potence a fini ce drôle de Leporello, et vous auriez pu nous dire le nom du cloître au fond duquel la pauvre Elvire a répandu sa dernière larme en exhalant son dernier soupir.

Ainsi donc, vous avez eu vingt ans, vous avez été jugée digne de représenter dans un chef-d'œuvre la jeunesse et le sourire, la beauté et l'amour, vous avez été séduisante à ce point, que le seul contact de votre main faisait revivre et guérissait un malheureux presque assommé. *La ci darem la mano, Batti, batti o bel Mazetto*, ces mélodies que depuis quatre-vingt-deux ans chacun a chantées, le matin, le long des haies d'aubépine, ou le soir en remuant les cendres de son foyer, ces mélodies, non pas heureusement la sagesse, mais le charme des nations, vous les avez dites la première, c'est en leur prêtant votre voix enchanteresse et le doux éclair de vos yeux, que vous les avez rendues immortelles ; toutes celles qui, depuis vous, ont repris le rôle de Zerline ont emprunté quelque chose de vous ; votre grâce et votre jeunesse sont ainsi devenues éternelles, et vous, vous avez vieilli, et maintenant vous êtes morte !

« E finita la commedia! »

Avec quelle douceur, à Milan, alors que le soleil descendait dans un ciel de soie bleue aux reflets de pourpre, pendant que tintaient les cloches de l'*Angelus* dans cette forêt de marbre rose qui est le dôme de Milan, vous deviez revenir au temps radieux de vos jeunes années et vous rappeler la petite chambre que vous habitiez avec votre sœur, la belle Thérèse Saporiti, à Prague, et ce pauvre Bondini, que vous aviez surnommé le « directeur dans l'embarras, » et qui vous disait avec une résignation si joyeuse : « Mes enfants, cela va bien, vous avez beaucoup de talent; mais si nous continuons ainsi, à moins de manger nos poulets de carton, de boire le vin absent de nos bouteilles d'accessoires, de nous chauffer avec nos feux de paillon, et d'user à la ville nos bottines de maroquin rouge et nos costumes ottomans, il faudra aller demander

le vivre, l'habit et le couvert à des cités plus hospitalières que
cette endiablée ville de Prague! » Que vous importaient, à
vous, ces détails de ménage? Votre grande affaire, c'était de
bien chanter et d'être jolie, et Dieu sait si, de cela surtout,
vous vous acquittiez en conscience, avec vos yeux italiens, vos
pieds andalous, vos mains, deux touffes de roses! et votre physionomie à la fois câline et éveillée!

Un soir que, serrée et cambrée dans la soie et le satin, vous
vous cachiez, délicieux Androgyne, sous les habits de Chérubin,
coupant brusquement l'ariette commencée, un cri s'est élevé
tout à coup, comme si le souverain lui-même entrait dans la
salle : « Evviva il maestro! » Un jeune homme à vous inconnu
parut dans une loge, saluant et souriant; il était accompagné
d'une toute jeune femme, presque une enfant comme vous,
couronnée de beaux cheveux d'or pâle, aux yeux de saphir, à
la peau de neige, sur les lèvres ce sourire enfantin famillier
aux filles de la Germanie.

C'étaient Mozart et Constance Weber, deux amoureux, deux
époux, qui venaient la main dans la main, de traverser la vieille
Bohême, fuyant comme deux oiseaux effarouchés par l'orage,
devant cette cabale montée, dit-on, par Salieri, et qui fit presque tomber, à Vienne, les *Nozze di Figaro*.

Dès lors, tout change au théâtre de Prague : l'enthousiasme
des Bohémiens console Mozart de l'injustice des Viennois, la
salle de Bondini ne désemplit plus, les *Nozze di Figaro* vont
chaque soir aux étoiles, et Mozart, heureux, commence à écrire
le *Don Juan*, pour cette ville où il se sent non-seulement admiré, mais estimé et aimé. Car vous le savez, Zerline, et votre
sœur, malheureusement pour elle, le savait encore mieux que
vous, Mozart fut un digne jeune homme; fils pieux, frère tendre, il fit son terrible et glorieux métier en bon ouvrier laborieux et fidèle. Ignorant les douces langueurs et les suaves
paresses des artistes modernes, au travail dès l'aube, il éleva
la plume et le clavier à la hauteur de ces outils nourriciers, le
hoyau et la bêche; ce qu'il demanda avant tout aux œuvres de

son génie, ce fut cette chose sainte et due au plus humble
artisan, le pain de tous les siens.

Ne cherchant pas la fortune et ne l'entrevoyant même pas,
il se contenta du salaire, du salaire modeste et rudement gagné
laissant au travailleur ce bel et fier avantage : donner plus
qu'il ne reçoit. Et quand sa sœur mariée, son père abrité contre la misère, sa mère ensevelie, il souffrit d'être seul pendant
ses voyages éternels, il choisit une honnête et pauvre jeune
fille, et lui, cet artiste immortel qui, certes, avait bien le droit
de se croire émancipé par la gloire, il sollicita modestement
d'un père, ne vivant alors que de ses bienfaits, la permission
de s'unir à sa bien-aimée, et écrivit à ce sujet une lettre,
chef-d'œuvre de modestie, de soumission et d'amour.

Mais revenons à vous, Zerline. Retirée depuis bien long-
temps du théâtre, un soir que vous rêviez sur votre balcon, à
Milan, des voix sont passées qui chantaient *Fin ch'han dal vino*.
Alors de ce temps brillant de votre vie, de cette création du *Don
Juan* à Prague, les moindres souvenirs vous sont revenus.

Agacée par quelques-unes de ces mille contrariétés inévita-
bles au théâtre, vous vous êtes réveillée le jour de la première
répétition au foyer, en songeant que la veille vous étiez mal
coiffée, que ce brutal de Kucharz, le chef d'orchestre, en pres-
sant le mouvement de votre rondo, vous a fait manquer le trait
final, que vous êtes sûre qu'il l'a fait exprès, pour plaire à
cette grande Micelli, à laquelle il devient de plus en plus évi-
dent qu'il fait la cour ; puis vous avez pensé que votre sœur
Thérèse devenait bien assommante avec ses admirations et ses
jérémiades à propos de ce M. Mozart, qui ne pense seulement
pas à elle, entiché qu'il est de sa Constance, laquelle, à cause
de sa maigreur et de ses cheveux pâles, a l'air d'une quenouille
garnie de chanvre, et dont les manières et le sourire sont d'un
froid à enrhumer.

« Puis, qu'est-ce encore que ce rôle de Zerline ? il y a,
dit-on, trois rôles de femmes dans le *Dissoluto punito* : pourvu
que les autres ne soient pas meilleurs que le mien ! Y aura-t-il

un joli costume, au moins ? Vous vous êtes levée nonchalamment : D'abord, si la Micelli a un air et que Zerline n'en ait pas, je refuse le rôle ; Bondini me soutiendra, j'en suis sûre ! »

On s'est rendue au théâtre en geignant à cause du froid. « M. Mozart avait une polonaise de fourrures et un tricorne à gances d'or assez galant. Toujours accompagné de sa Constance ! Et l'on ne peut pas rire, la grande sœur Thérèse ne le souffrirait pas. Et Bassi, Baglioni et Pongiani raffolent de cet étranger. On a commencé la lecture ; Mozart était au piano. Ah ! par exemple, il touchait joliment le clavecin ! »

« La lecture marchait, Mozart chantait. Ma sœur dira joliment bien cette phrase : « *Non sperar se non m'uccidi !* » Comme ce trio du duel a paru magnifique ! un beau duo pour ma sœur et don Ottavio ! Ah ça ! mais rien pour Zerline ? Ah ! enfin, une petite entrée au milieu d'un chœur de paysans et un petit duo. Comment ! c'est là ce fameux *La ci darem la mano*, dont Bassi nous rompt la tête depuis quinze jours ? Ah ! un joli air ! *Batti ! batti ! o bel Mazetto !* puis un autre : *Vedrai carino !* Je vais faire tourner encore bien des têtes en disant cela, et Bondini me fera des scènes. Allons, allons, un duetto et deux jolis airs ; il n'y a pas de quoi être trop mécontente ! »

Ai-je eu peur, le jour de cette répétition, quand je ne voulais pas crier assez fort dans la coulisse le *Gente ajuto !* afin de ménager ma voix pour le *vedrai carino*, et que M. Mozart m'a saisi si brusquement que j'ai poussé un cri horrible : « Là ! a-t-il dit en riant, voilà ce que je voulais ! » Ah ! par exemple, je n'aimais pas d'abord l'entrée du commandeur : *Don Giovanni cenar teco*, cela faisait frissonner pour de vrai, et Mozart lui-même nous a avoué que pendant la nuit où il écrivit ce morceau, il n'osait pas se retourner, certain qu'il était que le commandeur se tenait derrière son épaule et le regardait écrire.

Cette grande sotte de Constance l'entretient dans ces idées-là ; tous ces Allemands ont vu le diable, ou bien ils ont des parents qui l'ont vu ! »

Et après cette dernière répétition générale de tous les opéras qui doivent avoir, comme l'on dit : une bonne première, lorsque les commandeurs se sont laissés tomber sur le seuil de leur palais, en envoyant devant eux leur rapière et leur perruque, quand l'orchestre a fait faute sur faute, que les arbres ont accroché les maisons, que les colonnades sont restées suspendues en l'air, et que les premiers rôles sont venus dire en confidence au compositeur épuisé qu'ils croient bien ne pas pouvoir chanter le lendemain, à cause des fatigues dues à ses exigences ; vous souvenez-vous, Zerline ? vous êtes rentrée toute fiévreuse, tout inquiète ; et, comme vous ne dormiez pas, au milieu de la nuit, vous avez relevé vos rideaux, et vous avez regardé la fenêtre encore éclairée de l'appartement qu'occupait Mozart et que l'on apercevait de votre maison ?

C'est là que, pendant la nuit qui précéda la première représentation, l'esprit, domptant le corps, commandant à son cerveau de concevoir, à sa main d'écrire encore ; sourd aux mauvais présages comme aux joies imprudentes, Mozart écrivait l'ouverture du *Don Juan* ; et comme ses yeux se fermaient malgré lui, Constance Weber (elle aussi passa la nuit sur ce champ de bataille), le reveillait en approchant de ses lèvres un verre de punch. Au jour naissant, et après avoir écrit la dernière note du morceau, il tomba plutôt évanoui qu'endormi sur le sein de Constance, et, bien qu'elle fut elle-même écrasée de fatigue, elle le tint ainsi jusqu'à l'heure de la répétition sans oser bouger, de peur de le réveiller.

Que béni soit le fruit du modeste arbrisseau qui a donné le sang de son cœur pour rendre un peu de force au grand artiste, et que béni soit surtout le doux oreiller sur lequel il a reposé sa tête après avoir terminé son chef-d'œuvre !

Quand vous apprîtes ces détails, vous avez loyalement avoué, vous en souvenez-vous, Zerline ? que cette petite blonde ne manquait pas d'énergie.

Un soir, nous qui écrivons ces lignes, nous avons, chez Mme Viardot, tenu dans nos mains la partition originale du *Don Juan*, de Mozart ; l'aspect du manuscrit nous a semblé confirmer pleinement la tradition. Contrairement au reste de la partition, qui est écrit avec la sûreté de main et la tranquillité suprême d'un maître sûr de son métier, autant que de son génie, la copie de l'ouverture est tracée par une main hâtive, les barres de mesures flageolent comme des jambes fatiguées et fléchissent comme les cloisons d'une maison qui va s'écrouler. Puis, trace matérielle qui fait tout à coup reparaître à nos yeux la scène nocturne de l'hôtel des Trois-Rois : une marque visqueuse et jaunâtre, semblable à celles que pourrait laisser la liqueur produite par la fortifiante combinaison de l'eau chaude, du sucre et du rhum, apparaît sur les dernières mesures de l'ouverture, comme si, se reprochant le repos d'un instant, la main épuisée avait brusquement posé le verre sur la page commencée et ressaisi la plume pour atteindre le but de cette course effrénée.

Ah ! Zerline, qu'il eût été intéressant de vous remettre en face de ces vieux et glorieux papiers jaunis, que vous avez vus tout blancs et tout humides encore de l'encre qui traça ces pages immortelles ; pages que la piété d'une grande artiste a renfermées dans une cassette d'argent attachée par des chaînes de même métal à une colonne de marbre ! Vénérable manuscrit devant lequel l'or est resté impuissant, et que vous avez manié d'une main mécontente et distraite pendant une répétition où « ça n'allait pas. »

Et après tout ceci, vous rappelez-vous quelle première représentation ? On aurait dit vraiment que le public de Prague était devenu fou, et, après l'air : *Batti ! batti !* — c'est vrai que vous l'avez bien dit, Zerline ! — avec quelle chaleur Mozart vous a embrassée ! Constance Weber et votre sœur n'avaient pas l'air content ; hein ? et le lendemain, le bon déjeûner à l'hôtel des *Trois-Rois*, tous ensemble, joyeux vainqueurs détendus. Vous souvenez-vous, quand vous vous êtes approchée du maître qui, depuis un instant, s'était levé et tambourinait sur les vitres en riant tout seul, vous lui avez demandé la cause de ce rire, et il vous a répondu : « Je pense à ce que dirait en ce moment le père Saublay, un pauvre musicien français que j'ai rencontré à Paris. Il m'a bien rabroué un soir à propos de mon intention de mettre *Don Juan* en musique. L'idée n'était pas si mauvaise, après tout ! »

Et depuis ces jours brillants, qu'êtes-vous devenue, Zerline ! Vous avez eu le sort de tous ceux qui vivent trop. Vous avez vu partir d'abord vos maîtres, puis vos compagnons, puis vos derniers contemporains.

Et pendant ce temps, *Don Juan*, que vous avez vu naître, n'a pas pris une ride. C'est vainement que quatre-vingt-deux ans ont passé sur lui ; c'est vainement que les grands maîtres ont entassé chefs-d'œuvre sur chefs-d'œuvre ; vainement Weber a fait *Freyschütz*, Rossini *Guillaume Tell*, Meyerbeer les *Huguenots*, Halévy, la *Juive* ; rien n'a pu vieillir *Don Juan*. Et au même moment où accablée d'années, vous vous en allez à votre tour, voilà qu'il reparaît encore avec la majesté et l'éternelle jeunesse des immortels, sur la première scène de la première ville du monde.

UNE VISITE A SCARRON

J'AVAIS passé la journée à la bibliothèque de l'Arsenal. Entré dans cette bibliothèque avec l'intention de consacrer une heure à parcourir, dans l'intérêt de mes travaux du moment, le *Don Japhet d'Arménie* et le *Jodelet* de Scarron, la recherche d'une date m'avait amené à demander la correspondance de madame de Maintenon.

Après avoir relu dans la belle édition de Lavallée les premières lettres de la grande marquise, je continuai, et me plongeai si bien dans mon intéressante lecture, que je perdis complétement le sentiment du temps et de l'heure, et que la voix du gardien annonçant la fermeture de la bibliothèque me causa une surprise égale à celle qu'éprouverait un antique paroissien de Saint-Gervais, ou de Saint-Louis-en-l'Ile, se réveillant en 1873, après s'être endormi sous Colbert ou sous Louvois.

Quand je sortis de l'Arsenal, le soleil commençait à baisser à l'horizon, et caressait la façade des antiques hôtels de la rue Saint-Antoine de ces longs rayons déjà obliques et couleur d'or mat, doux aux vieux bâtiments. Le soleil levant, avec ses ombres grises et fraîches, a des audaces de jeunesse et des tapages de couleur qui chagrinent les vieilles pierres. La vieillesse du jour va bien avec les vieux souvenirs, et les mascarons des hautes portes, aussi bien que les saints des anciennes façades, prennent, lorsqu'ils sont baignés par le soleil du soir, ces expressions souriantes et apitoyées que l'on retrouve sur le visage de certains vieillards se souvenant du passé et sachant ce que coûte la vie.

Je revenais donc l'esprit tout plein de ma lecture, et je longeais le quai de l'Hôtel-de-Ville. Arrivé en face de cette rue Jacques-Debrosse, descendant comme une tranchée sur le quai, j'aperçus tout à coup, se profilant sur le ciel déjà plus pâle, l'admirable portail de Saint-Gervais : toute architecture m'attire, et je cédai au désir qui me prit immédiatement de revoir l'intérieur de la vieille et intéressante église, dans laquelle se trouvent un panneau authentique du Pérugin, un tableau d'Albert Durer et un magnifique vitrail peint en 1531 par Pinaigrier.

L'église était déserte, et je commençais à jouir de ses merveilles, lorsqu'au bout d'un instant je m'aperçus, à mon grand ennui, que je n'étais plus seul.

A mes côtés, le sacristain était venu se placer ; voyant que je regardais les tableaux et les sculptures, ce que ne font jamais les Parisiens, il m'avait pris pour un voyageur, et flairait une aubaine.

La forme de son vêtement le faisait ressembler parfaitement à un corbeau, oiseau qui, comme chacun le sait, est vêtu, hiver comme été, d'un habit, d'une veste et d'une culotte courte noirs, le tout taillé à la française. Il m'offrit poliment ses services comme cicerone. J'acceptai par faiblesse, ne voulant pas être la cause d'une espérance trompée, quelque légère qu'elle fût ; mais sa présence me gâtait mon plaisir. Après avoir parcouru aussi ennuyés l'un que l'autre ce qui me restait à visiter de l'église, je lui présentai ma petite offrande, et j'étendis la main vers le bénitier, car je suis poli avec tout le monde, et ne sortirais pas d'une maison sans prendre congé du maître, et cela, dans les formes prescrites.

La valeur de mon présent toucha sans doute mon humble compagnon ; au moment où la fausse porte de serge verte allait retomber sur moi, il me rappela :

— « Monsieur, dit-il, seriez-vous curieux de voir aussi la chambre de Mme de Maintenon.

A ce nom, à ce souvenir, qui me préoccupait depuis le matin, je me hâtai de rentrer dans l'église.

— C'est vrai ! m'écriai-je ! je le savais pourtant, c'est à Saint-Gervais que Mme de Maintenon, en 1674, au premier sourire de la fortune, acheta une sépulture perpétuelle, fit creuser un caveau, et y plaça les restes de Scarron mort depuis quatorze ans.

— Oui, ajouta mon guide, et sur le tombeau, elle fit élever et décorer une chapelle qui existe encore.

— Et c'est là, dis-je en dialoguant comme Tityre avec mon Mélibée en bas de laine, c'est là qu'au temps de sa plus haute fortune, madame de Maintenon vint plus d'une fois se recueillir et prier. Peut-être quelque mystérieuse armoire, semblable à celle où le calife tenait caché son habit de berger, renfermait-elle cette robe trop courte, qui fit si grand pitié à Scarron, et qu'elle portait lorsqu'elle parut pour la première fois chez le célèbre estropié de la reine.

Mon guide décrocha dans un coin une grosse clef, ouvrit une porte au fond d'une chapelle obscure, et s'effaçant, il me laissa entrer le premier dans la chambre de madame de Maintenon.

Cette chambre, moitié chapelle, moitié boudoir, est entièrement revêtue de bois de chêne ; elle est peinte et dorée du plancher jusqu'au plafond ; dans les coins les plus sombres, il n'existe pas un pouce de bois qui ne soit couvert de peinture ; une fois la porte refermée sur vous, on se croirait dans l'intérieur d'un ancien coffre à bijoux ou d'un antique clavecin.

Les peintures, sont d'un artiste flamand imitateur de Rubens ; elles représentent la vie de Jésus, racontée en quinze ou

vingt panneaux, contenant à eux tous une centaine de personnages ; un autel consacré occupe un des bouts de cette jolie
chapelle, qui peut avoir douze ou quinze pieds de long sur
sept ou huit de large.

— C'est ici, maintenant, dit mon guide, que s'habillent les
demoiselles de la confrérie...

Puis, craignant sans doute d'avoir éveillé dans mon esprit
quelque idée dont aurait pu rougir l'ombre de la grande
marquise :

— C'est-à-dire, ajouta-t-il pudiquement, quelles mettent
leur voile et passent leur robe par-dessus leurs autres vêtements, car monsieur doit bien penser...

Je vis qu'il s'embarrassait visiblement, le sujet était sca-
breux, je détournai les yeux... lui aussi... Il me sut gré de ma
réserve, et m'en récompensa en me donnant sur le champ une
preuve de confiance.

— Si monsieur, dit-il, veut regarder à son aise ces peintures, je continuerai mon service, et monsieur me remettra la
clef en sortant.

— Merci, lui dis-je au plus vite, j'accepte,..

Et je restai seul:

Voilà donc le réduit où madame de Maintenon venait parfois
se reposer de la présence continuelle du grand roi et des conversations étudiées de Versailles, en écoutant ces voix qui sortaient de la tombe de Scarron et parlaient de liberté, de
jeunesse et d'amour.

Alors en présence de cet autel sur lequel elle a pleuré, à
cette même place où elle a confié à Dieu le secret de ses vives
amertumes, la scène suivante s'esquissa dans mon esprit.

Couvert d'or comme un dieu indien, Louis XIV, à Versailles,
après un plantureux repas sommeille dans un fauteuil doré à
la droite de la grande cheminée de marbre rouge.

Ses traits majestueux, que le sommeil lui-même n'a point
détendus, ont gardé une expression de hauteur un peu mé-
prisante, le caractère ordinaire de sa physionomie.

Il dort avec solennité ; on voit qu'au fond de l'évanouissement du sommeil, il conserve encore ce sentiment qu'il est
une chose respectable et sacrée ! De l'autre côté de la cheminée, madame de Maintenon travaille à cette éternelle tapisserie que tous les contemporains lui ont vue entre les mains.
Dans les antichambres, pleines de courtisans silencieux, les
gardes immobiles s'appuient aux hallebardes damasquinées.
Aucun bruit : Madame de Maintenon soupire et fixe un instant
son regard sur le roi endormi. A quoi songe-t-elle la femme
d'Etat, la profonde politique, la protectrice des jésuites ? Aux
réflexions morales du père Quesnel ! Aux revers de Villeroi ?
Aux succès de Berwick ? Non, elle songe à sa jeunesse, à ce
pauvre Scarron, si gai, si résigné, si tendre, qui jadis, alors
qu'elle travaillait pour vivre, dans sa petite chambre de la rue
des Tournelles, lui donna piteusement et charitablement à
choisir entre sa main difforme et une somme suffisante pour
payer sa dot dans un couvent.

Et lorsque par hasard, le soir, ils étaient demeurés seuls
tous deux sous la clarté de la lampe de cuivre, en face de ce
petit lit de damas jaune sur lequel, attirés par la seule puissance du charme et de l'esprit tous les illustres d'alors venaient
s'asseoir, il ne dormait pas, lui !

Pour égayer sa jeune compagne, il racontait, racontait. Dans
ces récits amusants et colorés, passaient, en agitant leurs
grelots, le Destin, l'Etoile, Ragotin le rageur, la Rancune.

Les originaux de ces plaisantes copies, il les avait tous connus dans dans sa vie aventureuse..... Quels copieux éclats
de rire !... et quels maigres soupers !... Il était malade et
pauvre ; mais en fait de repas et même d'amour c'est lui qui
s'entendait bien à remplacer un plat par une histoire !

Bon et aimable Scarron !..... J'irai demain prier sur sa
tombe.

Car c'est en vain que pour éviter à son immense orgueil de
vives blessures, Louis XIV avait banni de la bibliothèque de
Versailles les livres de Scarron, du théâtre, ses pièces, il avait

eu beau faire comprendre à tous que le nom de Scarron prononcé en sa présence serait considéré par lui comme une injure, la comparaison qu'il redoutait se fit plus d'une fois, et
pas toujours à son avantage, au plus profond du cœur de Françoise d'Aubigné. Peut-être, en effet, fut-elle forcée souvent
de convenir avec elle-même que dans cette comparaison presque impie, le pauvre poëte, anéanti par l'éclat éblouissant du
grand roi, lui était cependant supérieur au moins par une
chose, par la bonté !

La clef a remué dans la serrure, la porte s'est ouverte, des
vêtements noirs se sont dessinés dans l'ombre : c'était mon
guide. Il tenait à la main la petite calotte de velours noir
destinée à protéger son crâne précieux contre l'humidité qui
tombe des hautes voûtes ; comme j'allais me retirer, il m'arrêta d'un geste, me sourit gracieusement, et de l'air d'un enfant malin, il s'approcha de l'autel dont nous avons parlé ;
comme on fait d'un paravent de cheminée, il reçut sur
sa main gauche un tableau représentant le *Christ mort*, qui
forme le devant de cet autel ; puis plongeant sa main droite
dans l'entrebâillement obscur, il atteignit et ramena en
pleine lumière une petite boîte de bois blanc ruinée, sans cou-
vercle, et tout à fait semblable à ces boîtes dans lesquelles
les petits bourgeois soigneux serrent leur collection de brosses
ou d'outils.

Cette caisse était pleine d'ossements !

— Voilà, monsieur, me dit mon noir compagnon, ce qui
reste du pauvre Scarron !

Lors de la destruction des caveaux funéraires, nous avons
recueilli ses os, et nous avons cru bien faire en les déposant
dans la chambre de madame de Maintenon.

Ainsi donc, voici le crâne sous la voûte duquel ont pris naissance tant d'idées comiques et de personnages grotesques ;
voici la main qui écrivit ces vers burlesques dans lesquels,
pour la première fois peut-être, mais non certes pour la dernière, on osa railler les dieux et les héros de l'antiquité, en

attendant que l'on osât s'attaquer aux dieux et aux héros
modernes ! Voici la place de la bouche qui s'est posée au moins
une fois sur les lèvres roses de Françoise d'Aubigné.

Hélas ! hélas ! pauvre Yorick ! il semble que tes restes gla-
cés devaient tressaillir lorsque madame de Maintenon entrait
dans cette chapelle pour venir prier sur ta tombe ; car, malgré
tes forfanteries d'indifférence et de désintéressement, tu l'as
véritablement et sincèrement aimée, cette belle Indienne, dont
l'intendant de Basville disait un peu plus tard : « J'étais pénétré pour elle du même respect que j'aurais eu pour la reine,
et nous étions tous surpris qu'on pût allier tant de vertu, de
pauvreté et de charmes ! »

Après avoir remis chaque chose en son lieu, mon aimable
sacristain me fit comprendre, en se plaçant sur le seuil de la
porte, que le temps qu'il avait à me donner était écoulé.

Je m'éloignai donc pendant qu'il refermait derrière moi la
porte de cette chambre, pleine de souvenirs.

Ah ! si au lieu d'être, comme le dit notre maître Théophile
Gautier, un pauvre artiste habitué à voir s'envoler ses chimères, nous étions un des riches paroissiens qui habitent aujour-
d'hui près de l'église Saint-Gervais, nous ferions à cette
poignée de cendres et d'ossements, l'aumône d'une boîte
d'ébène et d'un morceau de satin ; puis, après avoir remplacé
le mauvais tableau qui surmonte le petit autel par une bonne
copie du beau et vivant portrait que fit Mignard d'après
madame de Maintenon, sur cet autel rajeuni, nous place-
rions au pied de cette reine les restes du pauvre bouffon, qui
fut son premier protecteur, et bien certainement son ami le
plus sincère.

SOUVENIRS

LE 28 novembre 1809, il y avait une grande solennité à l'Opéra.

Spontini, l'auteur de *la Vestale* allait, avec *Fernand Cortez*, tenter encore une fois la fortune.

Sur le théâtre tout était en émoi. L'air froid de la scène gonflait la toile et la faisait ressembler à la voile d'un vaisseau qui va partir.

Des cloches tintaient dans les corridors ; de l'autre côté du rideau, dans l'orchestre, on entendait des instruments s'accorder en préludant sur ce fond de chuchotements que remplace un si terrible silence lorsque les premiers sons de l'ouverture se font entendre.

Spontini, pâle mais ferme, se tenait dans l'ombre à la droite de la scène ; il portait le costume de mode alors, que, laissant la mode changer, il n'abandonna jamais.

Son gilet et son habit montaient en étages derrière une haute et épaisse cravate de mousseline blanche ; le collet évasé et élevé de cet habit atteignait juste à la suture du crâne, et rele-

vait légèrement par derrière les cheveux réunis sur le haut du
front en une grosse boucle retournée sur elle-même, comme la
volute d'un violon vue de profil.

C'est avec ce costume et cette coiffure que plusieurs générations ont vu passer le grand artiste ; car cette habitude de ne
rien vouloir changer à la forme de leurs anciens vêtements se
retrouve assez souvent chez d'illustres vieillards : ils arrêtent
ainsi pour eux l'horloge de la mode à l'heure de leurs anciens
succès, et tiennent à mourir comme Desaix dans leur uniforme
et leur manteau de Marengo.

Le cœur serré par l'inquiétude, Spontini écoutait sans les
entendre tous ces bruits différents et ces paroles vaines qu'é-
changent entre eux les bas officiers des théâtres, pour qui une
première représentation est une soirée comme toutes les autres ; rendez-vous pris après le spectacle, observations malveillantes sur les acteurs et les costumes, plaisanteries grivoises
débitées tout haut près de l'auteur, afin d'en obtenir un mot et
d'établir ainsi un familiarité qui se traduira immédiatement
par une demande de billets *pour la seconde.*

Pauvre auteur ! lui qui songe à tant de choses, et est sous
le coup de tels périls !

Les valets commençaient à psalmodier le traditionnel :
« Place au théâtre ! » Les chefs de service faisaient du zèle ;
« Allons, mes enfants, ferme, l'attaque du chœur :

Quittons, quittons ces bords !

S'il arrive quelque chose, qu'on ne dise pas au moins que c'est
par notre faute ! Ici les Espagnols, à droite les sauvages ;
Mesdemoiselles Saulnier, quand vous voudrez bien ?... »

Une femme, couverte d'un riche costume mexicain, arriva
rapidement sur le théâtre et se dirigea vers le coin obscur
où se tenait Spontini ; comme tous les comédiens un soir de
première, elle parlait nerveusement et vite ; les mains agitées
de mouvements fébriles, elle prenait de temps en temps, avec
une petite éponge, du blanc dans un gobelet d'argent qu'une

12

femme de chambre portait derrière elle, et s'en couvrait les épaules et les bras.

Cette fièvre chaude et expansive vint se heurter à la fièvre froide et contenue qui dévorait intérieurement l'auteur de *Fernand Cortez* : « Eh bien ! mon maître, dit-elle, vous êtes content ?... Vous n'avez pas peur, j'espère ? Allez ! tout ira bien... » Et avec beaucoup d'autres paroles inutiles, Mme Branchu, — c'était elle, — s'efforçait de dissimuler aux yeux des indifférents sa vive émotion ; mais elle saisit dans l'ombre la main de Spontini, et tous deux, par une étreinte convulsive, se communiquèrent le secret de leurs angoises mortelles et de leurs radieuses espérances.

« Dérivis est là, dit-elle ; oui, je l'entends tousser sur le *contre-fa*. Lainez ! Laïs ! les voilà, on peut commencer quand on voudra... Ah ! mon Dieu ! que je voudrais que ce fût fini !... Allons, Spontini, rentrez dans la coulisse. Vous êtes heureux, vous, vous n'avez plus rien à faire. »

Arrivé à Paris en 1830, Spontini n'avait pas vécu impunément dans l'atmosphère brûlante de cette époque ; au milieu des cris d'enthousiasme et des bruits d'armures, son âme ardente s'imprégna d'émotions guerrières, et il chercha et trouva dans *Fernand Cortez* l'occasion d'exprimer ces vives émotions par des chants immortels.

Fernand Cortez est le poème de l'héroïsme ; on y rencontre presque à chaque ligne l'amour de la gloire, le mépris de la mort ; d'indomptables prisonniers, du milieu des tortures, jettent encore à leurs vainqueurs de courageux défis ! Ces beaux sentiments, ces nobles exemples sont traduits et accompagnés par une musique sublime !

On peut dire aussi que *Fernand Cortez* est l'opéra de l'armée, car l'armée joue dans l'œuvre de Spontini un rôle personnel : elle s'indigne, se révolte, s'apaise, s'enthousiasme, comme un seul personnage, et prend, comme le chœur antique, une part réelle à l'action, dans des ensembles merveilleux de chaleur et d'entrain.

L'effet de la première représentation de *Fernand Cortez* fut immense.

On voyait dans l'orchestre les généraux et les colonels auxquels une courte trêve permettait ces rares loisirs ; dans le parterre, les vieux légionnaires mêlés aux jeunes soldats impatients de les imiter.

Les loges étaient occupées par un cordon de beautés, aux robes lamées d'argent, et portant, comme les dames romaines du temps d'Auguste, des diadèmes de feuilles d'or mêlées de fleurs, de perles et de diamants.

Le souverain présidait ce brillant auditoire, dont la musique enflammée de Spontini porta bientôt l'enthousiasme jusqu'au délire.

Mme Branchu, dont le talent fut une des principales causes de l'immense succès de *Fernand Cortez*, avait alors vingt-neuf ans.

Elle était née à Saint-Domingue. De race noire par sa grand'mère, elle avait le teint couleur satin-paille particulier à certaines mulâtresses.

Son visage était éclairé par deux yeux noirs admirables, dont l'éclat vous brûlait. Petite de taille, comme ces mignonnes statues de bronze antique si admirablement proportionnées, la perspective la grandissait. Douée d'une voix magnifique, d'un merveilleux instinct dramatique perfectionné par le travail, Mme Branchu avait apporté à l'Opéra, au milieu de ces tragédiens lyriques formés par l'étude des partitions de Gluck, les belles traditions de chant de son maître Garat.

Garat fut, paraît-il, un chanteur sublime. Il faut bien le croire, puisqu'il évita, grâce à son talent, le ridicule que n'auraient pas manqué de lui attirer ses cravates, son zézaiement, dont il ne restait, bien entendu, aucune trace lorsqu'il chantait, et l'habitude qu'il eut d'abord, pour se faire connaître, de chanter le soir, en plein air, au milieu des jardins du Palais-Royal.

Dans toutes les parties du rôle d'Amazily, Mme Branchu fut

admirable. S'il est vrai, comme on l'a dit, qu'elle eût dans ses sentiments pour le général républicain qui venait de se faire empereur, dépassé depuis longtemps l'admiration, et qu'elle brûlât discrètement et violemment pour lui d'une flamme créole, le secret des merveilleux accents qu'elle trouva pour peindre sa flamme et son dévouement à Fernand Cortez nous est connu.

L'ouvrage avançait ; Lainez, Laïs, Dérivis faisaient merveilles ; comme le dit Dumas : on respirait de la flamme dans la salle ; des cris d'admiration avaient accueilli l'air d'Amazily :

> Je n'ai plus qu'un désir, c'est celui de te plaire,
> Je n'ai plus qu'un besoin, c'est celui de t'aimer.

Spontini rayonnait ; lorsque la toile tomba sur le dernier acte tout le monde était debout, et lorsque, épuisée de fatigue, accablée de bravos, accueillie comme une victorieuse et une bienfaitrice, Mme Branchu revint pour saluer le public, elle fut près de s'évanouir, car au milieu de cette gloire visible, de cette émotion délirante, il lui sembla voir un sourire presque tendre sur les lèvres de celui pour lequel elle avait si bien chanté. . . . .

. . . .

Vers 1845, j'avais une vingtaine d'années, je touchais les grandes orgues à l'église de Saint-Louis-d'Antin. On montait à ces orgues par un petit escalier tournant qui donnait dans l'église. Un jour, j'avais régalé mon auditoire d'un Offertoire improvisé dans lequel, paraît-il, je m'étais surpassé. Je descendais, la messe finie, l'escalier de la tribune, lorsque je trouvai, m'attendant au pied de l'escalier, une vieille dame que j'avais déjà vue plusieurs fois, et que j'avais remarquée, la voyant toujours seule.

Elle était ce jour-là couverte d'une rotonde de soie noire, bordée de petit gris, qui lui tombait jusqu'aux pieds, car elle était de petite taille.

Son chapeau de gros de Naples, avait la sévérité de ces chapeaux qui ont la conscience de n'être plus un pavillon de guerre, mais un pavillon destiné seulement à prévenir les belligérants qu'ils doivent passer outre, et que c'est là un territoire neutre. Elle avait la tête légèrement inclinée sur la poitrine ; mais dans son visage, d'un jaune orangé, brillaient encore, comme des diamants noirs, deux yeux admirables. Après m'avoir dit avec bonté quelques aimables paroles à propos du morceau qu'elle venait d'entendre, morceau qu'elle désirait avoir et dont je lui offris d'écrire pour elle les fragments que je pourrais retrouver dans ma mémoire, elle me dit d'une voix dont le timbre était encore charmant : « C'est que moi aussi j'ai été artiste ! » Et, comme je m'inclinais poliment : — « Connaissez-vous, me dit-elle, *la Vestale* et *Fernand Cortez ?*... — *La Vestale !* » m'écriai-je ! J'habitais alors Passy, et bien des fois j'allais me promener le soir dans le bois de Boulogne, le long du fossé circulaire de la Muette, pour apercevoir, dans le grand parc, au milieu de la famille Erard, Spontini, assis sur un vieux banc de pierre, sous le grand arbre au bord du fossé, et recueillant les derniers rayons du soleil. Je le considérais avec le même respect qu'éprouve un jeune soldat en présence d'un maréchal de France.

« *La Vestale ! Fernand Cortez !* Mais moi et tous mes camarades, Charles Gounod, Victor Massé, François Bazin, nous avons toujours entre les mains ces partitions sublimes que notre maître Halévy, nous propose sans cesse pour modèles. — Et... ajouta-t-elle en hésitant, les jeunes musiciens de votre âge se souviennent-ils encore de Mme Branchu ? — Oh ! Madame, lui dis-je, mille fois, Habeneck, mon premier professeur, m'a parlé d'elle, de ses inimitables accents, de ses brillants succès, de son génie ! Ah ! que n'ai-je pu l'entendre, ou du moins le voir !.... »

Pendant que je parlais, la vieille dame se redressa, quelque chose comme une lueur passa sur son pâle visage ; mais cette lueur s'éteignit bientôt, sa tête se pencha de nouveau sur sa

poitrine, d'où s'exhala un soupir. Puis, après une pause...
« Madame Branchu..., c'est moi ! » dit-elle avec un triste sourire...

LE SIÉGE DE VIENNE

'HISTOIRE est une vieille radoteuse : il est impossible de ne pas remarquer en lisant les récits du temps passé, combien la Providence se répète, et combien les événements auxquels nous nous trouvons mêlés et les personnages que nous voyons s'agiter autour de nous, ressemblent aux personnages et aux événements des siècles qui nous ont précédés.

A chaque époque nouvelle, comme un directeur de spectacles occupé à remettre au jour une ancienne pièce, le sort rajeunit les décors, change le lieu de la scène, tire de leur étui les marionnettes héroïques ou grotesques qui dormaient, leur rôle fini, dans la poudre de l'oubli ; puis, après avoir à peine modifié leur costume, les lance de nouveau sur la scène, pour recommencer leur rôle dans une pièce dont il leur est impossible de changer le dénoûment.

Ces réflexions, que nous avons faites souvent, se sont présentées hier à notre esprit avec une nouvelle force, pendant que nous relisions dans l'histoire des Ottomans, de Hamer, la relation du siége de Vienne par l'armée turque en 1683.

Nous allons tout simplement exposer des faits puisés aux sources authentiques : nous laisserons au lecteur le facile plaisir de trouver lui-même les rapprochements singuliers qui existent entre le siége de Vienne et un autre siége bien plus intéressant pour nous.

Un peu plus d'un siècle après le règne magnifique de Charles-Quint, l'Allemagne se trouva menacée à son tour par une nation voisine et rivale, qui, ne manquant pas une occasion de s'agrandir et d'augmenter ses armées, était devenue une puissance militaire de premier ordre. Mahomet II avait appliqué sa main sanglante sur les murs écaillés d'or de Sainte-Sophie, les deux Kiuperli, ces grands ministres, avaient élevé au plus haut degré la splendeur de la Turquie, lui avaient donné Candie et laissaient à Mahomet IV un empire augmenté, une armée formidable et un ministre Kara Mustapha, digne, croyait-on, de continuer leur œuvre dans la paix comme dans la guerre.

C'est alors que cette pensée de lancer toutes les forces de la Turquie mahométane sur l'Europe chrétienne, de faire reculer et même d'abattre entièrement l'étendard du Christ devant l'étendard de Mahomet, vint à Kara Mustapha.

Alors comme aujourd'hui, deux idées radicalement opposées se disputaient le monde, ces idées allaient se rencontrer sur un dernier et sanglant champ de bataille. A l'issue de ce combat, l'Europe plierait-elle sous le sabre turc, ou la foi du prophète de la Mecque serait-elle pour jamais repoussée vers l'Asie ? Telle était la question suprême qui se posait alors au monde. C'était plus qu'une bataille de géants qui allait s'engager, c'était presqu'une bataille de dieux !

Dans cette lutte l'Autriche était seule. L'Europe, dit un auteur moderne, indifférente aux dangers d'un empire dont l'ambition avait dépopularisé la cause, n'armait pour l'Autriche que quelques rares volontaires.

Avant l'heure de l'enthousiasme et du mépris de la mort, ce n'est pas sans quelque amertume de cœur que les nations et

les villes se sentent choisies pour ces combats décisifs et désespérés ; l'Autriche, au moment de se résoudre à cette lutte à
mort, voulut essayer de détourner d'elle ce calice. Pendant que
la bataille était déjà commencée sur le Danube, un noble Autri-
chien, Caprara se rendit au camp du grand vizir pour connaître les conditions que Kara Mustapha mettrait à la paix. Accueilli par « des demandes de tributs considérables et surtout
par des exigences inadmissibles de cessions de provinces et
de forteresses », Caprara reprit le chemin de Vienne. La ville
alors, sans s'effrayer du géant qu'elle avait à combattre, ac-
cepta sans faiblesse de lutter contre cette inondation humaine
qui devait, pour s'y briser, venir battre ses murs courageux.

Vienne se dévoua donc à la patrie ! Sans être encore l'admirable ville d'aujourd'hui, Vienne, capitale de l'archiduché
d'Autriche et de l'empire d'Allemagne, Vienne était déjà superbe. Elle avait quantité de palais magnifiques : le vieux palais
de Hapsbourg, l'église de Saint-Etienne avec son maître-autel
orné de colonnes de marbre et de beaux tableaux, son clocher
de pierre en pyramide, embelli de figures de bas-relief, chef-
d'œuvre que l'on venait visiter de partout, sa chapelle de
Notre-Dame de Lorette bâtie sur le modèle de celle d'Italie. Sa
population était considérable ; on voyait se presser dans ses
rues, nobles habillés à la française, courtisans habillés à l'espagnole pour mieux faire leur cour.

Vienne était déjà célèbre entre toutes par ses fêtes, ses bals
et son goût pour les plaisirs ; ses remparts eux-mêmes étaient
couverts de tavernes et de lieux de divertissements.

A l'approche de l'ennemi, les violons se turent pour laisser
sonner les trompettes ; les walzers et les menuets furent rem-
placés par l'exercice ; les bourgeois, les étudiants, les ouvriers,
les vieillards s'armèrent et coururent aux remparts pour aider
et soutenir la petite garnison de 10,000 hommes, que le général Starembergh, gouverneur de Vienne, avait réunie pour la
défense de la ville.

Kara-Mustapha, en marchant sur Vienne, avait rencontré sur sa route une ville forte ; Raab, comme Strasbourg aujourd'hui (1), arrêtait la marche de l'armée ennemie et inquiétait sa ligne de retraite.

Le visir tint un conseil de guerre, afin de décider si l'on s'arrêterait à faire le siége de Raab et des autres forteresses, ou si l'on se dirigerait immédiatement vers la capitale.

Tout le conseil fut d'avis de ne pas laisser derrière soi ces forteresses invaincues ; en effet, elles pouvaient en cas de défaite, changer la déroute en désastre. Ibrahim, le vainqueur des Russes, donna à son opinion cette forme de l'apologue, chère aux peuples orientaux.

« Un roi de Perse » dit Ibrahim, « fit déposer un trésor contenu dans une bourse sur un large tapis, et appelant ses courtisans, il donna le trésor à celui qui trouverait le moyen de prendre la bourse sans marcher sur le tapis. La munificence du roi paraissait illusoire, quand un des assistants, repliant et roulant le tapis par ses bords, atteignit ainsi la bourse sans avoir foulé la natte. Suis cet exemple, ô visir ! et replie l'Autriche pièce à pièce avant de toucher à la capitale qui n'aura plus de nation pour la défendre.

Kara Mustapha repoussa ce sage avis ; il insulta Ibrahim, et après avoir dans une dernière bataille, où fût blessé à mort le prince Louis de Savoie, battu, pris ou bloqué ce qui restait des armées de l'empereur Léopold, il donna l'ordre à ses généraux de se diriger sur Vienne, où il arriva le 14 juillet 1683, à la lueur des villes et des villages incendiés qu'il laissait derrière lui, et précédé d'une multitude de femmes, d'enfants et de troupeaux fuyant cette nouvelle invasion de barbares. Trois mille cinq cents de ces malheureux se jetèrent à ses pieds pour

---

(1) Le *Siége de Vienne, le Tir de Vincennes, les Rêveries d'une Sentinelle, la Légende d'Attila,* ont été écrits pendant le siége de Paris.

lui demander grâce, il les fit égorger, et fit livrer à ses soldats une belle jeune fille couronnée de fleurs, qui avait porté la parole au nom des suppliants.

Les cris de la pauvre enfant allumèrent dans le cœur des défenseurs de Vienne, rangés sur leurs remparts, cette rage, faite de rougeur et de larmes, que tous les flots des mers ne suffiraient pas pour éteindre.

Le siége commença.

A la première sommation adressée par Mustapha à la ville, Starembergh répondit en brûlant les promenades, les maisons de plaisance et jusqu'aux faubourgs de Vienne.

En présence de ce sacrifice, le vizir eût-il ce pressentiment qu'un peuple poussé ainsi au désespoir devient nécessairement invincible, puisque l'énergie de la défense ne peut plus être égalée par l'énergie de l'attaque ?

Pendant plus de deux mois le siége continua.

Sans faiblesse et presque sans espérance Vienne tenait toujours ! Depuis plus de soixante jours, les canons colossaux fondus jadis par Orban, et qui avaient éventré les murailles de Constantinople, battaient presque sans relâche ses murs détruits. Les remparts semblaient des amas informes de rochers. Vienne avait subi dix-huit assauts de plus en plus furieux ?

Les Turcs avaient pénétré une fois dans la ville jusqu'à cet endroit où se trouve aujourd'hui un musulman de bronze qui indique, comme ces marques placées au-dessus de l'étiage des ponts, jusqu'où avait atteint cette inondation humaine que les barricades placées à l'entrée des rues de Vienne purent seules arrêter. Starembergh était blessé ; la famine, l'épidémie, le manque de munitions accablaient la malheureuse ville : Vienne ne résistait plus que par héroïsme et par instinct. Cependant des bruits, venant on ne sait d'où, et qui ne sont autre chose que la voix secrète et encourageante de la patrie, commençaient à circuler dans la ville investie.

On disait qu'une armée de trente mille hommes, commandée par Charles de Lorraine, pouvait arriver sur les derrières de l'armée turque ; puis, espérance insensée accueillie comme l'annonce d'un concours céleste, on disait aussi, que le héros de Choczim, Jean Sobieski, à la tête d'une petite armée, principalement composée de cette cavalerie polonaise et hongroise que l'on avait surnommée « l'ouragan discipliné, » venait au secours du Christ et cherchait, à travers la patrie, à joindre ses étendards aux bannières de Charles de Lorraine. Depuis soixante jours cette espérance, chaque soir trompée, renaissait obstinément chaque matin.

Les yeux, rougis par la fumée des incendies, se fatiguaient à interroger vainement les horizons immenses du ciel et de la verdure. La pauvre ville, déjà sous le cimeterre de son bourreau, voyait au loin l'herbe verdoyer, le soleil poudroyer, mais des deux cavaliers vengeurs (réunis enfin et qui accouraient au grand galop de leurs chevaux) nulle trace encore !

Un jour, cependant, à une des portes du camp du vizir, se présenta, du côté de la campagne, un vieillard conduit par un jeune garçon. Ce vieillard était aveugle et paraissait presque fou ; il chantait, en s'accompagnant d'un violon délabré, d'anciennes mélodies turques rappelant aux soldats leur patrie et leurs foyers.

Son jeune compagnon recueillait, dans un plateau de cuivre étamé de bas argent, les aspres et même les sequins dont les soldats récompensaient ses chansons.

Ils traversèrent ainsi tout le camp.

Arrivés devant les remparts de Vienne, l'aveugle et son jeune compagnon se précipitèrent tout à coup dans le Danube, et, plongeant sous l'eau profonde que couvrit bientôt la fumée des fusils et que fouillaient les balles et les traits, ils franchirent le fleuve, prirent terre aux pieds des remparts écroulés, et, se tenant par la main, s'enfoncèrent tous deux dans les rues sanglantes de la ville assiégée. Cet incident ne causa pas un grand émoi dans le camp du visir. Que pouvaient d'ailleurs

un vieillard et un enfant pour le secours de cette ville condamnée.

Ce vieillard apportait à Starembergh l'assurance de l'arrivée
prochaine d'une armée de secours et la recommandation
suprême de tenir jusqu'à la dernière extrémité. Il se nommait
Koltschitzky, c'était un ancien interprète de l'ambassadeur
polonais à Constantinople ; c'est en remplissant ces fonctions,
qu'il avait acquis cette connaissance si parfaite de la langue
turque qui lui permit de traverser impunément les lignes des
Ottomans et de leur faire payer si cher les services qu'il leur
avait autrefois rendus.

L'histoire n'a gardé ni le nom ni la trace de l'enfant qui
l'accompagnait dans sa dangereuse mission. C'est dans les
souvenirs de la famille de Soros Tètebleue, souvenirs à nous
transmis par le dernier descendant du vaillant partisan ano-
bli pour ses exploits au siége de Vienne, que nous avons
retrouvé sa mémoire et sa silhouette presque effacée. Ce jeune
héros n'était autre que la fille de Koltschitzky. Cette blonde et
courageuse enfant ne voulut point quitter son père, et c'est
après avoir communié avec lui le matin même qu'elle se jeta
avec lui dans ces périls mortels.

Mustapha, tranquille, et sans se préoccuper le moins du
monde de ces présages ennemis, confiant dans les arrêts du
destin qu'il croyait favorable et que d'ailleurs sa loi lui défen-
dait d'essayer de changer, venait chaque soir, l'épée presque
dans le flanc et le cordon fatal déjà suspendu au-dessus de sa
tête, prendre le café sous une tente de pourpre en écoutant
les derniers râlements de la ville mourante.

Malgré les promesses de Koltschitzky, Vienne, ne voyant
rien venir, recommençait à désespérer.

Pendant la nuit du 11 au 12 septembre, alors que le gardien
de la tour Saint-Etienne venait, comme chaque soir, de lancer
dans un ciel clair et étoilé la fusée, signal inutile qui, depuis
de si longs jours, interrogeait vainement l'horizon, derrière
le camp ennemi, s'élevant silencieusement dans l'espace et

coupant d'une traînée d'argent le sombre azur du ciel, une autre fusée lui répondit ! Comme si la pauvre ville n'avait eu qu'une âme, on entendit comme un immense soupir : c'était Vienne qui respirait tout bas !

Occupés à regarder leur proie, de leur camp où mouraient les dernières chansons et les dernières rumeurs, les Turcs n'avaient rien vu.

Le lendemain, au lever du jour et aux premiers rayons d'un brillant soleil d'automne, Mustapha-Pacha aperçut, sur les hauteurs de Calenberg, montagne qu'il avait crue jusqu'alors inaccessible, un assemblage immense de pelisses, d'écharpes, de sabres recourbés, de harnais étincelants, de bannières éclatantes, de riches uniformes polonais, hongrois, français et allemands. On voyait là ces noirs cuirassiers couverts de demi-armures, que Jacques Courtois, dit le Bourguignon, nous représente si volontiers vidant leurs longs pistolets sur des cavalliers turcs, à aigrette et à caftan bleu et jaune. Au milieu de l'armée, vêtu d'un habit de taffetas couleur du ciel sur lequel, encadrés dans les fourrures, brillaient des ordres en diamants, et suivi de deux pages, l'un portant sur un bouclier d'or les armes de la Pologne, l'autre la lance d'or du roi, Jean Sobiesky lui-même, apparut aux yeux de l'armée ottomane épouvantée ! Au même moment les portes déchirées de Vienne s'ouvrirent, et tout ce qui restait de ce peuple martyrisé, outragé, massacré, buvant la mort goutte à goutte depuis soixante et dix jours, se précipita sur l'armée turque, pendant que la cavalerie polonaise, suivie de toute l'armée allemande, descendait au galop des hauteurs de Calenberg et poussait une charge de soixante mille hommes sur l'armée de Kara Mustapha.

Et, maintenant, cherchez dans la plaine la trace des vaillants janissaires et de leur aga avec ses deux queues de cheval et ses trois drapeaux de soie !

Où sont les volontaires couverts de peau de léopard ? les pages armés de cottes de mailles et vêtus de soie rouge ? le

fourrier feudataire ? le général de l'artillerie avec ses étendards rouges et verts ? les delis couverts de bonnets rouges
que surmontaient les ailes de différents oiseaux ?

Hélas ! hélas ! depuis la bataille de Vienne, l'empire ottoman
n'a plus retrouvé son ancienne splendeur ! Demandez à la Turquie ce qu'est devenu l'étendard du prophète ! Demandez-lui
où elle a laissé le sabre d'Aly et ces cimeterres montés en or
dont la lame valait une province ! et ces carquois d'émeraudes !
et ces nobles coursiers plus nobles que leurs maîtres !

Avec les plus courageux de ses enfants, tous ces trésors
sont resté devant Vienne, et, sur le corps des soldats turcs
immolés, l'herbe indifférente a poussé plus drue et plus verte !

LE TIR DE VINCENNES

———

Puisque notre main habituée à tenir la plume et l'archet, est trop faible pour porter le lourd fusil de munition, nous avons acheté hier une carabine : c'est une bonne arme, bronzée par la fumée, comme le fusil du Klepthe, et qui porte gravé sur son lourd canon d'acier le nom de son auteur : Salomon Bereit à Soleure, ainsi que cette date : 1796.

Agrémentée de cuivre comme une arme espagnole, elle a été mise, il y a quelque vingt ans, au niveau des perfectionnements modernes, par un habile ouvrier. Le chien et la platine de la batterie ont disparu pour faire place à un large piston dont le ressort et la détente sont doux à la main fatiguée.

Ce matin, et puisque les hôtes qui habitent d'ordinaire notre cabinet de travail, souvenirs du passé, espérances de l'avenir, se sont envolés, chassés par les bruits guerriers et l'écho des morts héroïques, un peu préoccupé peut-être de la façon dont nous allions remplir ces devoirs de soldat si brusquement imposés à notre vie paisible, et désirant savoir ce qu'un fusil nous dirait à l'oreille la première fois que nous le ferions parler, nous avons rempli de poudre la corne transparente de notre poudrière, mis vingt balles dans une poche, des amorces Gevelot dans l'autre, et dès neuf heures du matin, la carabine sur l'épaule, nous nous dirigions vers Vincennes, où se trouve un tir mis à la disposition des gardes nationaux.

En entrant dans un des wagons de ce train de neuf heures tout rempli de soldats, nous nous sentions déjà changé ; cette réserve un peu froide que la salutaire défiance des promptes relations a mise dans nos habitudes parisiennes ne tarda pas à disparaître : dans notre wagon se trouvaient deux gardes nationaux ; l'un, vêtu d'un élégant uniforme de fantaisie, était armé d'un admirable fusil de chasse montrant la signature recherchée de Lefaure, ce Stradivarius de l'armurerie ; l'autre, simple ouvrier, couvert d'habits bourgeois fatigués par l'usage, portait un de ces lourds fusils dits à tabatière, encore çà est là taché de rouille.

La connaissance est bientôt faite : on cause, on s'interroge sur la portée de son arme, on s'offre de la poudre, on échange de rassurantes paroles en voyant filer dans le cadre de la portière le profil redoutable des formidables remparts.

Le train s'arrête ; sans s'être dit où l'on va, en descendant du wagon on part ensemble et du même pas. Arrivés dans la rue de Vincennes, nous sommes pris immédiatement dans un grand courant qui nous entraîne. Tout le monde se dirige du même côté, vers la droite, soldats démontés, cavaliers, bourgeois, curieux, marchands, chacun se hâte ; cette foule n'est cependant pas la foule du dimanche, ce mouvement n'est pas le ·mouvement d'un jour de fête.

Les cabaretiers, tristement appuyés sur la porte de leurs jardins déserts, regardent passer cette foule qui se précipite du côté de la forteresse ; là-bas, derrière nous, à gauche de la grille du chemin de fer, la ville paraît tranquille comme une cité flamande.

Voici que nous prenons un chemin jadis riant ; il longe les murs hautains derrière lesquels s'abritèrent Duguesclin et Daumesnil ; comme un poëte devenu soldat, chacun de ces arbres, que la paix avait laissés pousser sur le glacis, a perdu ses oiseaux et son ombre et s'aiguise maintenant en un pieu meurtrier. Tout à coup, au détour du chemin, élargi de tous les bois coupés, vaste comme un champ de bataille, dominé par le château gris, haut et sévère comme un ancêtre, l'immense esplanade nous apparaît.

On voit au loin, bordant l'horizon comme des corps déjà engagés, des lignes d'uniformes que surmonte tout à coup la blanche fumée des feux de pelotons ; le bruit sourd nous arrive retardé par la distance. Pour nous rendre là-bas, pour aller jouer aussi à ce jeu qui bientôt deviendra mortel, nous partons, nous traversons un parc d'artillerie établi sur ce coin de la plaine.

Les chevaux harassés sont étendus sur la paille, les canons ternis par le feu et l'eau, penchent leur cou comme des monstres fatigués, les canonniers mangent en silence et en rêvant de terribles revanches, cette pauvre soupe qu'ils ont si bien gagnée.

Déjà les mollesses et les répugnances du Parisien ont disparu ; des pensers fermes remplacent peu à peu les idées futiles ; on songe à de grandes plaines ainsi inondées de lumière, remplies aussi de détonations et de sons de clairon, bordées de forêts dévastées, où comme dans le bois enchanté du Tasse, chaque arbre frappé laisse échapper avec du sang, des plaintes et des gémissements.

Voilà une batterie de canons qui court là bas ; où va-t-elle ? pourvu qu'elle arrive à temps ! et d'un pied léger, sans sentir la fatigue, foulant sous la bottine vernie le fumier liquide ou les cailloux tranchants, on court gaîment sous le soleil.

Ces impressions feront sourire le brave, habitué aux véritables dangers et aux réels combats, mais pour un artiste, un savant, un marchand arraché de sa boutique ou de son cabinet, il n'est peut-être pas inutile de constater la grande influence de l'exemple sur les idées et les habitudes, ainsi que d'observer et de décrire la gamme des sensations qu'il faut parcourir pour devenir un passable soldat.

Nous voici arrivés au bout du champ de manœuvre, à l'endroit où a lieu le tir établi pour apprendre à charger, épauler et décharger son arme ; nous prenons place au milieu d'un bataillon de gardes nationaux ; à notre droite, un peloton de jeunes soldats de la ligne guidés et instruits par un sergent, fait la répétition générale, avec décors et accessoires, de ce drame terrible, le combat.

Il y a là, sous le képi garance, des figures douces et résignées, des physionomies rageuses et concentrées, des expressions déjà menaçantes ; et cependant tous ces individus, le bilieux, le sanguin, l'actif, le nonchalant, courbés sous le dur joug de la discipline, marchent du même pas et font ensemble les mêmes mouvements avec une précision déjà remarquable ; les voici maintenant tous accroupis dans la fumée, un genou en terre, assis sur le talon gauche, montrant la large semelle militaire constellée de clous, que les longues étapes ont taillés à facettes et rendus brillants comme du pur acier : feu ! Tous les fusils partent à la fois ! Ainsi qu'un champ de blé qui reçoit un coup de vent, le peloton fait un léger mouvement en arrière, secoué dans la fumée par le recul du dur chassepot, et toutes les balles avec la vibration aiguë d'un pizzicato fait sur une tige d'acier, vont frapper la cible en formant le *rra* formidable d'un tambour géant.

Les gardes nationaux tirent à volonté sans s'aligner et toujours un peu avec des habitudes fantaisistes et individuelles, l'un visant longtemps en homme qui ne veut pas perdre son coup, l'autre se hâtant de faire feu, pour tirer davantage ; ils portent des pince-nez, des lunettes, des chaînes d'or débordant l'uniforme, on voit parmi eux des vieillards à barbe grise, rentrés en dedans de la limite d'âge en dissimulant leurs années, et qui reçoivent pour la première fois à soixante ans passés, sur leur moustache blanche, le lourd baiser de la crosse du fusil. Mais devant ces gardes nationaux, presque tous chasseurs, la cible se troue et se déchire comme un drapeau, le marqueur troublé dans ces loisirs que les maladroits lui laissent d'ordinaire, sort à chaque instant de son fossé en agitant son petit étendard.

Pour la première fois, et pendant qu'il me revient en mémoire mille histoires de fusils partis tout à coup pendant qu'on les chargeait, ou éclatant au moment où l'on fait feu, je fais couler dans le tunnel obscur de ma carabine les grains de la poudre de guerre, je laisse tomber dans le gouffre suspect la balle luisante et polie, comme cette balle d'argent qui troua le buffle de Charles XII, puis en joue... paff... Tiens, ce n'est que cela ! je repasse en arrière pour recharger. O parfum de la poudre ! on se redresse, on parle plus haut, les coups de feu partent autour de vous sans vous faire tressaillir à présent ; les grandes cibles blanches avec leur large tache noire font songer à des uniformes détestés ; on regarde avec une défiante colère ces bois que le feu va détruire demain, en expiation du crime de ces autres bois perfides qui ont caché sous leurs ramées les implacables ennemis des mains qui les ont plantés, et du sol qui les a nourris.

Un roulement de tambour, un quart d'heure de repos... Il était midi, l'heure à Paris du déjeuner et des paroles vaines ; nous avons ce jour-là pris le goûter du soldat, sous une toile tendue sur des branches, et qui semblait empruntée aux haltes de cavalerie de Swebach : un morceau de pain semé de sel et un verre de vin violet ; nous avions ramené avec nous du tir, un des jeunes soldats de la ligne dont nous parlions tout à l'heure, et contre le verre de cet enfant de la Normandie nous avons choqué notre verre : puis les confidences sont venues, il était de Bréal, près Coutances ; la conscription l'avait pris à sa charrue, il avait vu arriver, sans révolte, cette heure depuis longtemps attendue.

Il disait tout cela avec quelque peine, car il s'était un peu déshabitué de la parole dans les grandes campagnes solitaires de la Normandie, alors qu'avec son herbe et son blé il fauchait lentement les heures des grandes journées silencieuses, et que le soleil passait insensiblement de l'Orient à l'Occident, en faisant grandir les ombres sur la plaine. Il fallait bien faire son congé comme les anciens l'avaient fait avant lui, et puis... il avait une connaissance qui l'attendait là-bas ; elle était en service chez de braves gens. A son retour, s'il n'était pas mangé par les Prussiens, il la trouverait... puis... il souriait et se taisait, ses yeux, placides et doux comme l'œil des bêtes de labour, suivaient vaguement quelque rêve... Une chaumière, avec un rosier en espalier, de longues journées bien remplies... des enfants qui grandissent en se roulant dans la poussière de la route, des sommeils paisibles, et enfin un jour, une bosse de plus dans le cimetière du village, sous le clocher de l'église, où il avait jadis été au catéchisme avec elle, alors qu'ils épelaient ensemble dans le vieux livre qu'on a toujours conservé et qui est encore là-haut, sur le sommet de la grande armoire !

Jeune soldat, en échange du vin que je t'ai versé, voilà que par ce simple récit à moitié deviné, tu m'as rappelé du pays des chimères au sentiment du réel, en me montrant l'honnête sentier humblement et fermement suivi, et en me donnant cet exemple de la mort acceptée sans phrases, pour le bien de tous et l'honneur du pays.

On causait autour de nous dans la cantine, je prêtais l'oreille : chacun parlait de nos malheurs passés et de nos chances futures ; pas d'inquiétudes hypocrites formulées en levant les yeux au ciel ; pas de lâches résignations, mais de généreuses bravades et de chaudes espérances : aussi, lorsque la carabine sous le bras, le front couvert de sueur, nous avons de nouveau traversé la plaine, c'est en appelant les canonniers « camarades » que nous avons demandé la permission de repasser au milieu des canons.

O citadins mes frères ! en ces jours difficiles, recherchez fréquemment la compagnie de cet ami qui va bientôt être seul appelé à vous protéger et à vous défendre. Prenez votre fusil, prenez-le sur l'épaule ce hardi compagnon ; vous verrez les bons conseils qu'il vous donnera, et comme avec lui vous marcherez d'un pas léger, le cœur rempli de cette mâle paix que donne le sentiment du péril et l'espérance de faire son devoir.

LES

RÊVERIES D'UNE SENTINELLE

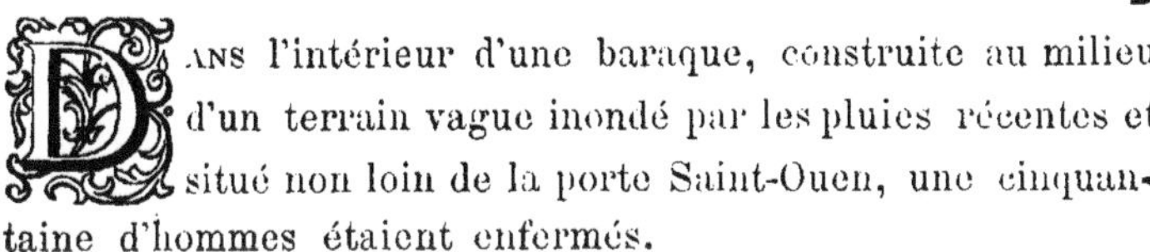

ANS l'intérieur d'une baraque, construite au milieu d'un terrain vague inondé par les pluies récentes et situé non loin de la porte Saint-Ouen, une cinquantaine d'hommes étaient enfermés.

La plupart, étendus sur des matelas maculés et presque aussi minces que ces crêpes de sarrazin chères aux Bretons et aux Normands, dormaient enveloppés de leurs couvertures et, tout raidis par le froid, faisaient songer à ces généraux anglais et hanovriens que le canon français avait couchés côte à côte dans leur manteau sur la route de Waterloo à Bruxelles ; une lampe de cuivre suspendue aux poutres qui soutenaient le plafond était censée éclairer le triste intérieur.

Cinq ou six gardes, assis au milieu de la baraque, se serraient, comme pour se réchauffer, autour d'un maigre brasier soufflé par les courants d'air ; la flamme de ce brasier paraissait enrhumée et toussottait au lieu de ronfler dans un poêle de fonte, brisé comme une cuirasse ramassée à Reichshoffen.

Ces cinquante hommes formaient la première section de la compagnie de garde au bastion Saint-Ouen ; ces cinq ou six gardes étaient les futures sentinelles qui allaient prendre la faction de deux heures à quatre heures du matin sur le bastion n°...

Je fais partie de ce bataillon, où presque toutes les classes de la société se trouvent représentées.

Cette nuit-là une bise aiguë soufflait au dehors, égratignant de son ongle les petites vitres carrées.

Dans la baraque régnait un grand silence, troublé seulement, par la respiration modulée des dormeurs.

Il y avait là un jeu complet de ronflements, depuis le roucoulement amoureux jusqu'au cri furieux du taureau qu'on égorge !

La porte s'ouvrit brusquement toute grande en découpant sur le ciel un carré plus clair ; dans ce cadre parut un homme armé d'une lanterne ; six noms prononcés d'une voix forte retentirent.

Dans les circonstances où nous nous trouvons, on ne peut pas plus respecter le sommeil des hommes que l'on ne respecterait leur vie, si cela devenait nécessaire.

On se lève. Un bruit d'armes se fait entendre, on s'aligne tout frissonnants sous l'air glacé, l'époux songeant à sa moitié, qui dort si bien à cette heure ; le célibataire, au chat qui lui chauffe vainement sa place au fond de l'édredon relevé en tulipe ; puis, clapotant dans une fange épaisse, vous voilà partis dans la nuit noire à la suite d'un falot dansant devant vous comme un follet. Bientôt, trébuchant, glissant à chaque pas, il vous faut tenter l'escalade d'un talus de frangipane, dont on doit atteindre le sommet au risque d'embrocher les autres avec sa baïonnette, ou d'être embroché soi-même par celle d'un compagnon d'armes maladroit.

A cette heure, la nuit est si noire que l'on ne voit pas littéralement à ses pieds ; mais lorsque le caporal de pose s'est éloigné avec sa lanterne, au bout d'un instant vos yeux, comme ceux des prisonniers et des chats, commencent à acquérir la faculté de percer les ténèbres.

Je suis en faction près d'un formidable canon dont l'affût perfectionné est garni de contre-poids, de roues et de cylindres.

Pour couvrir autant que possible les canonniers et les défenseurs du rempart, deux petits murs formés de tonneaux de terre affermis par des clayonnages ont été bâtis à droite et à gauche du canon, et forment, avec le parapet garni de sacs, une petite chambre d'une vingtaine de pieds carrés, à laquelle manquent bien entendu le plafond et un des côtés de la muraille.

Un petit fossé profond a été creusé à la base du mur latéral de droite.

Quelle nuit! quelle bise! et quelle solitude!

Qui m'aurait dit, il y a quelques mois, lorsque je pérorais le soir dans le petit foyer des artistes, à l'Opéra-Comique, ce petit foyer si gai, si chaud, si parfumé, qu'un jour je serais ainsi seul, armé et enrhumé, sur un rempart à deux heures du matin? Allons, faisons quelques pas, car voilà que je commence à penser à la Bérésina et à Moscou.

Pauvres camarades de la compagnie de marche, ils ont aussi froid que moi, eux! et ils n'ont pour se réchauffer que le feu des sentinelles prussiennes. Que Dieu veille sur eux et les protége!

Tiens! que vois-je là au fond de ce fossé? C'est comme un tas de vêtements immobiles... une forme humaine... Hé! y a-t-il là quelqu'un?... Pas de réponse. Je sonde doucement ce paquet d'habits avec la crosse de ma carabine, et je sens le vide sous ces vêtements bientôt ramenés à mes pieds avec la pointe de ma baïonnette. C'est une grande capote militaire, grise, avec de larges manches, qui semblent des bras, et un capuchon serré au cou par un bouton de corne, et conservant encore la forme de la tête qui l'a habité.

Comment est-elle là? L'a-t-on abandonnée après en avoir dépouillé quelque sentinelle frappée par le mystérieux fusil à vent qui a déjà fait des victimes sur le rempart?

Je continue ma faction, mais cette forme humaine, aplatie la face contre terre dans les ténèbres me préoccupe et me gêne. C'est ainsi que je verrai peut-être un jour, étendu à mon côté, mon vieil ami Etienne Enault, ou mon bon et célèbre camarade Stevens !...

Que le diable emporte et la capote et les idées saugrenues qu'elle vient m'inspirer !

Voilà près de ce canon un pieu qui semble planté là tout exprès et qui va faire parfaitement mon affaire.

Je ressaisis le vêtement persécuteur, et le dispose sur le porte-manteau improvisé ; le pieu s'enfonce sous le capuchon, la longue capote tombe d'elle-même le long de ses maigres flancs, et s'affaisse autour de lui sur la terre ; on dirait maintenant une vieille femme qui prie, agenouillée et vue de dos.

En Bretagne, on rencontre ainsi, dit-on, après minuit, des religieuses prosternées au pied des croix si fréquentes sur les chemins. Si l'on passe sans rien dire, elle continuent leur prière ; mais si l'on ose leur parler, elles tournent lentement vers vous un visage si épouvantable que, pour l'avoir contemplé un seul instant, plusieurs sont devenus fous.

Qu'y a-t-il de vrai dans ces légendes?

Tout cela est-il donc si incroyable ?

Qui donc a jamais sondé avec le moindre succès l'abîme effroyable de l'inconnu ?

Que de morts déjà dans ces plaines! Si, dans cette nuit, on voyait venir sans bruit de pas et sans falot quelque ronde de soldats de cette grande armée dont les Césars décédés passent aux Champs-Elysées l'éternelle revue... ils s'avanceraient les yeux blancs, la figure convulsée, le flanc ouvert sous l'uniforme souillé de sable, le fusil tordu par la balle à l'épaule, ou le sabre brisé dans la main. Qui vive ? Sans rien répondre, ces morts héroïques disparaîtraient dans le brouillard après s'être assurés que l'on veille sur ces remparts, derrière lesquels pleurent les fiancées et les mères qu'ils ne reverront plus !

Faisons encore quelques pas ; je sens que je deviens funèbre ; c'est l'effet ordinaire que produisent sur les nerveux la nuit et le froid.

Une idée !

Si, au lieu de me quereller ainsi avec ce vêtement, je l'utilisais à mon profit !

Allons ! passons ces bonnes manches sur mes bras gelés ; enfonçons mes oreilles sous ce chaud capuchon.

Ah ! je me sens mieux.

Bête que je suis ! c'est la capote banale destinée aux sentinelles, et que l'on a laissée ici pour moi.

Après m'être ainsi débarrassé du spectre en me l'assimilant, je songeai à mon devoir ; à travers les espaces réservés pour le tir entre les sacs de terre, je jetai un regard sur la campagne.

Plus sombre, plus déserte et plus couverte de brume que la mer dans ces nuits de décembre, la vaste plaine dormait dans un grand silence, jusqu'aux limites où l'horizon se confondait avec le firmament sans lune et sans étoiles.

Un chien triste aboyait au loin dans quelque ferme abandonnée ; une lanterne avançait, s'arrêtait, puis se remettait en marche, éclairant une œuvre mystérieuse.

A gauche, se dessinant par une obscurité plus profonde sur le ciel obscur, on apercevait, menaçant comme un gigantesque et formidable écueil, le Mont-Valérien.

De temps en temps, ainsi qu'un fauve accroupi qui commence à se mettre en colère, le monstre devenait phosphorescent ; un feu bleuâtre sertissait sa terrible silhouette ; ses larges flancs noirs semblaient palpiter, puis il finissait par lancer sur l'ennemi un jet de lumière électrique, mortel pour lui comme le regard du basilic.

Mon inspection terminée de ce côté, et certain qu'une autre sentinelle plus vigilante et plus redoutable que moi veillait sur la campagne, je voulus parcourir l'espace dont la garde m'était confiée, et je sautai de la banquette du tir sur ce talus inférieur qui descend par un sentier tournant jusqu'à la rue du rempart.

Mes yeux commençaient à s'habituer à l'obscurité et je distinguai, s'enfonçant sous la banquette que je venais de quitter, une espèce de hutte ayant pour piliers des troncs d'arbres, qui semblait faite pour abriter Robinson dans son île.

Je pénétrai sous son toit casematé et gazonné, et je reconnus que je me trouvais dans un singulier vestiaire où les canons de rempart et les pièces d'artillerie de marine déposent, pour les reprendre après la danse, leurs paletots et leurs sorties de bal.

Quoique la nuit fût fraîche, on voyait là suspendus à la muraille de vastes étuis de cuir graissé destinés à couvrir les épaules de ces messieurs de sept et de vingt-quatre. Un fourreau de cuir fauve, agrémenté de clous de cuivre, large à y fourrer la moitié de la colonne de Juillet, mais d'un aspect plus coquet et plus féminin, devait être la pelisse que l'on jettera sur les terribles appas de *Joséphine*, lorsque, après la fête terminée, cette fête dont elle est la reine, on la réintégrera dans l'arsenal paternel, précaution touchante et utile pour épargner les refroidissements et les maladies à cette fragile beauté :

Hélas! que j'en ai vu mourir de jeunes filles.

Je reconnus bientôt, moitié avec mes yeux, moitié avec mes mains, que le sol de l'aimable et discret réduit où je venais d'entrer était couvert d'espèces de pains de sucre en fer, assez semblables à ces moules d'étain destinés à confectionner les bombes glacées. Comment, me dis-je, ce vestiaire est-il donc aussi un buffet ?

Hélas ! ces pains de sucre n'étaient autre chose que des obus, ces lourds et aveugles projectiles destinés à briser et à anéantir ce fragile chef-d'œuvre composé de mille découpures et de mille broderies délicates, que l'on appelle le corps humain.

Cette découverte m'ayant inspiré quelque mélancolie, je regagnai mon premier poste, j'appuyai mon coude sur la base de ma baïonnette, j'entrelaçai mes deux mains, et, le menton appuyé sur l'avant de mon bras gauche, laissant siffler autour de moi le vent du nord, je pris la pose classique de la sentinelle en faction.

Maintenant, à ma droite, émergeant de son lac de boue et rappelant par sa forme l'arche de Noé dans les gravures des vieilles Bibles, on voyait la longue baraque aux fenêtres rouges. A gauche, Montmartre s'élevait silencieusement dans le ciel noir ; au milieu de cette masse sombre veillaient encore deux pâles lumières.

Montmartre ! dont les ombrages et la verdure ont déjà tant souffert de cette guerre impitoyable que, depuis vingt ans, le moellon fait à l'arbre.

Montmartre ! qui n'est plus qu'une batterie et que, dans notre jeunesse, nous avons connu si charmant, avec sa fontaine antique entourée de sycomores, ses cabarets jaseurs et ses sentiers bordés de haies pleines de fruits d'ébène et de corail !

Ainsi, me disais-je, là-bas, derrière moi, retenus seulement par la crainte et l'impuissance, ils sont là, deux cent, trois cent mille peut-être ? Et sans ces bonnes forteresses qui veillent, sans ces fidèles canons qui penchent le cou dans les embrasures, sans ces excellents murs de pierre sur lesquels ils craignent de voir leurs ongles s'émousser, ils viendraient, ils nous massacreraient, ils rempliraient de sang, jusqu'à la faire écumer, cette vaste coupe formée par la nature et l'art, entre les collines de là-bas et ces murailles ; ils teindraient en rouge ce ciel noir ; ce Paris qu'ils ont fait funèbre, ils le laisseraient dévasté et sanglant !

Ils sont venus pour cela, tous, de si loin ; et s'ils s'en retournent chez eux sans avoir commis ce crime, il manquera quelque chose à leur triomphe.

Certes, de tout temps, les princes ont eu entre eux des querelles, ils se sont fait de la gloire avec des combats meurtriers,

mais, *l'honneur des armes*, cela s'appelle ainsi, une fois satisfait, chacun s'en retournait chez soi, et, comme après un duel
loyal, on n'en était que meilleurs amis.

Mais ceux-ci, c'est notre vie qu'il leur faut; une blessure ne
leur suffit pas, il faut qu'elle soit mortelle ; pour un peu, ils
empoisonneraient les épées, tariraient l'eau des fontaines, et
nous verraient mourir à leurs yeux faute d'un morceau de
pain, qu'en toute autre circonstance ils ne refuseraient pas à
un malheureux défaillant de misère. Et pour cela, comme a
dit le poète : que leur avons-nous fait ?

D'autres ont parlé, pour leur reprocher leur ingratitude,
de ces Allemands revenus en ennemis dans un pays qui les
avait trop bien accueillis ; artiste, moi, je veux dire ici ce que
nous avons fait pour leurs idées, leurs coutumes et surtout
pour leurs artistes, que nous avons trop souvent préférés aux
nôtres, et que nous avons (ce qui est une faute) pris obscurs
pour les leur renvoyer grands, après avoir mis à leur disposition ces mille collaborateurs qu'ils n'auraient pas trouvé dans
leur pays, faisant ainsi servir le génie et l'intelligence de la
France à créer des supériorités devant lesquelles, aveugles
que nous étions, nous abaissions les pauvres grands hommes
nationaux dont nous avons laissé parfois la gloire inachevée,
et à qui, trop souvent, nous avons marchandé le succès.

Ainsi cette Allemagne qui nous hait, lorsque pour la première fois au commencement de ce siècle elle nous fut révélée,
séduits par ses coutumes naïves et originales, enchantés par
ses poètes et ses musiciens, nous lui avons ouvert notre cœur,
nous avons adopté ses usages et nous avons même substitué
ses idées aux nôtres, à ce point que nôtre caractère national
en a été profondément altéré.

N'avons-nous pas, par exemple, nous, les fils de Voltaire,
laissé Robin des Bois nous reparler de spectres et d'appari-
tions ?

N'avons-nous pas chassé de notre foyer la vieille chanson
française, avec ses bergers et ses bergères, que leurs frères de

Sèvres ou des Gobelins écoutaient en souriant du haut de la cheminée et du fond des fauteuils, ainsi que ces romances dans lesquelles les chevaliers chantaient leur mie, applaudis et encouragés par les troubadours de nos pendules, pour installer à la place de ces hôtes innocents les fiancées plaintives, les cloches funèbres et les fantômes meurtriers de Schubert.

Et, à la même époque, n'avons-nous pas oublié Candide, Cléveland et Manon Lescaut, pour nous plonger dans la lecture de ces contes d'Hoffmann, où les cordons de sonnettes deviennent des serpents, où les pommes rouges se métamorphosent, sur l'étalage de la sorcière, en figures de conseillers, et où les violons se brisent en même temps qu'expirent les filles poitrinaires des conseillers mélomanes ; et ces rêveries maladives, qui eussent fait hausser les épaules à Lafontaine et à Molière, pendant un moment n'en avons-nous pas fait nos délices ? Et l'arbre de Noël ! qui donc y pensait il y a trente ans, avant le premier chapitre de l'histoire de *Peregrinus?*

Ah ! si nous avions su quelles fêtes devaient éclairer, en 1870, les petites bougies jaunes et bleues, comme nous nous serions méfiés, même de cette Allemagne enfantine de velours noir et de paillon rose et vert ; et comme nous aurions froidement accueillis ces bons hommes et ces grotesques venus de Nuremberg et d'autre part, si nous avions su qu'ils n'étaient autres que les premiers uhlans que nous envoyait l'Allemagne !

N'avons-nous pas pris presque inconnu Meyerbeer, l'auteur du pâle *Crociato*, et, après l'avoir nourri de nos idées, galvanisé de notre flamme, ne lui avons-nous pas ouvert nos chroniques, donné notre Scribe, notre Nourrit, notre Falcon, nos merveilleux décorateurs, notre sublime orchestre dirigé par Habeneck ? Et, pendant qu'il triomphait, grâce à deux chefs-d'œuvre qu'il n'aurait certes pas faits en Prusse, Hérold, l'auteur de *Zampa*, représenté six mois avant *Robert le Diable*, sollicitait vainement un libretto de grand opéra, composait des ballets et conduisait les chœurs dans les coulisses du Théâtre-Italien ! Et Mendelssohn ! n'a-t-il pas fallu nous faire quelque violence pour nous forcer d'accepter ce talent exquis, mais un peu froid ? Sans les merveilleuses exécutions de la Société des concerts du Conservatoire, y serait-on arrivé ?

Hélas ! Hector Berlioz aussi était un grand symphoniste, et ce magnifique orchestre ne lui a jamais été confié qu'avec parcimonie ; cependant, qui sait, grâce à ces puissants collaborateurs, quels trésors on eût trouvés dans les parties restées obscures de l'œuvre immense et originale de ce maître mort de fatigue et de tristesse !

Allemands, Allemands, votre Mignon, c'est la musique de Thomas qui lui a donné des ailes !

Votre *Faust*, c'est la partition de Gounod qui l'a fait naturaliser citoyen de tous les pays !

Nous avons tout accepté de vous, jusqu'à cette musique de l'avenir, nuageuse parfois comme les systèmes de vos philosophes, indigeste souvent comme ces mets composés de choux aigris, auxquels après tant de révoltes d'estomac nous avons fini par nous habituer.

Ah ! si nous ne vous avions pas accueillis avec tant d'affection fraternelle, si, gardant nos idées nettes comme la lumière de notre soleil, vives et légères comme nos vieux vins de France, nous n'avions pas adopté votre bière épaisse et vos pipes fatales, vous ne seriez peut-être pas aujourd'hui à Versailles !

Pauvre et chère France ! comme ces sultanes qu'on étranglait avec leurs colliers précieux, c'est avec ta franchise, ton esprit bon enfant et ta loyale confiance, que l'on t'a presque mise à mort !

Mais, grâce à Dieu et à ton courage, voilà que le cercle fatal se desserre, bientôt il s'entrouvrira...

Dans un recueil de vieilles poésies écossaises, on trouve cette légende : Insouciant et la visière levée, un chevalier vient d'entrer dans la forêt. Après avoir attaché son coursier au tronc d'un chêne, il s'étend désarmé sous le vert feuillage ; il sait pourtant que cette forêt est pleine d'ennemis, mais on a parlé de trêve et il accueille en souriant un barde qui cherche à l'endormir aux sons de sa harpe galloise.

En voyant se fermer les yeux du chevalier, le traître chanteur fait signe à des assassins cachés de s'emparer de la longue lance et du poignard acéré. Mais le cheval hennit ; à ce bruit, plus prompt que l'éclair, le chevalier est debout, l'épée à la main ; sous ses coups, les meurtriers se couchent comme des épis fauchés ; celui qu'ils ont réveillé, et qui endormi paraissait si facile et si paisible, c'est Cœur de Lion ! c'est l'invincible Richard !...

— Ah çà, sacredié ! sentinelle ! dit une voix rude, est-ce que vous dormez ? Voilà deux fois que je crie : Ronde major ! et vous ne répondez pas. Si je faisais mon rapport, vous en auriez pour un jour de clou, et vous ne l'auriez pas volé ! — Voilà, voilà, m'écriai-je en me secouant : avance à l'ordre !

— Vous devez ajouter : et au mot de *ralignement*, dit le caporal d'une voix rageuse... Oh ! ces bourgeois, ajouta-t-il en se remettant en marche, ça laisserait voler les canons sous leur nez et entrer les étrangers sans rien dire !

— Je pensais justement à trouver le moyen de les renvoyer *tous* chez eux, et pour toujours, répliquai-je avec la douceur de quelqu'un qui se sent dans son tort.

UNE PAGE

DE

LA LEGENDE D'ATTILA

« A PRÈS moi la fin du monde, » disait Louis XV.

Est-il rien de moins vrai que cette parole, surtout pour ceux qui ont laissé leur empreinte lumineuse ou sombre fortement marquée sur le siècle où ils ont vécu ?

Pendant que les humbles et les obscurs dont se composaient les générations éteintes dorment paisiblement dans le repos et dans l'oubli, eux seuls, contemporains de tous les âges, toujours vivants, toujours debout, voient, suprême récompense, ou épouvantable châtiment, leur histoire réapprise sans cesse et leur mémoire éternellement jugée par les générations futures.

Dans un défilé sans fin, ils passent devant les yeux de l'enfant et de la jeune fille, et le premier usage que ces êtres charmants font de leur pensée est de leur envoyer la bénédiction, ou de leur jeter l'anathème qui, jusqu'à la fin des siècles, accompagnera leur nom.

Les uns marchent dans une aube couleur d'opale ; éclairé des feux irisés de l'apothéose, leur front levé vers le ciel est entouré du nimbe d'or ; ce sont les premiers amis du jeune âge, les hôtes familiers des couches innocentes et des songes purs.

Aussitôt que dans sa chambrette la jeune fille a posé sa tête sur son bras blanc, ils entrent un à un par la porte d'or. Les voici tous : le martyr, vêtu de lin ; le héros, tueur de monstres, moitié saint, moitié chevalier, fort comme un géant et beau comme une fille ; l'évêque à barbe blanche, portant dans sa main l'église qu'il a bâtie ou la cité qu'il a sauvée ; l'héroïque bergère dont, sur un azur beau comme celui du ciel, l'épée à garde d'or soutient une couronne ; le poète illustre avec son vert laurier ; le grand artiste ; le noble soldat qui fit de son glaive un appui pour l'opprimé, au lieu de le jeter dans la balance des vaincus ; ceux-là, une odeur de paradis accompagne leur mémoire, et l'enfant qui les contemple murmure en souriant le nom de ces amis de l'humanité.

Les autres, les damnés de l'histoire, portent autour du front, au lieu du nimbe d'or, le reflet de l'incendie ou le feu soufré de l'éclair, et sont condamnés à passer par la porte des songes funestes !

Renégats fameux ! traîtres infâmes ! et aussi ces conquérants barbares, oiseaux de proie sortis des ténèbres et rentrés dans la nuit, qui ont essayé d'éteindre au vent de leurs ailes sombres les flambeaux de l'humanité.

Ils marchent dans un sentier éclairé des feux de la foudre, les uns trébuchant sur de l'or, les autres foulant sous leurs pieds sanglants la cendre des manuscrits précieux, les éclats des statues brisées et les décombres des palais détruits.

A leur nom les enfants pleurent et les vierges se serrent contre leur mère, au pressentiment de périls inconnus ; pour eux la mort est sans repos ; et comme aux *cairns* bretons, sur leur souvenir maudit chacun jette sa pierre et sa malédiction.

Aujourd'hui, qu'imitant le Gaspard du *Freyschütz*, un nécroman méchant a tracé autour de nous, avec son épée sanglante, un cercle fatal bordé d'ossements, dont nous ne pouvons sortir sous peine de mort; en présence de l'avenir inconnu de notre patrie, nous allons songer à son passé et raconter quelques-unes de ses vieilles histoires.

Nous relèverons vos antiques remparts bâtis par Aurélien, noble ville d'Orléans, où si souvent s'est joué le destin de la France ; nous évoquerons vos ombres vénérables et glorieuses, saint évêque Agnan, pasteur fidèle d'un troupeau décimé, grand Aétius auquel l'empereur Valentinien, au lieu de la couronne de fleurs sauvages due aux généraux libérateurs, donna de son épée dans le sein.

Vous paraîtrez aussi dans cet antique histoire, sombre Attila ! Vous vous crûtes un autre Alexandre, et, au lieu du profil divin du héros macédonien qui faisait enfermer dans une cassette d'or les œuvres d'Homère, vous n'avez laissé dans la mémoire des hommes que le souvenir de votre taille difforme et de cette coupe de bois dans laquelle vous buviez : A la ruine de l'univers !

Ouvrier inconscient d'un Dieu dont vous osiez vous croire l'ennemi, ce Dieu se servit de vous comme d'un fondeur pour remettre au feu, afin d'en changer la forme et de les purifier, tous les débris de l'ancien monde brisé ; puis, l'œuvre terminée, il toucha du doigt le forgeron, souffla sur sa forge, de la flamme rouge fit de la cendre noire, et les échos de la Gaule et de Rome ont oublié aujourd'hui le bruit autrefois formidable des coups jadis frappés par le fléau de Dieu.

Détourné de ses projets sur l'empire d'Orient par la fière réponse de Marcien, vieux soldat devenu empereur, qui l'avait menacé de lui rembourser avec du fer le tribut que son prédécesseur Théodose avait promis de lui payer en or, Attila jugea

à propos de chercher en Occident des créanciers moins récalci-
trants, et de remettre en lumière une aventure qu'il paraissait
avoir complétement oubliée.

Seize ans avant la réclamation si mal accueillie faite par
Attila à Marcien, la sœur de l'empereur d'Occident alors
régnant, la princesse Honoria, condamnée par sa famille
au célibat, envoya son anneau et offrit sa main à Attila,
jugeant que, si le fiancé qu'elle se choisissait n'était ni beau
ni aimable, il était du moins assez puissant pour venir réclamer son admiratrice.

Attila n'avait point répondu à ces avances, et Honoria, dé-
daignée, avait mis une telle ardeur à contrecarrer les projets
de ses parents, qu'après avoir été, à cause de ses légèretés,
enfermée d'abord à Constantinople, puis à Ravenne, le moment était venu où à la suite d'une aventure avec un de ses
domestiques, l'intendant Eugenius, on avait dû, malgré toutes
les résolutions contraires, la marier au plus vite.

Il faut voir dans l'histoire d'Attila comment le roi des Huns,
se rappelant que la moitié de l'empire d'Occident était attachée à la bague d'Honoria, fit de cette aventure romanesque
de sa jeunesse une première cause de querelle qui l'amena un
peu plus tard à franchir le Rhin et à envahir la Gaule.

C'est ainsi qu'il fut amené à venir chercher dans le pays
gaulois d'abord un premier revers, et ensuite une de ces terribles défaites dont les conquérants et les nations ne se re-
lèvent jamais.

L'armée innombrable d'Attila prit cette route suivie par
toutes les invasions venues du Nord, et tracée comme une
ligne sanglante sur la carte de France.

Tous les noms de ces fleuves et de ces villes vers lesquels,
depuis de récents malheurs, s'est tournée si souvent notre
pensée, se retrouvent sur l'antique itinéraire d'Attila.

Une partie de l'armée des Huns et de leurs confédérés
passa le Rhin près d'Augusta, non loin du confluent de la Mo-
selle, et continua sa marche à travers la Gaule, rencontrant

chez les peuples et dans les villes qu'elle traversait, ces alternatives de lâcheté et d'héroïsme dont toutes les invasions donnent le triste ou le sublime spectacle.

Attaqué en marchant vers Strasbourg par un vaillant petit peuple, les Burgondes, qui essayèrent avec leurs bisaiguës et leurs marteaux d'arrêter son immense armée, Attila écrasa ces héros et passa.

Pendant que les garnisons romaines et les populations épouvantées se repliaient en hâte vers le Midi, les Francs Saliens, nos ancêtres, restèrent les derniers, et c'est en combattant qu'ils reculèrent pas à pas devant les Huns.

Leur roi Mérovée se trouva même un instant tellement engagé à l'arrière garde avec l'avant-garde d'Attila, que son fils Childéric lui fut arraché par quelque affreux barbare peint et tatoué, couvert d'une cuirasse de corne ou d'un horrible manteau fait de peau humaine.

Celui qui devait être le père du grand Clovis dut la vie et la liberté au dévouement d'un guerrier [franc nommé Viomade.

Viomade se jeta au milieu des Huns, leur arracha le fils du roi, et couvert du sang des ennemis et du sien, ramena auprès de Mérovée, Childéric haletant et blessé.

Nous n'essayerons pas de refaire une histoire d'Attila, les faits et gestes du grand brûleur de villes sont écrits dans les pages effrayées de Jornandès, de Frédégaire, de Grégoire de Tours, et dans l'admirable ouvrage qu'Amédée Thierry a consacré au fils de Moundzoück.

Nous voulons seulement détacher de la légende d'Attila quelques pages qui nous ont semblé doublement intéressantes aujourd'hui.

Après avoir pris Metz, que lui livra un pan de mur écroulé sans cause apparente, Attila s'empara de la ville de Reims et la mit au pillage.

Dans cette dernière ville, l'évêque Nicaise fut égorgé sur le seuil de son église; sa jeune sœur, Eutropie, vierge belle comme les anges, se tenait à ses côtés ; en voyant tomber son frère, elle osa, pour appeler la mort, frapper au visage un soldat ; le barbare l'attira avec un croc de fer au milieu de la mêlée, où elle disparut aussitôt, dépecée par mille coups d'épée.

Après ces exploits, Attila hâta la marche de son armée et se dirigea vers Orléans, ville devant laquelle il voulait arriver dans les premiers jours de mai.

Orléans avait alors pour évêque Agnan, un de ces hommes intelligents et fidèles, comme le christianisme en a tant donné aux villes de la Gaule, converties à la nouvelle foi.

Pasteurs vigilants, ils s'occupaient sans cesse d'instruire et de paître leur troupeau. Ils couraient, pendant le jour, de l'église au grenier et du grenier au rempart ; chiens fidèles, ils erraient pendant la nuit autour de la ville endormie, toujours prêts à sauter à la gorge du loup, soit qu'il voulût s'introduire de force dans la bergerie, soit qu'il tentât d'y pénétrer caché sous la peau du mouton.

Depuis longtemps déjà, Agnan avait entendu les pas d'Attila marchant sur la terre de Gaule, et avait deviné que ces pas se dirigeraient bientôt vers sa ville bien aimée : aussi avait-il compté jusqu'au dernier sac de blé et au dernier soldat que renfermait la ville d'Orléans.

Il savait quel choc pouvaient recevoir sans se rompre les remparts élevés par Aurélien, et, à une heure près, combien de temps pouvait résister aux machines de guerre, maladroitement manœuvrées par les soldats d'Attila, la grosse tour qui commandait le pont.

Ces ressources et ces moyens de défense, appréciés sans forfanterie et sans faiblesse, Agnan prit son bâton de voyage et se dirigea vers la ville d'Arles, où se trouvait en ce moment Aétius, le grand Patrice romain, le défenseur toujours heureux de l'empire et de l'empereur.

Attila, avant de pénétrer en Gaule, s'était fait précéder par une nuée d'espions dont les rapports lui avaient fait espérer deux puissants auxiliaires dans l'intérieur même du pays qu'il se proposait d'envahir : Ces deux auxiliaires étaient une sédition et un traître.

Sur la promesse d'un chef de parti, Attila comptait d'abord voir ressusciter à son profit l'antique révolte des Bagaudes, qui avait jadis déchiré la Gaule. Puis un roi allié des Orléanais, Sangiban, chef des Alains, avait promis à Attila de s'enfermer dans Orléans, sous prétexte de défendre la ville, et de lui livrer la porte ou le rempart à lui confié.

Heureusement, Aignan avait flairé le traître, et, lorsque le roi des Alains était venu offrir ses services aux Orléanais, il avait vu se fermer devant lui assez brutalement, et même sans que les habitants d'Orléans se missent en peine de lui donner un prétexte suffisant, cette grosse porte qu'il avait promis de livrer à l'ennemi.

Il se l'était tenu pour dit et s'était retiré sans souffler mot avec sa petite armée, pour aller peut-être se consoler de sa déconvenue avec Eudoxe, ce chef de Bagaudes, qui n'avait pas pu non plus tenir la parole donnée à Attila, la bonne petite sédition qu'il avait promise ayant échoué devant le bon sens des paysans gaulois.

Ces paysans avaient trouvé que ce n'était pas le moment de se battre entre eux, puisque chaque homme qui tomberait dans cette lutte ferait un double avantage à l'ennemi commun : d'abord en le débarrassant d'un adversaire, ensuite en lui conservant le soldat qu'aurait au moins détruit la victime frappée par l'épée d'un concitoyen.

Pendant ce temps, Agnan poursuivait activement ses négociations ; il avait obtenu d'Aétius la promesse d'arriver devant les murs d'Orléans, le 23 juin au plus tard ; l'évêque savait que ce jour était le dernier que pouvait tenir, sans expirer, sa ville chérie.

Aétius ne pouvait arriver plus tôt, il lui fallait réunir son armée et surtout gagner à la cause des Gallo-Romains le roi visigoth Théodoric.

Ce roi avait répondu aux instances qui lui avaient été faites de prendre les armes contre Attila par ses paroles, depuis plus d'une fois prononcées : — Les Romains ont attiré comme à plaisir sur nous et sur eux ces malheurs, qu'ils s'en tirent comme ils pourront.

Ce fut donc le cœur plein d'angoisses qu'Agnan quitta Aétius : Songe, ô mon fils ! dit-il en partant, que si tu n'es pas devant Orléans au plus tard le huitième jour avant les calendes de juillet (23 juin), la bête féroce aura dévoré mon troupeau !

Puis il revint s'enfermer dans Orléans, que menaçaient déjà les éclaireurs d'Attila.

L'armée d'Attila, comme toutes les armées barbares, redoutait le siége des villes.

Les soldats du roi des Huns étaient malhabiles à manier les catapultes et les balistes, ces arbalètes et ces frondes gigantesques dont les troupes de Jules-César avaient fait un si terrible usage.

Le siége n'avançait guère. D'ailleurs, certaines coutumes des assiégés déplaisaient fort aux soldats d'Attila.

Ce ramas de peuplades superstitieuses et païennes craignait fort les dieux inconnus.

Or, depuis longtemps déjà, on faisait grand bruit de ce Jésus adoré dans Orléans et dont la loi commençait à se répandre partout l'univers.

Des bruits alarmants couraient parmi ces idolâtres sur la supériorité du jeune Dieu.

Des vieillards sans armes avaient calmé des séditions rien que par leur parole ; des voix mystérieuses sorties de ces jeunes autels avaient fait reculer des soldats furieux ; une croix, apparue dans les airs, avait mis des armées en déroute ; des haches levées sur des vases consacrés à ce culte nouveau s'étaient retournées d'elles-mêmes et avaient fendu le front de leur maître ; cette Eutropie, qu'ils étaient bien sûrs d'avoir mise en pièces, avait reparu sous la tente d'un de leurs chefs, celui qui avait porté le premier coup, et lui avait annoncé sa mort et la défaite d'Attila.

Le barbare avait frappé de la même épée qu'il portait à Reims le fantôme lumineux, et l'épée, traversant la forme transparente, avait blessé mortellement le fils du guerrier qui dormait tranquille sous la tente paternelle.

Tout cela n'était pas de franc jeu !

Mais parmi tant de sujets de terreurs nouvelles, voici ce que les soldats d'Attila redoutaient le plus. Quelquefois, après nne journée de combat, alors que, sur un terrain gagné pied à pied et marqué de sang à chaque pas, le bélier allait s'établir solidement au pied des murailles, et qu'écrasés de pierres et de traits, les défenseurs commençaient à reculer et à laisser vide quelque pan de rempart, sur ce rempart déserté on voyait tout à coup apparaître une procession étrange ; en tête, un vieillard, couvert d'une robe d'or et portant une mitre de forme singulière ; il s'appuyait sur un bâton recourbé, bien plus long que celui de leurs sorciers, ce qui expliquait déjà sa puissance supérieure ; deux jeunes hommes vêtus de casaques dorées le suivaient en portant des palmes vertes et en lisant dans un livre ouvert devant eux par un enfant à la robe de lin ; puis venaient, deux à deux, d'autres magiciens soutenant sur leurs épaules des châsses d'or et d'argent remplies d'ossements ; d'autres agitaient des cassolettes d'où sortaient des parfums étranges.

Ces parfums avaient pour effet d'énerver les plus braves soldats huns, qui se hâtaient de fuir pour ne pas respirer ces exhalaisons mortelles. Des femmes, des jeunes filles, des enfants, venaient ensuite, tout cela en chantant des airs singuliers avec une expression si pénétrante, qu'il fallait se boucher les oreilles et fermer les yeux pour ne pas sentir son cœur s'amollir dans sa poitrine. Quelques soldats plus durs que les autres avaient lancé sur la procession leurs traits et les olives de plomb de leurs fronde : Le cortége avait oscillé un instant ; des vides s'étaient faits dans le défilé ; mais ces vides, aussitôt comblés, n'avaient point ralenti la marche ni affaibli les voix.

Lorsque la troupe des magiciens était passée, la brèche se trouvait réparée à l'intérieur, le parapet ébréché était raccommodé, et les soldats, ranimés et pleins d'espérance, avaient repris leur place sur le rempart.

Etaient-ce là vraiment des moyens honnêtes et usités de défendre les places assiégées?

Depuis plus de quarante jours le siége continuait.

Les habitants d'Orléans commençaient à connaître tous les tourments réservés aux villes investies, tourments parmi lesquels il faut compter en première ligne ces alternatives d'angoisse et d'espérance qui finissent par user le moral des plus robustes et des plus déterminés.

De l'extérieur aucune nouvelle. La Gaule s'armait-elle pour secourir les Orléanais? ou bien les armées attendues avaient-elles assez de se défendre contre les détachements d'Attila? Cette masse immense de soldats n'avait-t-elle pas suffi pour vaincre toute résistance et subjuguer entièrement la Gaule, pendant que la pauvre ville résistait avec l'énergie du désespoir?

Telles étaient les questions que, tout en couvrant les assiégeants de traits et de matières inflammables, s'adressaient en eux-mêmes les vaillants défenseurs de la cité d'Aurélien.

La famine régnait dans Orléans; Agnan, que ses excitations à la défense et ses promesses non réalisées avaient rendu suspect à la ville devenue ingrate, ne sortait presque plus de son église.

Il passait ses journées entières étendu au pied de l'autel, réclamant sans cesse de Dieu avec des cris et des gémissements ce secours qui lui avait été promis et qu'il avait vu apparaître dans une vision miraculeuse.

Le grand Agnan dut ressentir alors des tortures sans nom,

en voyant périr sa ville, menacer son Dieu, et en sentant peut-être chanceler sa foi.

De temps en temps il interrompait sa prière et faisait monter sur la plus haute tour de l'église un diacre fidèle; après avoir interrogé l'horizon, le diacre lui rapportait toujours la même réponse négative et désespérée. Alors Agnan recommençait avec une nouvelle ardeur à supplier le Dieu des armées.

Le matin d'un de ces derniers jours, il fit appeler secrètement un des soldats de la garnison; c'était un vieux guerrier qui avait peut-être autrefois passé le Rhin avec le duc des Francs, Pharamond. Peut-être aussi avait-il vu Clodion secouer son épaisse chevelure en brandissant sa framée sous les murs d'Amiens, pendant que succombait devant Soissons ce jeune fils dont la mort le fit périr de douleur. — Pars! dit Agnan, traverse les lignes ennemies, cours vers le midi, tant que tes pieds te porteront, tant que ton souffle n'aura pas brisé ta poitrine; trouve Aétius et dis-lui que, s'il n'arrive pas cette nuit même, il arrivera trop tard !

Le soldat partit.

Les Huns faisaient bonne garde ; il ne dépassa pas de beaucoup l'enceinte et fut massacré.

Alors les habitants d'Orléans imposèrent à leur évêque un dernier devoir. Agnan, pendant un orage terrible qui inonda une partie de la ville et fit écrouler plusieurs bâtiments, dut se rendre au camp d'Attila pour traiter avec lui de la reddition de la ville.

Attila reçut Agnan à la porte de sa tente, assis sur une chaise de bois et son bâton de commandement à la main.

Sa petite taille, sa vaste poitrine, sa barbe peu fournie, sa tête énorme et son nez écrasé le faisaient ressembler à un démon ; ses petits yeux jetaient des éclairs ; sur son front presque noir passaient des ombres menaçantes : il relevait la tête en parlant et regardait fréquemment autour de lui, comme s'il eût cherché quelqu'un ou se fût défié de quelque chose.

Il apostropha durement Agnan, dans un latin barbare, et le

renvoya le cœur brisé dire aux habitants d'Orléans qu'il fallait se rendre à discrétion.

Agnan avait perdu tout pouvoir sur l'esprit des Orléanais : aussi le lendemain, le jour naissant vit les remparts dégarnis de soldats, les poternes sans défense ; réfugiée dans les maisons aux portes toutes grandes ouvertes, la population, tremblante et résignée, attendait son sort.

Attila abusa de sa victoire.

Il fit charger pour lui et les premiers de son armée, sur une quantité de chariots préparés à cet effet, ce qu'il trouva de plus précieux dans le butin, choisit les plus belles captives, et abandonna le reste de la population et des trésors à ses soldats vainqueurs.

Pendant ces désastres, Agnan, gardant au fond de son cœur une espérance obstinée, était monté sur le sommet de cette haute tour d'où il avait fait si souvent interroger la campagne.

Tout à coup... est-ce une illusion de ses yeux obscurcis par les pleurs ? voilà que là-bas, au bout de la plaine, apparaît un nuage de poussière ; le nuage grandit, il approche.... on distingue d'abord les pieds d'une multitude de chevaux, dont le galop fiévreux dévore l'espace..... puis les casques d'acier brillent comme des boules d'argent... les draperies rouges des cavaliers romains s'arrondissent gonflées par le vent derrière les cuirasses étincelantes ; voici que l'on distingue les javelots et les pilums... les enseignes romaines apparaissent à présent... C'est Aétius et son armée !

Mais quoi, ces guerriers couverts de peaux d'animaux... Dieu soit loué ! c'est Théodoric et ses légions ! ils approchent... ils viennent... voilà que le son des clairons arrive jusqu'à la ville ; la tête de l'armée touche presque Orléans, et comme si l'Océan, échappé des mains de Dieu, avait laissé ses eaux se répandre sur la terre, voilà que du fond de l'horizon il sort toujours, toujours des flots d'hommes et de chevaux accourant au secours de la ville envahie ! Voilà Mérovée et ses Saliens, voilà les Armoricains conduits par leur roi, voici les Lètes-Bataves, puis des Suèves, des Sarmates... le salut, la vengeance, enfin !... et tombé sur ses genoux, les bras tendus vers le ciel, Agnan fit retentir l'espace du chant sacré de l'*Alleluia*.

Au premier son des clairons d'Aétius, Attila avait prêté l'oreille ; puis, devinant le péril mortel qui arrivait sur lui, il prit immédiatement des mesures pour faire cesser le pillage et rassembler ses soldats. Les trompettes se mirent à sonner avec cet accent hâtif et éperdu que prennent parfois le cuivre et l'airain sous le souffle des poitrines haletantes. Sans avoir rien entendu encore que ces appels réitérés des trompettes, les captifs, déjà séparés, enchaînés et préparés pour le départ, avaient deviné que quelque chose de fatal arrivait à leurs ennemis.

Les soldats d'Attila se hâtaient de gagner leurs lieux de rendez-vous ; l'un rebouclant sa cuirasse, l'autre alourdi de butin, un troisième chancelant sur son cheval sous l'influence de quelque breuvage perfide ; Attila les hâtant, les frappant de son lourd bâton de commandement, entendait maintenant distinctement le bruit terrible de cette immense armée, qui venait le surprendre en désordre et dans une position mauvaise.

Il avait cependant pris quelques précautions; le pillage avait été régularisé ; pendant que la première moitié de son armée saccageait Orléans, la seconde, campée de l'autre côté de la Loire, attendait son tour les yeux fixés sur la ville fumante.

La tête de l'armée d'Aétius heurta cette seconde moitié et la précipita dans la Loire, avec une telle furie, une telle quantité d'hommes et de chevaux s'écroula dans les eaux du fleuve, que ces eaux vertes devinrent immédiatement noires et rouges, et que, si les soldats d'Attila n'eussent pris le soin de laisser les ponts baissés pour faciliter les rapports entre eux et la ville condamnée, l'armée gallo-romaine eût pu passer presque à pied sec sur ce fleuve, qui fut du coup à moitié comblé.

A l'aspect de leurs libérateurs, les prisonniers avaient rompu leurs chaînes, et dans les rues étroites de la ville, ainsi qu'autour de ses murailles, la tuerie commença !

Pendant tout le jour, les soldats gallo-romains, les bourgeois, les femmes, les enfants, les vieillards, ne se lassèrent pas de frapper, de percer, de mordre ces malheureux barbares, venus de si loin apporter leurs os sur la terre de Gaule.

Les lances, les épées, les couteaux, les pinces d'acier, les tenailles, les dents s'usèrent ! la fureur ne s'épuisait pas !

Les maisons d'Orléans secouaient leurs pierres sur les soldats ennemis ; le sol s'ouvrait sous leurs pieds. La fureur des brutes s'en mêla, les chiens les mordirent, les chevaux les piétinèrent.

La nuit seule permit à Atilla de rallier ce qui restait de son immense armée, et le matin du 25 juin (Aétius avait tenu sa parole), il s'éloigna en montrant le poing à cette ville maudite, où il laissait, avec sa réputation d'invincible, la moitié de ses soldats.

Sans reprendre haleine, Aétius, Mérovée, Théodoric et Thorismond le suivirent l'épée dans les reins. L'hallali du sombre chasseur était commencé !

Nous ne suivrons pas Attila dans sa déroute, jusqu'à ces champs catalauniens où l'atteignirent les armées victorieuses, et où il arriva exténué, décimé par les paysans gaulois. Ces paysans levaient alors sur l'envahisseur ces armes terribles, la bêche et le soc de la charrue, qui, maniées par des mains désespérées, ont toujours eu raison des armées les plus redoutables.

Nous avons voulu prouver par l'exemple d'Orléans qu'une ville se décide toujours trop tôt à se rendre. Une journée de courage de plus aurait épargné à Orléans les misères, les insultes et les hontes que lui firent subir les soldats d'Attila.

C'est dans Jornandès qu'il faut lire le récit de la sanglante bataille engagée d'une manière si brillante par Mérovée et ses Francs, et à la suite de laquelle les Huns vaincus laissèrent pour leur part plus de cent mille hommes dans les plaines de Châlons-sur-Marne.

Vers la fin de cette bataille, Attila, se croyant irrévocablement perdu, fit dresser dans son camp un immense bûcher, formé des selles de bois de ses chevaux blessés et hors de service, et se tint prêt à y monter, plutôt que de devenir le captif des Romains. La fortune cependant lui pardonna cette fois; mais la bête féroce, comme disait Agnan, était blessée!

Son prestige de terreur diminuait, on osait lui résister!

Il avait été vaincu comme général, il lui restait à être vaincu comme soldat.

Dans une dernière campagne qu'il tenta en Italie, il fut surpris près d'Aquilée, seul, la nuit, errant loin de son camp, par quelques soldats qui l'entourèrent sans le reconnaître et le voulurent prendre prisonnier. Il combattit avec rage, mais il lui fallut fuir; fuir, lui, Attila! en laissant sur le champ de bataille son casque aux ailes de vautour, que gardait encore au dix-septième siècle, le trésor de Venise!

Puis il se présenta devant Rome, et, à la suite d'une entrevue avec le pape Léon, il accorda la paix, on ne sait trop pourquoi, à la ville éternelle.

Évidemment, la défaite de Châlons avait diminué sa superbe et troublé sa confiance; d'ailleurs, il sentait sur lui la main de Dieu.

La mort, qu'il ne devait pas même trouver sur le champ de bataille, l'attendait en Hunie, dans son palais grossier, rempli des dépouilles du monde entier, et c'était à la main de la pudeur outragée que Dieu avait réservé le châtiment de cet homme qui avait tant outragé la pudeur.

A son retour dans son royaume, il voulut célébrer de nouvelles noces avec une nouvelle épouse, et à l'issue d'un magnifique festin, il ordonna qu'une de ses dernières captives, la belle Ildico, lui fût amenée.

Ildico était une femme dont Attila avait assassiné le père,

un de ces petits rois ou chefs de peuples dont le fils de Mound-
zouck s'appropriait si facilement les États.

D'antiques légendes prétendent aussi, qu'Ildico avait été ravie aux bras d'un époux adoré.

Attila entra avec sa nouvelle compagne dans la chambre
nuptiale; puis les chants cessèrent, les torches s'éteignirent,
et le silence et la nuit reprirent possession du palais.

Le lendemain, comme aucun bruit n'annonçait le réveil du
maître, on s'inquiéta, et quelques familiers osèrent pénétrer dans
l'appartement muet.

Les flambeaux d'hyménée brûlaient encore et jetaient une
lueur rougeâtre dans la chambre hermétiquement close.

Sur le lit de pourpre, Attila baigné dans son sang était
étendu mort et déjà glacé !

Sur le pied du lit, enveloppée de la tête aux pieds dans son
voile rabattu sur son visage, comme la statue de la piété filiale
insultée ou de la fidélité violée, Ildico était assise !

Elle dit aux serviteurs d'Attila, que le roi avait été pris dans
la nuit d'une hémorrhagie terrible, et qu'il avait expiré devant
elle, sans qu'elle pût rien pour le secourir.

———

LA CIVILITÉ AU XVIIe SIÈCLE

———

Il est possible qu'il vous soit, comme à nous, tombé sous la main un vieux petit volume in-12, relié en veau marron, à la tranche couverte d'un semis de points jaunes et écarlates, et dont le dos, au milieu de dorures presque effacées, porte ce titre : *Traité de la Civilité qui se pratique en France parmi les Honnestes gens.*

Si vous avez ouvert et parcouru ce livre, un sentiment de profond étonnement a dû être la conséquence de votre curiosité.

Ce Traité de la civilité, tiré à un grand nombre d'exemplaires et qui eut dans les quarante dernières années du 17e siècle de si nombreuses éditions, est rempli de prescriptions et de recommandations si étranges, que l'on arrive à se demander comment et à qui, sous le grand roi, au milieu d'une société qui servait de modèle à toute l'Europe, un pareil volume pouvait être nécessaire.

Certes, nous ne prétendons pas prendre au pied de la lettre les étranges leçons dont la *Civilité* est remplie, mais, de même que les lois n'ont pas été faites pour punir des délits imaginaires, ce code plus que naïf ne dut être répandu avec une telle profusion, qu'afin de prévenir et de réprimer des méfaits nombreux et journellement commis alors, contre les usages des *honnestes gens* et de la bonne compagnie.

Remarquons en passant, que la *Civilité* est dédiée à M. de Chevreuse, et consacrée « non-seulement aux jeunes gens, mais à ceux qui, quoique advancés en âge, ne sont pourtant pas assez instruits de la politesse et de l'honnesteté. » N'y a-t-il pas là comme une allusion timide à des gens que l'on ne veut, ou que l'on n'ose nommer, et qui passaient en faisant des ombres et même des taches, sur le fond brillant de cette société aristocratique, aux mœurs policées par les lettres de Voiture, l'influence de l'hôtel de Rambouillet, et les romans de Georges et de Madeleine de Scuderi.

Nous avons cherché à deviner cette énigme, à reconnaître de quelles gens déjà *advancés en âge* la *Civilité* avait voulu parler, et voici de ce léger problème, l'explication que nous proposons.

Le milieu brillant du règne de Louis XIV, avec Versailles rayonnant et Paris embelli, est l'époque où le seigneur campagnard se sépare définitivement de sa terre.

Attirés par la lumière éclatante du soleil de Versailles, tous les nobles de province jusque-là si intimement attachés au champ et à la futaie, qui possèdent à Paris une alliance ou une amitié héréditaire, quittent leur tourelle, et viennent visiter la ville et la cour.

Mme d'Escarbagnas n'a-t-elle pas une cassette toute remplie de billets doux, et ne pourrait-elle pas faire voir quelles propositions elle a refusées, alors qu'elle vint à Paris, et qu'elle habitait ces hôtels de Mouchy, de Lyon et de Hollande, dont le souvenir lui fait paraître aujourd'hui si incommode la ferme-château, bâtie avec les débris d'Escarbagnas qui s'émiette là-haut sur la colline, et si insuffisants les services rustiques de Criquet et d'Andrée !

C'est donc à cette époque que toute la gentilhommerie de province, remuée jusqu'au fond du Limousin et de la Basse-

Bretagne, arrive, apportant à Paris les façons surannées, les galanteries manuelles et le sans-gêne des antiques barons chasseurs, et cela, juste au moment où Julie d'Angennes désespère M. de Montausier, et quand tout le monde parle ce *phébus* que Molière a mis, à peine exagéré, dans la bouche de Cathos et de Madelon.

Aussi, que de fois la scène suivante a-t-elle dû se passer dans les nobles hôtels du Marais ou du quartier Saint-Louis, à Versailles.

Un matin, tandis que M. le marquis et Mme la marquise dormaient encore profondément, une chaise s'est arrêtée dans la cour silencieuse, une forte voix a rempli de ses éclats la cage de l'escalier, une main vigoureuse a fait vibrer en s'y posant lourdement la rampe de fer forgé, des domestiques effarés sont entrés précipitamment chez les nobles dormeurs : c'est M. le comte ou M. le baron, le cousin de Monsieur ou de Madame, qui arrive de Tarbes ou de Saint-Brieuc ! Il a fallu se lever précipitamment, passer la robe de chambre à ramages, et, le front souriant, le cœur plein de rage et d'effroi, serrer dans ses bras le fâcheux, le remercier de la bonne surprise, s'assurer avec inquiétude si son intention est de rester quelque temps à Paris ? — Oui, certes, il y restera ! et tandis qu'il dégoise sa joie bruyante avec des mots du temps de Henri II prononcés avec un fort accent de terroir, il a déjà fallu contenir d'un regard terrible, les domestiques ricaneurs assemblés autour du nouveau venu.

Le voici installé dans l'hôtel, et bientôt il faudra donner des fêtes en son honneur, le présenter aux amis et alliés de la famille, et peut-être même, ô terreur ! le conduire à Versailles ; car, à cette époque, où le sang était tout, les gentilshommes de province, nobles comme le roi, avaient de droit leurs entrées chez lui.

Depuis lors, les maîtres de l'hôtel ont mené une existence aussi malheureuse, que celle d'un collectionneur de vases étrusques et de cristaux de Bohême, forcé de recevoir et d'héberger chez lui un épagneul mal dressé, que des raisons particulières le forcent à caresser, tandis qu'au fond du cœur, il le dévoue au croc du chiffonnier et aux tournants les plus rapides de la rivière voisine !

En effet, c'était risquer beaucoup que d'introduire, au milieu de cette perpétuelle danse des œufs à laquelle devaient se résigner ceux qui vivaient alors près des grands, un nouveau partenaire inhabile et brutal, dont le soulier ferré pouvait, en écrasant un des précieux globules, provoquer une explosion de rires et de huées, mortelle à la fortune et à la position de celui sous les auspices duquel s'était présenté le maladroit. Voilà probablement ce qui a rendu si nécessaire un manuel de la politesse.

N'est-il pas facile, par exemple, de lire sous les lignes suivantes, extraites du *Traité de la Civilité*, le récit de malheurs subis avec résignation ? On y devine le blasphème courageusement contenu, qui se modifie et se répand en enseignements utiles ; ces lignes n'ont-elles pas été dictées par quelques parents aux abois, et tout ce qui va suivre ne raconte-t-il pas avec une secrète amertume la conduite d'un nouveau débarqué ?

(*Textuel.*) « C'est une mauvaise plaisanterie de joindre le Monsieur ou le Madame à quelque mot qui puisse faire équivoque ; comme : Ce livre est relié en veau, Monsieur ! Voilà une belle cavale, Madame !

« Il faut éviter aussi de parler désavantageusement d'une personne devant une autre personne qui auroit les mêmes défauts, comme qui diroit : Cela est plaisant qu'une boëteuse trouve à redire à ce passage de sarabande, parlant devant une boëteuse.

« Il ne faut pas non plus louer sa femme par le nom et par la qualité que l'on a, ou par quelque terme badin ; un magistrat, par exemple, ne doit pas dire : Madame la présidente mon cœur, ma fanfan, est la plus cecy, est la plus cela, au lieu de dire seulement : ma femme.

» Il n'est pas d'un homme de qualité, s'il se trouve en compagnie de dames, de porter la main tantôt ici, tantôt là, d'embrasser par surprise, d'oster la coeffe, le mouchoir, quelque brasselet (*sic*), de prendre quelque ruban, de s'en faire une faveur, de se l'attacher pour faire le galant, le passionné, d'emporter les lettres d'une dame, de regarder dans ses tablettes. Il faut être extrêmement familier pour en user de la sorte.

» Il est ridicule en parlant à un homme de lui prendre et tirer ses boutons, ses glands, son baudrier, de lui donner des coups dans l'estomac, de le pousser tout en parlant, le poursuivre et le recogner jusqu'à lui faire demander quartier. »

Quant à la tenue pendant les repas, de quelles déplorables habitudes prises au retour des grandes chasses d'automne, au milieu des festins champêtres, alors que, les grosses bottes étendues sous la table de bois équarri, on crachait librement sur la terre battue, ce chapitre mélancolique ne témoigne-t-il pas !

(Textuel). « Il ne faut point quitter son épée ou son manteau pour se mettre à table, parce qu'il est de la bienséance de les garder.

» Ne mangez pas le potage au plat avec votre cuillère, mais mettez-en proprement sur votre assiette.

» Il ne faut pas, en se servant, faire du bruit et râcler les plats, ou ratisser son assiette en la desseichant (*sic*) jusqu'à la dernière goutte. Ce sont cliquetis d'armes qui découvrent comme par un signal notre gourmandise à ceux qui, sans cela, n'y prendroient peut estre pas garde. »

Il est facile de deviner quels crimes contre « l'honnesteté » furent encore, à cette occasion, commis par notre campagnard, car la *Civilité*, qui le suit pas à pas sans jamais se dérider en présence de ses grotesques méfaits, ajoute avec un sérieux plus comique que les fautes du lourdaud morigéné, les sages conseils d'éviter de jeter du vin sur son rabat, de ne pas saucer ses morceaux dans le plat, et déclare une chose malhonnête à la table d'une personne que l'on veut honorer, de serrer du fruit ou autre chose dans sa poche ou dans une serviette pour l'emporter.

Lorsque le dîner fut fini, et que les dames et leurs cavaliers passèrent dans la grande galerie peinte par Lebrun, notre rustique, trouvant un luth oublié sur une table, se mit à préluder et commença une pièce « d'un de ces musiciens de campagne qui ne connurent jamais, même de nom, le célèbre Lambert. » mais il prêta encore à rire, car il s'interrompait et cessait de jouer de temps en temps pour dire : « Voici un bel endroit..... en voici encore un plus beau..... prenez garde à cette chute, ce que l'on trouva d'un homme vain et de peu. »

Mais, après avoir ainsi et à son insu, couvert ses proches de confusion, il arrivait un moment où le manque de savoir vivre du gentilhomme campagnard devenait un véritable danger : c'était lorsque, réclamant les droits de sa qualité, il voulait absolument aller à Versailles saluer le roi.

Le palais de Versailles était à cette époque un temple, Louis XIV un dieu, et le culte que l'on devait à ce dieu avait, comme toute religion, son rite et ses cérémonies. Manquer à quelqu'une des pratiques habituelles à ce culte c'était s'exposer, en ces jours d'intolérance, à se faire considérer et traiter comme un hérétique. Frapper à la porte du cabinet royal au lieu d'y gratter modestement ; donner son nom à l'huissier en osant le faire précéder de son titre ou même du simple mot « monsieur, » sans comprendre que, considérée du sommet où se tenait le dieu tout-puissant, toute distinction sociale s'effaçait, et que le gentilhomme et l'animal domestique, s'annonçant de la même façon, demeuraient égaux à ses yeux ; ne pas se découvrir quand passait, dans la vaisselle d'or, la nourriture sacrée destinée au roi ; tourner le dos à un de ses portraits ; entrer dans sa chambre sans courber son front découvert devant la balustrade de son lit rayonnant ; s'appuyer, même en son absence, soit au dos, soit au bras de son fauteuil, chacune de ces choses était considérée comme un sacrilége.

Les huissiers, farouches comme des lévites, menaçaient de

correction (*sic*) celui qui se fut permis d'entrer chez le roi enveloppé de son manteau, et c'était s'exposer à un affront, fût-on tout seul dans la salle, que de rester un seul instant le chapeau sur la tête, quand le couvert du roi était mis.

Notre malavisé ne courut pas même le risque de commettre quelqu'une de ces énormités. Pendant qu'accompagné de son parent, devenu sa victime, il attendait que le soleil se fût de nouveau coiffé de ses rayons avant de se manifester aux mortels, il fut vertement réprimandé par l'huissier de service pour avoir fait quelques pas en long et en large, et comme, condamné à l'immobilité du recueillement, il chantonnait tout bas, entre ses dents, et commençait même à siffler pour se désennuyer, à la grande honte de son parent qui n'osa même pas prendre sa défense, l'huissier le fit sortir.

C'est après quelque semblable scandale que, le soir, sur la table de la chambre qu'il occupait dans l'hôtel de ses cousins désespérés, le provincial trouvait, comme un reproche muet et un suprême avertissement, ce code de la politesse et des belles manières : *la Civilité*. Avec ce livre s'ouvrait aux yeux du campagnard ébahi tout un monde ignoré. C'est ainsi qu'il apprenait que, pour vivre dans ce pays séduisant qu'il venait d'entrevoir et près de ce maître désormais source de toutes faveurs et de toutes grâces, il fallait parler une langue particulière et régler chacun de ses mouvements comme un temps de ballet.

Ce n'était plus là les rois qu'avaient servis ses ancêtres, et dont on lui avait, là-bas, dépeint la personne et les habitudes par de vieux récits pieusement transmis de père en fils. Ce Charles VII, parfois sans asile et sans pain ; ce Louis XI vêtu de bure ; cet Henri II sauvage, que Diane seule put adoucir ; ni surtout ce Henri IV, cher aux paysans, qui était resté dans la mémoire des seigneurs de province, souriant, avec sa cuirasse de fer, son pourpoint aux manches de buffle et ses grandes bottes de daim. Noble campagnard lui-même, venu du premier colombier du Béarn, il mangeait joyeusement sur

un coin de la table de la gentilhommière fidèle, le pain bis
arrosé de piquette et frotté de cet ail fortifiant cher aux Gas-
cons, tout en courtisant avec des mots salés la chambrière
accorte, prompte à se familiariser avec ce grand et maigre
soldat, qui l'embrassait de si bon cœur et sentait le cuir et le
fer comme le sergent de la ville voisine, cher à ses premières
amours.

Quelle différence avec le dieu immobile et parfumé de Versailles! ce dieu, à défaut de dévoûment, se contente de respect,
et ne supporte plus l'amour de ses courtisans et de ses sujets
qu'à la condition que cet amour prenne cette forme unique,
l'adoration!

Bientôt de ce grand enfant joyeux et mal élevé, qui va em-
prunter sur sa terre et venir s'établir à la cour, Paris et Versailles feront un être inutile; il baissera les grands éclats
de sa voix au diapason des petits appartements du palais, et
apprendra à céder la main de la dame qu'il conduit « quand il
se présente quelqu'un de plus qualifié. »

Bientôt aussi, du fond de l'hôtel qu'il s'est fait bâtir à son
tour, le nouveau courtisan ne tournera même plus ses yeux,
ni sa pensée, vers les pauvres gens de là-bas! C'est vainement
que, pendant les durs hivers, ils viendront tristement rôder
autour de la porte, autrefois si largement ouverte, du château
déserté par le seigneur. Ce château est habité aujourd'hui par
un intendant presque aussi poli et aussi dur, que l'est devenu...
le maître!

LA

RÉPÉTITION GÉNÉRALE
D'UNE COMÉDIE DE TÉRENCE

———

ÉTUDE SUR LE THÉATRE ANTIQUE

———

L'an 593 de Rome, vers la cinquième heure du jour, un beau jeune homme d'à peu près vingt-cinq ans, monté sur un splendide cheval harnaché d'or, attendait avec une visible impatience sur la voie Appienne.

Il était arrêté devant la porte d'une maison de modeste apparence, dont le grand jardin, rempli de treilles et d'arbres verts, bordait la route.

Le jeune cavalier avait tourné la tête de sa monture vers la campagne, et se faisant une visière de sa main gauche étendue, il interrogeait l'horizon avec une inquiétude croissante.

Enfin, au bout d'un instant, deux voyageurs apparurent au loin sur le chemin.

L'un de ces voyageurs, jeune, élégant et richement vêtu, se laissait mollement bercer par le mouvement de son cheval maintenu au pas. A ses côtés, trottait à pied un singulier personnage, grand, sec, chauve et couvert d'une toge de couleur brune, attachée avec négligence.

Tête nue sous le soleil, il tenait un gros cahier de papyrus, et marchait d'un pas irrégulier, poussant des cris et des gémissements.

Quelquefois, subjugué malgré lui par l'importance de quelque passage hors ligne, il s'arrêtait, les yeux fixés sur son cahier, et déclamait avec plus d'énergie. Pendant ce temps, son compagnon s'éloignait avec des déhanchements et des ondulations de torse annonçant un commencement de sommeil. Alors, pour regagner la distance perdue, l'homme au cahier se mettait à courir, et suant, soufflant, mais toujours déclamant, il se replaçait à côté du cheval, que ses jambes fatiguées avaient peine à suivre.

En apercevant ce singulier groupe, le jeune homme qui attendait sous les murs de la villa Martis, pressa fortement les flancs de son cheval et fut bientôt près des nouveaux arrivants.

— Par le dieu Mars ! mon cher Lælius, dit-il, comment en un pareil jour venez-vous donc si tard à Rome ? L'heure de la répétition est passée. Terentius n'a pu vous attendre et cependant nous avions encore bien des choses à régler dans l'*Eunuque*, à refaire même la scène entre Lachès et Parménon, que dans notre dernière entrevue nous avions jugée susceptible d'améliorations.

— Que voulez-vous, mon cher Æmilianus, dit le second cavalier, en se penchant sur le cou de son cheval afin de ne pas être entendu de son persécuteur, je ne sais si c'est l'approche d'un nouveau succès de Térence qui rend Pacuvius encore plus tenace que de coutume, mais depuis le lever du jour il est chez moi; avec cet instinct merveilleux que possèdent les poëtes pour deviner ce qui peut être désagréable à un confrère, il a tenu, malgré mes réclamations et mes excuses, à me lire aujourd'hui sa *Médée*. Après le premier acte, je me suis décidé à partir; il m'a supplié de lui permettre de continuer sa lecture. Par pitié pour le pauvre homme, j'ai dû maintenir au pas ce pauvre Phorbius que vous voyez tout

couvert d'écume, et nous marchons ainsi tous trois, depuis
près d'une heure, l'un criant, l'autre soufflant, et moi, je
l'avoue, dormant. Merci, mon cher Pacuvius, dit-il en se retournant sur sa selle, vers le poëte qui s'essuyait le front,
entrez donc, je vous prie, vous rafraîchir et vous reposer dans
cette maison sur la porte de laquelle vous voyez jouer une
jeune fille ; c'est la maison de Térence, et je vous y garantis
un bon accueil.

Pacuvius tressaillit :

— Moi, chez Terentius, gronda-t-il tout bas, non ; nos
idées sur l'art ne sont pas les mêmes. Je vais m'asseoir sous
la treille de cette taverne ; si vous n'êtes pas trop longtemps
au théâtre, vous me reprendrez en passant, et tout en nous
en retournant je vous finirai *Medée* ; nous en sommes restés à
ces vers :

> Les cris et le bruit retentissent dans les collines,
> Comme les mugissements d'un bœuf !

— Heureusement, murmura Lælius, qu'il y a plusieurs
portes à Rome. Et, après avoir pris congé de l'auteur obstiné,
il s'éloigna avec son compagnon.

Les deux jeunes et élégants cavaliers qui se dirigeaient
ainsi vers Rome n'étaient autres que cet Æmilianus Scipion
et ce Lælius, auxquels la tradition s'est obstinée à attribuer
une grande part dans les œuvres de Térence. L'ancien esclave
africain a avoué lui-même, en termes voilés, cette collabara-
tion, dans le prologue des *Adelphes* (1).

En l'an 593 de Rome, Æmilianus Scipion avait à peine
25 ans. Fils germain du général Paul-Emile, il appartenait à
cette illustre famille des Scipions dont la grandeur et la décadence semblent attachées à la grandeur et à la décadence de

---

(1) Cornelius Nepos raconte que Lælius étant un jour à sa maison des
champs, fut prié par sa femme de souper de bonne heure ; occupé à écrire,
il ne voulut point se déranger, se sentant, disait-il, en verve, et il répondit

Rome. Il fut à la fois un grand général, un grand citoyen, et mourut à 56 ans, assassiné par une main inconnue.

Il avait manié les richesses de Corinthe et de Numance, et l'on ne trouva dans sa maison et dans son trésor que quelques livres d'argent et à peine une livre d'or !

— Avouez, mon cher Lælius, dit au bout d'un instant le jeune Scipion, que c'est un délassement charmant de s'occuper ainsi de théâtre et de poésie !

— Oui, dit Lælius, après la guerre, et quand j'ai posé l'épée, j'aime assez, au lieu d'un plan de bataille, discuter avec vous et Térence un plan de comédie.]

— Moi, reprit Scipion, il y a des moments où je préfère les succès du théâtre aux succès que l'on peut obtenir à la guerre ; ceux-ci du moins ne coûtent de larmes à personne.

— Que le grand Paul-Emile ne vous entende pas parler de la sorte, lui qui était si heureux et si fier, il y a huit ans, de vous voir à son côté pendant le magnifique triomphe qui lui fut décerné par le sénat et auquel vous avez pris part, comme vous avez pris part à la bataille de Pydna. Je vous vois encore monté sur votre beau cheval blanc, et suivi du roi Persée enchaîné ainsi que ses deux fils et sa petite-fille derrière le char de Paul-Emile.

— Certes, répondit Emilien, ce fut un beau jour ; mais je vous avoue que la honte et les larmes de ces malheureux m'ont gâté toute la fête. Vous savez que des trois enfants de Persée, l'un est mort cinq jours, l'autre trois jours après le triomphe, que Persée lui-même a fini misérablement dans sa

---

aux instances de sa femme par ces vers sortis tout chauds de son cerveau :

« Il n'est, ma foi, pas mal insolent, ce Syrus. M'avoir attiré ici avec ses belles paroles, avec la promesse de me donner dix mines. »

Or, ces vers se trouvent sous le nom de Térence dans l'*Héautontimorumenos*, acte IV, scène 3.

Nous avons negligé d'introduire dans ce récit Furius, l'opinion qui lui attribue aussi une part dans les œuvres de Térence, nous ayant paru moins généralement répandue.

prison, et que le dernier de ses fils, un enfant, a disparu sans qu'on ait pu retrouver sa trace ou connaître son sort !

— Qu'importe, dit Lælius, si l'abaissement et la ruine de ses ennemis fait Rome plus forte et plus glorieuse.

— Ah ! reprit Scipion, je pense quelquefois malgré moi à cette ironie du destin ! Etre né si près du trône d'Alexandre et avoir peut-être, qui sait, mendié son pain dans les rues de Rome.

— Allons, allons, dit Lælius, l'heure s'avance, un temps de galop maintenant jusqu'à Rome.

Ils lâchèrent la bride à leurs chevaux, et après quelques instants les deux amis se trouvèrent devant la porte du théâtre.

Jusqu'au grand théâtre de pierre que lui construisit en 699 le grand Pompée, Rome n'eut que des théâtres de bois (1).

Le magnifique édifice construit par Scaurus, et qui contenait, dit-on, quatre-vingt mille spectateurs, le théâtre double de Curion qui tournait sur un pivot et dont les deux parties jointes l'une à l'autre formaient un cirque immense, se démontaient après les jeux et retournaient dans les magasins de la ville éternelle.

C'est debout que les Romains, imitant leurs rudes ancêtres, écoutaient les comédies de Plaute et de Térence, afin, dit Tacite, qu'ils ne consumassent point des journées entières dans l'oisiveté des théâtres.

M. Lepidus, prenant en pitié l'échine de ses concitoyens, leur fit cadeau le premier d'un théâtre garni de siéges, ce pourquoi il fut honni par ces mêmes concitoyens, qui, le dos bien appuyé, se trouvèrent plus à l'aise pour accuser Lepidus de corrompre les mœurs romaines. Ils le traitèrent même à ce

---

(1) Lire, à propos du théâtre Marcellus et des arènes de Nîmes, les pages de critique architecturale écrite par M. Charles Blanc dans son ouvrage *Grammaire des arts du dessin*.

sujet de *voluptueux campanien*, ce qui était, paraît-il, une grosse injure.

Æmilianus et Lælius entrèrent à la hâte par le quartier des soldats, contre lequel le théâtre était adossé. Ils pénétrèrent dans la grande cour ou s'habillaient et se préparaient les acteurs et les danseuses, mêlés à des joueurs et joueuses de cithares, de lyres et de flûtes ; ces musiciens devaient, placés dans des niches réservées à cet effet, soit dans l'orchestre, soit sur la scène, soutenir de leurs accords, et guider de leurs doubles flûtes les intonations de la voix des acteurs, aussi bien que charmer les entr'actes et accompagner les mimes.

Tous ces préparatifs, voilés dans nos théâtres modernes par la lumière modeste et charitable des quinquets fumeux, se faisaient sous la lumière écrasante du soleil d'Italie; tout ce personnel actif et fiévreux, se hâtait, s'appelait, se disputait, observé avec étonnement par une jeune Egyptienne qui prenant, sans y songer, la pose des divinités du temple de Rhamsès, appuyait au mur de bois son torse nu de marbre noir, en avançant à demi sa jambe fine et nerveuse cerclée d'or à la cheville.

Ils traversèrent le *postscenium*, où se tenaient, leurs masques posés à côtés d'eux, les personnages de la pièce qu'on allait représenter, et se hâtaient pour rejoindre Térence, qu'ils apercevaient sur le *pulpitum*, un bâton à la main. Au moment où il mettait le pied sur le *pulpitum*, Scipion se sentit arrêté par sa toge :

— Noble Æmilianus, dit une petite fille costumée en cigale, donnez-moi deux *tessères* pour demain ; tout le monde sait que vous êtes de la pièce, et elle est si jolie, elle aura un si grand succès que je voudrais bien la faire voir à ma pauvre mère ; et comme le collaborateur de Térence, attendri par ces félicitations anticipées, lui glissait dans la main deux petits carrés d'ivoire semblables à ceux sur lesquels les soldats inscrivaient le mot d'ordre et où étaient désignés la comédie représentée et le gradin retenu, un homme très-parfumé, fort chauve, fort vieux, mais encore alerte, vint à son secours.

Il était vêtu à la dernière mode, d'une robe de mousseline à fleurs peintes. En sa qualité de Grec, il essayait alors de *lancer* ces tissus légers que les riches citoyens romains devaient bientôt préférer aux toges de laine filées par les mains des matrones.

Il prit délicatement par les ailes la petite cigale et la soutenant de sa main gauche ornée d'un large anneau d'or, il l'enleva de son chemin et la posa délicatement derrière lui en disant :

— Petite peste, tu viens d'en dire autant à Térence ; il t'a déjà donné deux entrées pour demain, et dans quelques minutes tu vas recommencer, n'est-ce pas, près de Lælius ? Veux-tu bien te sauver tout de suite !

L'enfant s'échappa en courant, et en faisant à son ennemi ce geste antique, qui, traduit en mimique moderne, ressemblerait beaucoup à un pied de nez.

— Par les dieux ! dit alors aux deux jeunes gens l'homme à la tunique peinte, vous l'avez échappé belle ! Heureusement qu'Esculape a bien voulu m'inspirer. Sans l'efficacité de mes remèdes et les liniments de mes cajoleries, Dyonisia ne répétait pas aujourd'hui.

Elle a eu hier une dispute violente avec Flaccus, le compositeur des modes et de la déclamation de l'*Eunuque !*

Vous savez qu'elle se montre d'autant plus capricieuse et violente, qu'elle est, jusqu'ici la seule femme que le public ait voulu supporter sur les théâtres d'Italie.

Elle commence à vieillir et n'a plus sa voix d'autrefois. Les modulations du dialogue suffisent et au-delà pour fatiguer ce qui lui reste d'organe. N'a-t-elle pas voulu hier, au lieu de laisser, comme il était convenu, ce soin à sa fille (1) placée

---

(1) Cette fille pouvait être l'aïeule de la Dyonisia dont parle Cicéron dans son plaidoyer pour Roscius.

dans l'orchestre, chanter elle-même le *canticum* qui termine le premier acte !

Malheureuse que je suis ! Peut-être Phédria a-t-il peu de confiance en moi.

Au milieu du morceau, elle s'arrêta, disant que les flûtes et les accords des lyres couvraient sa voix ; Flaccus, agacé, lui répondit assez brutalement que cela était bien heureux pour le succès de la pièce. De là cris, pleurs, évanouissement avec leur suite funeste, les maux de tête et l'enrouement. Mais Flaccus a fait des excuses et tout est arrangé, à cette condition secrète que je certifierais la réalité d'une indisposition qu'elle doit avoir le lendemain de la représentation de l'*Eunuque*, indisposition qui lui permettra d'aller manger du poisson et prendre des bains à Ostie.

Et enchanté du bon tour qu'on allait jouer aux entrepreneurs des jeux, Turpio et Préneste, Archagate, le premier médecin établi à Rome, se précipita en cambrant les reins et en trottinant vers une danseuse, qu'il appela gentiment sa « petite belette ! »

Débarrassés d'Archagate, les deux jeunes patriciens arrivèrent enfin sur le *pulpitum*, près de Térence, qui criait : Par les dieux immortels, peut-on commencer enfin ! Dyonisia, où est-elle ?

— La voilà là-bas, lui dit du fond de son masque l'acteur chargé du rôle du capitaine Fanfaron, elle est en face de nous sur les gradins avec ses deux amies, Decia la harpiste et la pleureuse Porcia ; les voyez-vous toutes trois aux places qu'occupent ordinairement les vestales ?

— Qui diable eût été les chercher là, dit Térence en riant ; allons, Flaccus, faites placer vos musiciens à droite et à gauche de la scène, dans les niches qui leur sont réservées ; vous, mes amis, dégagez les deux portes hospitalières, ainsi que la porte royale, et, par Castor et Pollux, commençons ?

Un bruit de voix irritées, d'instruments heurtés, de cordes bruyamment pincées, se fit entendre.

— Mais, qu'y a-t-il encore ? dit Térence, dont le visage bruni s'empourpra de colère.

— C'est, dit un musicien, que le divin Flaccus a voulu employer dans sa musique toute la famille des lyres, et comme il y en a maintenant de presque aussi grosses que des chaises à porteurs, nous n'avons plus de place pour nous mettre, à moins que nous n'envahissions la scène.

— Flaccus, dit doucement Térence, vous m'aviez dit que vous ne vous serviriez, pour cette fois, que des deux flûtes gauches, et voilà qu'il y a tant de musiciens, qu'ils ne savent où se placer !

— Et les entr'actes, et les danses des mimes, répondit aigrement Flaccus. Oh ! je sais bien que votre pièce est tout, à vos yeux ; si l'ouvrage réussit, ma musique n'aura aucune importance, mais s'il tombe, on saura bien m'imputer sa chute, aussi je prends mes précautions.

— Vous vous oubliez, mon cher, dit froidement Térence.

— Quel métier ! continua Flaccus en s'exaspérant de plus en plus: les caprices de l'une, les mépris de l'autre, j'aimerais mieux encore laver la laine et moudre le millet chez mon ancien maître Claudius, que de composer la modulation des vers de cet Africain ! et pourtant j'ai du talent et ma musique plaît ; on ne l'a jamais abandonnée pour courir à un spectacle de singes ou d'athlètes !

A cette allusion aux malheureuses premières représentations de l'*Andrienne*, Térence fut tout près de se jeter sur son collaborateur, mais grâce à l'intervention de Lælius et d'Æmilianus, le poëte et le musicien se réconcilièrent et la répétition commença.

On était à la veille des fêtes de Cybèle. Les édiles curules Postumius Albinus et Cornelius Merula, avaient fait dire au poëte Térence qu'ils voulaient bien lui payer huit mille pièces d'argent son nouvel ouvrage, mais à la condition que l'*Eunu-*

que surpasserait en beauté tout ce qu'il avait écrit jusqu'alors ; en effet, puisqu'il demandait davantage, n'était-il pas juste que l'ouvrage fût meilleur?

Ce singulier raisonnement n'avait pas de quoi surprendre à cette époque encore un peu barbare. Quelques années plus tard, après le pillage et l'incendie de Corinthe, Mummius refusa de vendre au roi Attale, le tableau d'Aristide représentant Bacchus, dont ce roi offrait soixante-quinze mille francs, sous ce prétexte, que pour que l'on donnât un pareil prix d'une simple planche de cèdre, il fallait que ce morceau de bois fût un talisman ayant pour effet de fixer la fortune! Aussi Mummius se hâta-t-il d'envoyer le tableau à Rome où il périt dans l'incendie du temple de Cérès.

Du reste le consul appréciait comme il convient les œuvres d'art, car ayant chargé un navire de chefs-d'œuvre ravis à la ville saccagée, il prévint le commandant du navire que s'il arrivait le moindre dommage à sa cargaison, il le forcerait de remplacer, à ses frais, par des statues ou des tableaux absolument semblables, les tableaux effacés et les statues endommagées.

Tout marcha à merveille: au son des flûtes gauches, Chéréa épousa Pamphila en réparation de l'injure qui lui avait été faite. Thaïs joua dans la pièce ce rôle de Dieu bienfaisant que n'auraient pas accepté peut-être les Romains du temps des premiers Scipions.

Deux incidents seulement troublèrent la répétition.

L'acteur chargé du rôle du bonhomme Lachès s'était déjà plaint plusieurs fois du peu d'importance de son rôle; voyant que l'on ne tenait aucun compte de ses réclamations, comme il se piquait de poésie et de musique, il avait, grâce à la complicité d'un flûteur, frauduleusement introduit dans son rôle une vingtaine de vers, où il avait semé quelques plaisanteries épicées destinées à faire éclater de rire les bateliers du Tibre et les habitués du marché au poisson : « ces gens vêtus de gris qui occupent les derniers gradins du cirque. » Lorsqu'arriva ce passage inconnu, Térence bondit sur son siége, Flaccus secoua son oreille étonnée, Lælius et Æmilianus regardèrent Térence avec surprise, et la répétition s'arrêta d'elle-même.

— Par Bacchus, s'écria le poëte irrité, qui a osé introduire ces obscénités au milieu de mes vers ?

— Et par Apollon, hurla Flaccus, quel est l'auteur de cette modulation insensée et de ce geste faux et ridicule ?

— C'est moi, dit résolûment le coupable, ai-je donc commis un si grand crime en introduisant un peu de vraie gaieté dans un rôle ainsi sacrifié ?

Sous l'influence de la colère, le teint de Térence passa de la couleur sépia à cette teinte grise qui est la pâleur des nègres et des mulâtres.

— Vous êtes un mauvais drôle, dit-il, (Flaccus, laissez-moi lui répondre) vous avez déjà eu en scène votre costume arraché de vos épaules pour avoir monté une cabale contre un de vos camarades, mais jusqu'à présent du moins vous avez respecté les auteurs, quoique je sache fort bien que dans le *postcenium* vous ne leur épargnez pas les critiques malveillantes ; et, contenant d'un geste le directeur Turpio : Non, dit Térence avec un sourire de miséricorde qui fit pleurer de tendresse et d'admiration quelques vieilles occupées à surveiller leurs filles, et assises aux places des Flamines et des Ediles, non, je lui pardonne ; enlevez ces horreurs, dit-il en se tournant vers les musiciens, et que la répétition continue ! Et puis, ajouta-t-il tout bas en se penchant à l'oreille de Flaccus, il est trop tard à présent pour le remplacer.

Le comédien avait entendu la terrible réprimande, avec le maintien sournois et le regard traître du chien battu que la peur seule empêche de vous sauter à la gorge.

Il répétait sans masque, et son front fuyant, son œil jaune, sa lèvre supérieure avancée, donnaient à sa figure blafarde et rasée une indicible expression de rage et de rancune ; son ventre proéminent faisait fléchir ses jambes écartées ; il se hâta de finir sa scène, et rentra dans le *postcenium*. Là, il déblatéra à son aise contre la comédie bégueule et prétentieuse que l'on voulait introduire à Rome.

— O mon vieux maître! disait-il d'un ton que l'habitude de la modulation rendait semblable à un chant ridicule, et avec des gestes qui tombaient malgré lui en mesure, vous qui avez eu l'honneur de jouer les pièces de Plaute en sa présence et sous sa direction, dans ces temps heureux où l'on pouvait parler de tout sur la scène, des besoins naturels aussi bien que des ridicules des grands, et vous, notre maître à tous, grand Aristophane! qui avez créé cette excellente scène de la Paix, où Trygée se soulage le ventre dans une cuirasse calée avec trois pierres, et conseille au fabricant de casques de faire ajouter des anses aux produits de son industrie ; vous, l'auteur de *Lysistrata*, qu'auriez-vous dit en voyant la décadence de l'art et l'humiliation de votre admirateur?

Il gémissait ainsi, et les autres histrions détournaient la tête, peu soucieux de se mêler d'une affaire qui ne les regardait pas, et ne voulant pas se mettre mal avec l'administration.

Le second incident eut une cause toute matérielle.

Au moment du dénouement, et comme tous les personnages étaient en scène, une planche se brisa sous les pieds des acteurs, et peu s'en fallut que toute la comédie de Térence ne disparut dans l'*hyposcenium*, au milieu des machines préparées pour imiter le tonnerre qui grondait à la fin des tragédies.

On en fut quitte pour la peur, on fit évacuer la scène, et le menuisier constructeur du théâtre fut appelé pour réparer le dommage. Il se mit immédiatement à l'ouvrage. Pendant ce temps, sur un coin du *pulpitum*, Térence et ses collaborateurs se faisaient de mutuels compliments :

— Ce sera votre meilleur ouvrage, cher poëte, disait Lælius.

— Dites notre meilleur ouvrage, mon cher protecteur, répondit l'Africain. Quant à vous, Flaccus, il est impossible de noter avec plus d'intelligence et de talent les moindres accents d'une bonne et spirituelle déclamation.

— Voulez-vous bien faire place, dit le menuisier en s'approchant et les menaçant du bout de la planche qu'il portait sur son épaule ?

— Venez-vous, Térence, dit Scipion ?

— Hélas, non ! répondit le poëte ; il faut, comme ce brave artisan, que je rajuste avec Flaccus les passages de notre œuvre que ce misérable histrion a endommagés !

— Tant pis ! dit Æmilianus. Curieux comme tous les profanes, nous voulions visiter l'intérieur du théâtre et vous prier d'être notre guide dans ce voyage.

— Attendez, dit Térence, je vais vous faire conduire ; et il regardait autour de lui, cherchant si quelqu'un de la troupe de Preneste n'était pas demeuré sur la scène ; mais les histrions couraient déjà les rues de Rome, heureux d'être débarrassés de la répétition, de la pièce et de l'auteur.

— Si vous voulez accepter mon apprenti pour vous guider, dit aux deux jeunes gens le menuisier, et si, comme j'en suis certain, il obtient quelque marque de votre générosité, ce sera pour lui une bonne fortune. C'est un pauvre enfant, ajouta-t-il tout bas, que j'ai trouvé une nuit errant dans les rues de Rome ; il mourait de faim et avait l'esprit complétement égaré ; il répétait sans cesse des mots sans suite : Macédoine... Alexandre... Alors, nous l'avons surnommé le Macédonien ; peu à peu, il s'est calmé ; à ses divagations a succédé un profond silence ; il fait de son mieux ce qu'on lui donne à faire, gagne à peu près son pain, et couche dans une niche à la porte de mon magasin, à la place d'un gros chien de Laconie que nous avons eu le malheur de perdre il y a quelques années. Et comme Scipion faisait un geste de consentement et de pitié : Allons, Macédonien, reprit-il, marche devant ces nobles visiteurs et fais leur parcourir le théâtre, pendant que nous allons réparer cet accident.

— Adieu, Térence, dirent les jeunes gens, à demain.

— A demain, répondit le poëte en s'éloignant avec Flaccus.

Ils entrèrent d'abord dans une grande salle, destinée à l'étude du geste. Sur le seuil de la porte, Scipion s'arrêta désagréablement surpris.

Beaucoup de jeunes Romains et de jeunes Romaines, issus des meilleures familles de la République, travaillaient dans l'école, l'art du geste, si apprécié des Romains. Ils étaient mêlés avec des histrions, des joueurs de guimbarde et de flûte. Le fils d'un candidat (2) bien connu de Scipion, âgé de douze ans à peine, et la bulle d'or au cou, interrompit une danse libre qu'il exécutait au son des crotales et vint se jeter dans ses bras. Scipion ne put cacher son mécontentement et dit tout haut :

— Par les Dieux ! Remus, il faut que ton père soit fou ! Voilà un bel exercice et une occupation fort honorable pour le descendant d'un vainqueur des Gaulois.

L'enfant recula tout interdit, mais le professeur vint à son secours. Il était vêtu à la grecque et affectait le ton et les manières des habitants efféminés de cette rue, le *tripodos*, où se tenaient, entre l'Odéon et le Prytanée, les élégants d'Athènes. Les mœurs et les modes grecques commençaient à pénétrer dans Rome, où la *grécomanie* fut poussée à ce point que deux siècles plus tard, Martial se moque des jeunes filles romaines de son temps qui se croyaient obligés de soupirer en grec.

— O Scipion, dit-il en s'inclinant profondément, et vous, noble Lælius, ne reprenez pas cet enfant, si grâce à la prévoyance maternelle il commence de bonne heure l'étude de la saltation ; ce bel art, dont le nom ne vient pas, comme quelques ignorants le disent, du mot latin *Saltare*, sauter, se démener, mais bien de *Salius*, cet admirable Grec, qui d'Arca-

---

(2) On appelait ainsi ceux qui se présentaient pour obtenir les hautes fonctions.

Ils allaient vêtus de blanc et la poitrine découverte, afin que chacun pût voir les cicatrices des blessures qu'ils avaient reçues pour la patrie.

die nous apporta la saltation à Rome. La saltation, que l'on pourrait appeler la musique du corps, se compose de trois arts différents : *Emélie*, qui enseigne le geste propre à la déclamation tragique ; *Cordax*, nécessaire à ceux qui se destinent au genre inférieur de la comédie...

— Merci, dit Lælius ; magister, nous sommes un peu pressés, et...

— Et *Sicinis*, indispensable à ceux qui veulent réussir dans la récitation des satires. Or, je soutiens que les parents de tous ces jeunes enfants ont absolument raison de leur faire apprendre la saltation, soit qu'ils les destinent au barreau, et, dans ce cas, je leur enseigne le geste plus simple, convenable à l'orateur; soit afin seulement qu'ils puissent, au théâtre, distinguer, au geste seul, si c'est Hector ou Achille qui va parler, suivre, au besoin même faire ce geste, afin de siffler l'histrion s'il se permettait un mouvement faux, faisait un solécisme avec la main ou remuait la tête seule, ce qui est la plus grosse faute que l'on puisse commettre contre les règles de notre art.

— Et moi, dit Scipion, je ne trouve pas convenable que les descendants des Fabius et des Torquatus se livrent, comme ce jeune enfant, à des danses presque obscènes, mêlés à des esclaves, et sous les yeux de leurs mères et de leurs sœurs.

— Si j'ai permis à mon jeune élève, dit le professeur en élevant la voix, de *tripudier* quelques instants, c'était pour le récompenser du zèle avec lequel il avait gesticulé, au moyen de la saltation, cette belle et longue scène, où *Glaucus* devenu furieux pour avoir mangé d'une herbe magique, finit par se précipiter dans la mer et est changé en triton. Cette scène admirable se gesticule tout entière en restant à genoux, car nous autres nous n'avons besoin ni de jambes ni de pieds; l'œil, la main, le bras, le torse, voilà tout ce qn'il nous faut pour être admirables et admirés.

— Voici le jour qui s'avance, dit Lœlius, et...

— Quant à votre observation concernant les mauvaises fréquentations qui peuvent résulter de ces études faites en commun, les Grecs...

— Encore, dit Lælius. Je commence à regretter Pacuvius.

— Ne craignez rien, dit tout bas Scipion, vous le retrouverez tout à l'heure.

— Les Grecs, nos maîtres en tout, ne sollicitaient-ils pas pour leurs enfants et pour eux-mêmes, la faveur de faire partie des chœurs de Sophocle et d'Euripide? ne se faisaient-ils pas une gloire d'habiller, à leurs frais, les inimitables acteurs de ces chœurs? et quelquefois le chorége — après des représentations qui coûtaient à la Grèce aussi cher que la guerre du Péloponèse, allait, pendant le reste de sa vie, vêtu de laine par les rues d'Athènes, pour avoir habillé d'or, une seule fois, les illustres choristes du théâtre de Bacchus !

— Que sont devenus, ô mes maîtres, dit-il en se tournant vers un buste de Sophocle qui faisait heureusement face à la porte, que sont devenus ces souvenirs de gloire ? (par la porte entrebaillée se glissaient Lælius, Scipion et le guide) depuis que les durs Romains ont mis le pied sur votre sol, ô Grecs ! Vous êtes ruinés à ce point (Scipion dégageait une boucle de son manteau qui s'était malheureusement prise dans un clou de la porte), que pour déguiser un peu la pauvreté du personnel destiné à exécuter ces chœurs sublimes, on a été forcé de mettre aux derniers rangs, d'abord des soldats, ne sachant rien de la saltation, puis enfin, faut-il le dire, derrière ceux-ci une ligne de mannequins ! Et vous, nobles citoyens... On entendit au son plus fort de sa voix qu'il venait de se retourner... mais la porte était refermée. Æmilianus, Lælius et leur conducteur étaient arrivés au bas de l'escalier.

— Quel assommant personnage, dit Scipion, et que cette nouvelle manie du peuple romain va devenir insupportable ! Toujours les Grecs à présent ! Les Grecs nos maîtres en tout... Pas dans l'art de la guerre toujours... Les avons-nous assez battus, dans la dernière campagne, où j'ai moi-même fait fuir la fameuse phalange macédonienne.

— Parce que vous l'avez prise en traître et coupée par une de vos manœuvres infernales, dit près d'eux une voix émue, et ensuite quelle a été votre conduite avec les deux malheureux rois, Gentius et Persée?...

— Ah ça! dit Lælius en regardant avec surprise le jeune menuisier, à qui en as-tu, Macédonien, et que t'importe à toi le sort de Gentius et de Persée?

— Silence, reprit Scipion, oubliez-vous que le maître de ce pauvre diable nous a dit que sa cervelle est troublée.

— C'est vrai, dit Lælius; puis il reprit avec bonté: Allons, l'ami, calme-toi, et marche devant nous.

L'esclave reprit sa course en silence, mais son pâle visage se fit plus pâle encore, et son pas chancelant devint plus incertain et plus lourd.

Il ouvrit une autre porte.

La salle dans laquelle entrèrent les deux amis était divisée en deux parties dans toute sa longueur, par une cloison de planches. Dans la partie où pénètrèrent d'abord Lælius et Æmilianus, deux jeunes gens armés de longs pinceaux de roseau enluminaient avec des couleurs dont leurs mains et leurs habits avaient retenu une large part, deux de ces masques ordinairement en bois léger ou en liége, dont les histrions de la Grèce ou de Rome se couvraient la tête jusqu'aux épaules (1). L'un de ces masques représentait le visage de la femme qui dans les tragédies, apporte les mauvaises nouvelles.

---

(1) Nous sommes de ceux qui n'adoptent pas cette opinion avancée par quelques auteurs, que le grand Quintus Roscius se servit le premier du masque pour cacher au public la difformité de ses yeux qui étaient louches.

Outre qu'il nous répugne d'attribuer au divin Roscius une difformité qui l'eût défiguré, et l'eût empêché d'être ce qu'il fut en effet, le type le

Il était surmonté d'une perruque de cheveux naturels, longs, roux et flottants destinés à se répandre sur les épaules. Deux cavités pleines d'ombre occupaient la place des yeux; la bouche, largement ouverte pour laisser passer un sanglot gigantesque, était entièrement garnie des lames minces de cette pierre singulière nommée *calcophonos*; plus légère que l'airain, elle était aussi retentissante que lui, sans avoir ce bruissement qui nuit à la netteté des sons. Le second artiste, aussi jeune que le premier, travaillait comme lui à un masque posé sur un trépied de bois. Ce masque était celui de Thamiris, cet audacieux qui osa défier les Muses; il avait, selon la tradition, un œil noir et l'autre bleu.

Pendant que Lælius et Æmilianus regardaient suspendus à la muraille, les masques des différentes pièces du répertoire grec et latin, celui de la triste Niobée, le masque effrayant de Médée, celui d'Ajax en fureur, puis les masques du vieillard austère, du vieillard indulgent, etc., etc., un jeune homme vêtu avec élégance, mais le front et les sourcils rasés avec soin, entra étourdiment dans l'atelier.

— Mon cher rival de Zeuxis, dit-il en s'adressant au jeune peintre qui terminait le masque de Thamiris, rends-moi un service et tu ne t'en repentiras pas. On va remonter le *Songe*, cette vieille pièce du vieux Luscius Lavinius... A propos, tu sais que Térence et lui se sont rencontrés hier près du cirque Flaminien. Lavinius a dit des injures à l'Africain, à cause du prologue de *Phormion* où il n'a pas été ménagé; du reste le

---

plus complet et le plus parfait du comédien, il nous est encore impossible d'admettre que les masques grecs aient tant tardé à paraître en Italie, où ils ont dû naturellement s'introduire avec les nombreux emprunts faits par les théâtres latins aux théâtres grecs. Il nous semble plus juste de rendre le premier masque latin et le strabisme à un certain Rosius Gallus, qui vivait vraisemblablement dans des temps plus anciens que l'ami de Cicéron.

Le grammairien Diomède cite ce Rosius Gallus, mais ne dit malheureusement pas à quelle époque il a vécu.

vieux Luscius ne ménage pas beaucoup non plus Térence. Chacun reproche à l'autre d'avoir pris toutes ses pièces dans le répertoire grec. Luscius a traité Térence de bavard et de voleur, ce dernier l'a appelé extravagant et imbécile. Ils ont . probablement raison tous les deux . . . .

. . . .

Oui, mon cher, toujours des reprises, c'est assez bon pour moi, à ce qu'il paraît, et cependant sont-ils assez mauvais ceux qu'on essaye dans les rôles d'amoureux ? Ils ne valent certes pas les figues et les noix que ne manquent pas de leur jeter les spectateurs.

Heureusement que Vénus me dédommage des rigueurs de Thalie. C'est à ce propos, cher Pylade, que je viens te trouver.

Malgré les injures de Térence, il y a une belle scène dans la pièce de Lavinius ; celle où je crois voir en songe une biche qui fuit, des chiens qui courent après elle, et la malheureuse bête pleurer et me supplier de venir à son secours. A mon réveil, je rencontre une jeune fille poursuivie par les ennemis de son père, je la sauve, je deviens éperdûment amoureux d'elle... et...

— Est-ce pour me raconter une pièce que j'ai vue dix fois, que je trouve stupide, et dont tu ne dis quelque bien que parce que tu y représentes un personnage toujours en scène du lever au baisser du rideau, que tu viens me troubler au milieu de mon travail et me faire peindre en vert l'œil bleu de Thamiris, dit le jeune peintre ?

— Ecoute-moi, dit l'histrion, on va repeindre à neuf les masques du *Songe* ; je me suis entendu avec mon camarade Cælius, qui joue le rôle de la jeune fille ; sois assez bon pour donner à son visage la ressemblance exacte de la belle Lælia Poppea ! tu sais combien je l'adore, cela m'inspirera pour les compliments et les soupirs que je lui adresse, et sera du dernier galant

— C'est dans cette pièce, n'est-ce pas, répondit Pylade, que

tu te désoles, en montrant ta bourse vide, de ta pauvreté qui
ne te permet pas de venir au secours de ta maîtresse enlevée
et devenue esclave ?

— Oui, répondit le comédien, pourquoi ?

— Tu connais, répondit l'artiste narquois, l'histoire de
Polus ; il jouait le personnage d'Electre, et entra en scène,
tenant dans ses mains une urne contenant réellement les
cendres d'un enfant qu'il venait de perdre ! Aie soin de prendre ainsi ta propre bourse et tu seras, comme Polus, sublime de vérité et de douleur.

— Aimable plaisant, dit l'histrion, voilà un petit buste de
cire coloriée qui représente, au naturel, les traits de cette
beauté rare ; je me fie à ton amitié ; et fredonnant un passage de son rôle, il disparut.

Le jeune guide poussa une porte et fit pénétrer les deux visiteurs dans l'autre moitié de la salle. Une détestable odeur
de vêtements refroidis, de poussière et de cuir les prit à la
gorge de son horrible relent.

Des hommes et des femmes travaillaient en causant autour
d'une longue table couverte d'étoffes.

On voyait suspendus à la muraille la stole d'Antigone, le
peplum d'Hermione, le manteau d'Hector, la chlamys d'Achille.
Puis, les costumes souvent impudiques de ces mimes qui dansaient sur l'orchestre pendant les entr'actes des comédies, et
avaient pour mission de faire rire les spectateurs et de les renvoyer gais, après les violentes émotions de la tragédie.

Il y avait là les vêtements blancs, la couronne d'or, les san-
dales et la lyre de l'Hilarode aux doux chants ; l'habit du
Phallophore sicyonien redouté des chastes matrones, avec le
plastron fait de serpolet et de feuilles d'acanthe, la couronne
de lierre et de violettes, ainsi que la suie pour noircir le visage
de cet ancêtre d'Arlequin ; celui de l'Ithyphalle, ordinairement
chargé de représenter l'ivrogne avec le masque aviné, la robe
aux longues manches violettes, la tunique mi-partie blanche
et bleue et la tarentine qui descendait sur les talons; les dif-

férents costumes du prestidigitateur Magode, l'entremetteur, le croupier et la courtisane.

Sous ces costumes on voyait rangés sur le sol ou adossés à la muraille plusieurs paires de cothurnes tragiques; des socques destinés aux acteurs comiques; des souliers égyptiens à la pointe recourbée en dedans et dont l'usage se conserva jusqu'au moyen âge sous le nom de souliers à la poulaine; le scabellum, dont la semelle de bois contenait un grelot ou une clochette; le soulier de fer, qui servait au chef d'orchestre à marquer la mesure et à gouverner les pédales pour baisser et lever la toile.

Une horrible vieille assise devant une belle jeune fille, lui disait :

— Par Vénus! quand vous pleurerez jusqu'à demain, vous ne changerez pas le destin. Le maître l'a dit, il faut le faire, et puis d'ailleurs...

— O ma mère, disait l'enfant, vous ne savez pas ce qu'ils exigent.

— Je sais qu'hier, en répétant l'intermède au moment où le maître de la danse poussait ce cri de *nudæ! nudæ!* que le peuple ne manquera pas de faire entendre demain, lorsque vos compagnes ont laissé tomber leurs vêtements, vous seule êtes demeurée vêtue, au grand scandale de tous, que le maître a prétendu que c'était la faute de votre costume, qu'il s'en est pris à moi et m'a menacée des lanières.

— Ma mère, dit presque bas la jeune fille, je suis d'une bonne famille de Samothrace en Macédoine, je fus prise avec ma famille, en même temps que notre roi Persée, et vendue toute enfant sur le marché de Rome; la bonne maîtresse qui m'acheta vient de mourir, et j'appartiens seulement d'hier à Attilius de Preneste. Ma pauvre mère, violemment séparée de moi, m'a bien souvent entretenue de la noblesse de nos aïeux, et de mon père, massacré par votre général Paul-Emile que maudissent les dieux!

— Par Hécate! dit la mégère en fureur, débarrassez-moi

de cette pleureuse. Emmenez-là, voici son costume. Arrangez-vous, dit-elle à deux de ses accolytes qui venaient de saisir la jeune fille, mais si tout ne va pas demain comme il convient, vous serez toutes trois mises aux fourches!

Cette scène avait douloureusement ému Æmilianus; Lælius, au contraire, souriait. Ils entendirent derrière eux comme un sanglot.

— Qu'as-tu donc Macédonien? dit Lælius, en s'adressant à leur guide dont le visage était inondé de larmes.

— Rien, répondit le jeune homme, venez visiter maintenant l'école du déclamateur Pollion.

Dans la vaste salle de l'école, des jeunes gens des deux sexes réunis sur une seule ligne gesticulaient.

Un jeune homme, monté sur un marchepied, récitait ou plutôt chantait des vers de l'*Atrée* d'Ennius; un flûteur, placé derrière lui, l'accompagnait de sa double flûte; le chef d'orchestre devant un papyrus noté marquait la mesure.

— Allons, allons, disait le maître, de l'action, de la vigueur! N'oubliez pas ce que nous avons dit tout à l'heure. Toi, déclamateur, rappelle-toi qu'une syllabe longue doit durer le temps de deux brèves, une brève la moitié d'une longue; chaque pied du vers forme une mesure tantôt à trois, tantôt à quatre temps. Si tu n'observes pas ces règles, comment veux-tu que les musiciens puissent te suivre? Toi, flûteur, pose bien ta note longue sur la longue syllabe, et pense bien surtout à ne pas prendre une flûte pour une autre, ce qui pourrait arrêter court le déclamateur et empêcher même de comprendre la scène. Ainsi, c'est bien convenu, la flûte forte au bec d'airain aux diverses parties unies par l'orichalque, ce métal bien plus précieux que l'or, pour accompagner les chœurs, dans les tragédies grecques bien entendu! La flûte droite, faite avec le haut du roseau pour accompagner, sur un ton bas, les endroits sérieux des comédies. La flûte gauche, faite avec le bas du même roseau ou la flûte syrienne, au son aigu, pour accompagner les plaisanteries. Dans les endroits où le sérieux et le plaisant se

trouvent mêlés,tu emploieras alternativement les deux flûtes(1):
C'est pour cela que l'on les a réunies. Vous, mes enfants, songez que chaque geste commence avec un sens, et finit en même
temps que ce sens! Car rien, ne me ferait adopter cette mé-
thode, qui prescrit de changer de geste tous les trois mots,
que la phrase et le sens soient ou non finis, et pourtant il ne
manque pas de professeurs qui osent conseiller cette absur-
dité!

Le déclamateur chanta, le flûteur souffla, et la dernière syllabe, la dernière note et la dernière accentuation du geste,
arrivèrent parfaitement ensemble.

— Bien, dit le maître; puis il ajouta :

— Il y a une soixantaine d'année, le grand Livius Andro-
nicus, jouant lui-même dans une de ses pièces, fut forcé
par l'enthousiasme du public de recommencer tant de fois
un passage qu'il s'enroua; il demanda alors la permission de faire réciter les vers par un esclave, et se contenta de rendre par ses gestes l'action exprimée par les
vers. N'ayant plus à s'occuper que de la pantomime, il fut
sublime et obtint un triomphe plus grand encore. Cependant
il ne se doutait pas du service qu'il rendait à l'art et aux
comédiens.

En effet, mes enfants, lorsqu'il vous plaira de ne plus vous
fatiguer afin de durer plus longtemps, ou, lorsque l'âge vous
aura rendus débiles, quand vous serez obligés de prier les
flûteurs de ralentir la mesure, pour que vos gestes puissent
arriver à temps, vous vous souviendrez des leçons de votre
vieux maître.

Il s'attendrissait visiblement, ses jeunes élèves essayaient
de l'imiter.

— Maintenant, chers amis, ajouta le professeur, comme
récompense et comme exemple, je veux exécuter devant vous

---

(1) Pline, lib. 16, cap. 36. — L'abbé Dubos, *Réflexions critiques*, pag. 133.

un fragment de l'*Iliade* du grand Homère, dont j'ai refait moi-même la modulation et la gesticulation. Voyons Syrus, si vous voulez bien quitter un instant la tunique de la petite Mysis, vous ferez le personnage d'Achille, moi celui du vieux Priam; allons flûteurs, prenez les flûtes basses.

— Descendez dans la salle où s'essayent les musiciens, dit le chef d'orchestre et demandez de ma part deux citharistes égyptiens, et deux joueurs de lyre; je vois, ajouta-t-il en désignant le cahier posé devant lui, que nous aurons besoin de ces deux sortes d'instruments; que les musiciens n'oublient pas surtout leurs dés d'ivoire ni leur *pecten!* car, cher maître, les cordes à vide ne vous suffisent pas, il faudra même, à cause des sons variés que vous avez employés, pincer parfois avec deux doigts les cordes des cithares et des lyres, car tous les secrets de l'art vous sont connus!

Le professeur sourit avec modestie.

Bientôt les musiciens demandés arrivèrent; un baudrier de cuir passant sur l'épaule gauche suspendait devant les lyristes leurs mélodieux instruments. Le long manche de la cithare forçait les deux artistes thébains à déployer démesurément leur bras gauche étendu. Ils se placèrent près des flûteurs, et le professeur commença le sublime discours adressé par le vieux roi des Troyens à Achille auquel il vient redemander le corps d'Hector.

« Souviens-toi de ton père, Achille semblable au dieux, de ton père accablé d'ans et comme moi sur le seuil de la triste vieillesse. Peut-être aussi est-il pressé par ses voisins en armes, et nul bras ne l'aide à éloigner le péril. Mais lui! il n'ignore pas que tu respires encore, et il se réjouit en son âme, car tous les jours il espère contempler son fils chéri de retour des champs troyens. »

Le professeur avait vraiment du talent. C'était évidemment un élève de ces sublimes artistes grecs, qui avaient élevé leur art à une si grande hauteur que les récits des prodiges accomplis par eux nous semblent aujourd'hui devoir être mis au rang des fables. Une déclamation admirable de justesse, un geste noble et auquel la modulation et les instruments donnaient une incroyable puissance, venaient ajouter encore à l'effet des beaux vers d'Homère.

Les deux jeunes patriciens étaient attendris : les élèves pleuraient, l'agitation du jeune menuisier était surtout remarquable : il rougissait et pâlissait tour à tour; mais quand le déclamateur fit entendre ces paroles :

« Hélas! mes malheurs ont comblé la mesure. J'ai donné le jour à de vaillants fils; Mars les a tous moissonnés, et je ne crois pas qu'il m'en reste un seul!

— Ombre de mon père vénéré, murmura le jeune homme, si, un dernier fils vous reste encore! Mais, quels malheurs il a subis, et dans quel abîme d'abjection est-il tombé, grands dieux!

On commençait à regarder le jeune apprenti avec surprise; Æmilianus Scipion lui prit la main et la lui serra pour lui imposer silence et le contenir. Le déclamateur continuait :

« Crains les dieux, ô Achille, et prends pitié de moi en souvenir de ton père; je suis plus que lui digne de compassion : j'ai fait ce que sur la terre nul homme n'eût osé. J'ai pressé de mes lèvres la main qui m'a ravi tout ce que j'aimais. »

A ces derniers mots, le jeune homme jeta un cri terrible, et repoussant avec horreur la main de Scipion, il tomba évanoui sur le plancher de la salle.

On s'empressa autour de lui, et deux vigoureux garçons le descendirent dans une petite loge qu'occupait pendant les représentations et les répétitions générales, le médecin Archagate.

Les deux jeunes patriciens, après avoir fait tous leurs compliments au savant professeur, sortirent de l'école.

Ils descendaient l'escalier en s'entretenant de l'accident arrivé à leur guide :

— Entrons un instant près de ce malheureux, dit Scipion; je ne sais quoi me dit de m'intéresser à ce jeune homme. Aussitôt qu'il sera rétabli, je le prendrai près de moi.

Mais, sur les dernières marches et en face de la porte de la loge, ils rencontrèrent Archagate, toujours parfumé, toujours souriant.

— Ah ! cette fois, dit-il, le client que vous m'avez envoyé est plus sérieusement atteint que ne l'était cette chère Dyonisia.

— Qu'a-t-il donc ? dit vivement Æmilianus.

— A la suite d'une violente émotion, le cerveau s'est engagé. Ma foi, ajouta-t-il, toujours ricanant, il est bien malade.

— Est-il possible ? dit Scipion.

— Oui, il sera mort avant une heure probablement. Mais ce qu'il y a de plus singulier, ajouta le médecin toujours gai, c'est qu'il parait, au moins d'après ce qu'il m'a dit pendant le temps très court où il a pu prononcer quelques paroles, qu'il est, ou plutôt qu'il était le fils de ce Persée que vous avez si heureusement combattu, Scipion. Depuis le trépas de son père, il avait, comme vous le savez, disparu complétement, et nous le retrouvons une planche sur l'épaule dans la boutique d'un menuisier ! Quel événement !

Il salua et s'éloigna, en répétant machinalement, et de plus en plus vite : Quel événement ! quel événement ! Si bien que son exclamation finit par se fondre avec une mélodie de Flaccus qui lui revenait en mémoire et qu'il chantonna, en l'accompagnant, sans y songer, de ces paroles : Quel événement ! quel événement !

— Vous voyez, cher ami, dit Lælius à Scipion demeuré triste et silencieux, que le sort, quand il s'y met, sait faire des tragédies qui valent bien celles de Sophocle.

— Oui, dit Scipion, décidément c'est une laide chose que la guerre. Au lieu d'y retourner, j'aimerais mieux rester ici à faire des comédies avec Térence.

— Bah ! dit philosophiquement Lælius, quand la république commande, c'est elle qui est responsable ; les morts tombés sous mon épée ne m'inquiètent pas plus que les malheurs causés par mes victoires ou arrivés par mes ordres.

Les deux jeunes gens remontèrent sur leurs chevaux et se séparèrent. Scipion s'éloigna en secouant la tête. Quant à Lælius, il fut puni de sa dureté.

Songeant à Pacuvius et à la promesse qu'il lui avait faite de l'attendre, au lieu de sortir par la porte Capenne, il fit un long détour, passa par la porte qui s'ouvre sur la voie Latine, longea la vallée d'Égérie et vint reprendre la voie Appienne beaucoup au-dessus de la villa Martis. Mais le poëte s'était douté de cette manœuvre, et comme Lælius passait devant un petit bois sombre, une grande figure sortit tout à coup de l'ombre et reprit sa place à côté de son cheval; c'était Pacuvius qui recommença la lecture de sa *Médée*, juste à l'endroit où le matin il avait été forcé de l'interrompre.

HISTOIRE D'UN INCONNU

———

Nous avons devant nous, sur notre table, un vieil almanach royal de 1753.

C'est un de ces livres que personne n'ouvre plus, et que, malgré leur habit magnifique, reliure en veau avec la fleur de lys aux quatre coins, tranche dorée, etc., le bouquiniste vous donne pour une bagatelle , car, avec la longue et inutile liste des souverains qui régnaient alors en Europe, ils ne contiennent guère que le nom et l'adresse de ces personnages autrefois importants, commendataires, supérieurs, brigadiers des armées du roi, maîtres des requêtes, conseillers, etc., dont la cendre et les ossements forment une des couches dont se compose le sol sur lequel nous marchons.

On y trouve aussi l'heure des coches et des bateaux, depuis bien longtemps partis et arrivés, qui transportaient à leurs affaires et à leurs plaisirs la foule écoulée, dont les yeux maintenant éteints, se fixaient avec impatience sur des montres ou des horloges aujourd'hui usées ou détruites!

Aussi faut-il la singulière fantaisie qui nous prend aujourd'hui pour qu'une main vienne, en les feuilletant, troubler le repos de ces feuilles insupportables et inutiles.

Cependant, comme toute pensée donnée aux morts est une pensée salutaire, à cet examen fastidieux une récompense était réservée. Est-ce le hasard qui a guidé notre main, ou quelque âme encore errante et lassée d'oubli, a-t-elle, par des moyens inconnus, attiré notre attention sur ce bouquin délaissé ? Voilà qu'au milieu des pages couvertes par les caractères nets et majestueux de Lebreton — « imprimeur ordinaire du roy » — nous apercevons des feuillets remplis d'écriture manuscrite.

Notre Almanach royal commence comme toujours par un calendrier.

Tous les jours écoulés de l'année 1753 sont là rangés l'un après l'autre, semblables à ces coupes antiques rassemblées derrière les vitrines de nos musées et dans lesquelles des lèvres, qui ne sont plus même de la poussière, ont bu jadis l'ivresse ou le poison !

Entre les feuilles imprimées, et après chaque mois, une page blanche a été intercalée, et sur cette page, à mesure que s'usait l'étoffe de sa vie, un homme, un vivant, comme on disait alors, a tracé d'une écriture fine et ferme d'abord, mais qui tremble et grossit à mesure que la vue se fatigue et que la main s'alourdit, la nomenclature des médiocres événements dont se composait sa vie. C'était un marchand mercier, il habitait la rue de la Vieille-Monnaie, et vécut, paraît-il, passablement heureux, recevant sans orgueil et acceptant sans murmure sa part des joies et des douleurs d'ici-bas, sans comparer haineusement cette part à celle d'autrui. En commençant la lecture de ces pages, d'où tombe encore une fine poussière dorée, répandue il y a plus d'un siècle sur l'écriture humide, nous rencontrons d'abord cette note :

« En 1709, le 15 septembre, je suis né de M. Philippe Pezart, marchand mercier à Paris, et d'Angélique-Hyacinthe Delanoue. J'ai été baptisé à Saint-Jacques-la-Boucherie, sous le nom de Philippe-Marcel. »

Chaque année, sans doute, cette date réunissait toute la

famille autour de la table, couverte de fleurs. — Alors, le magasin fermé, un feu clair brillant dans l'âtre, on trinquait à la santé les uns des autres en buvant la bouteille de vin paillet ; et si des vides se faisaient parfois dans la réunion fidèle, si quelque tête blanche quittait le cercle de famille et venait, portrait respecté, sourire encore du coin de la cheminée et du fond d'un cadre ovale, à tous ces amis rassemblés, pour empêcher le deuil de se changer en désespoir, on voyait à la place de l'absent paraître quelque bonne figure d'enfant, aux joues roses, aux gencives tendres et mal meublées, roulant sur la famille attendrie de gros yeux clairs et étonnés que le feu des lumières faisait étinceler comme des escarboucles, et se livrant à ces singulières contractions de bec et de larynx que font les petits poissons pour ingurgiter l'air, et les petits enfants pour avaler les premières gorgées de cette liqueur déplaisante qu'on appelle la vie.

Puis vient une autre date, également importante, plus tard également fêtée. Sur le livre de Pezart, la note suivante est écrite d'une main posée, d'une écriture satisfaite, alors qu'après une chaste nuit nuptiale, une jeune épouse, les cheveux dénoués, penchait sur l'épaule de l'heureux Marcel son front pur appuyé sur sa main fidèle, en le regardant écrire ces lignes :

« 30 avril 1742. — J'ay été marié avec Mlle Charlotte-Françoise Montassin, née le 7 aoust 1721, baptizée à Saint-Gervais. »

La veille, Philippe Marcel avait été par son père associé pour trois ans à son commerce. Cette association ne tarda pas à se changer en une cession définitive ; mais le vieux Philippe Pezard voulait préparer prudemment et honorablement sa sortie de ce monde, et voir comment son héritier soutiendrait, quand il ne serait plus là, l'honneur de la vieille maison et de la vieille enseigne. Il l'avait donc, Charles-Quint bourgeois, mis en possession de cette boutique, dont jamais sergent n'avait franchi le seuil.

Il avait aussi présenté son fils et son successeur, à la clientèle héréditaire dont la partie aristocratique protégeait la famille de temps immémorial, et dont la partie bourgeoise venait avec elle manger l'oie grasse de la Saint-Martin.

Ainsi donc, à trente-quatre ans, sans s'inquiéter de ses droits politiques, sans avoir examiné les questions sociales, sans avoir pris part aux discussions envenimées de ceux qui, suivant la vieille expression populaire : veulent toujours refaire les parts après le bon Dieu, Philippe-Marcel Pezart se trouvait en possession d'un bon commerce et d'une jolie femme. Pourvu qu'il continuât honnêtement à voir pousser ses enfants et à préparer ses sûres et modestes échéances, il pouvait, ignorant l'enfer moderne, rendre tranquillement le pain bénit, ainsi qu'il l'a fait le 13 juin 1748, le 1ᵉʳ mars 1761, et vieillir à l'ombre de la tour Saint-Jacques, écoutant, le samedi soir, les belles sonneries de la veille du dimanche, qui lui promettaient la barbe fraîche, le linge blanc, l'habit de ratine de Florence et les douces cérémonies religieuses. Pendant ces cérémonies, la conscience tranquille, il lisait dans le même livre que Charlotte-Françoise et murmurait les paroles sacrées en songeant au bon souper du soir et à l'honnête travail du lendemain. Rien ne pouvait plus l'inquiéter ; en 1745, pendant que les Stuarts tentaient en Écosse leur entreprise désespérée, et que les gens, dont c'était l'état, penchaient avec inquiétude leur cordon bleu sur des plans de politique et de guerre, lui, un matin, s'était rendu chez les dames de Sainte-Catherine, et, introduit dans le grand jardin paisible, aux hauts murs, aux espaliers gigantesques, aux poiriers taillés en gobelets, aux plates-bandes bordées de buis, avec quelque religieuse supérieure dont il regardait en causant le teint blanc, la croix de cuivre, le bonnet évasé et la guimpe noire, il avait renouvelé pour dix années, au prix de neuf cent dix livres, « pour chacun an, » le bail de la maison de la rue de la Vieille-Monnaie. Cette maison appartenait à ces religieuses, parce que les anciens propriétaires leur en avaient fait don.

La raison ne parut plus suffisante quarante-huit ans plus tard ; aussi, un gouvernement survenu au nom de la liberté et de la justice s'empressa-t-il d'arracher ladite maison aux dames de Sainte-Catherine, offrant, il est vrai, comme compensation, de leur couper le cou, en cas de satisfaction incomplète de leur part.

Ainsi, en 1745, tandis que les Stuarts et les Hapsbourg tremblaient pour leur dynastie, Philippe-Marcel, tranquille sur l'avenir de la sienne (un fils lui était né en 1744), s'endormait à côté de Charlotte-Françoise, sous ce toit qui lui appartenait de nouveau pour dix ans.

Dam ! il n'était pas arrivé du premier coup à cette sagesse et à cette tranquillité ! Chacun paye sa dette aux illusions de la jeunesse ! Avant de s'abriter dans le nid soyeux, sous le vieux toit, contre le tuyau de la chaude cheminée, le passereau a peut-être rêvé les grands coups d'ailes et les longs voyages de l'hirondelle. Peut-être l'âme paisible de Marcel connût-elle les orages, quand vint l'époque redoutable de la dix-huitième année, alors que, tous les samedis soir, vêtu de l'habit bleu de droguet rayé, le petit écu en poche, il se dirigeait vers cette rue Mauconseil, où se tenait la comédie italienne, seule fenêtre ouverte pour les petits bourgeois, sur le monde enchanté de la fantaisie et du rêve.

Plus d'un siècle auparavant, le jeune Poquelin avait succombé au péril. Conduit par un oncle imprudent à une de ces représentations enivrantes, il y avait laissé, (les piliers des halles en parlaient encore), sa candeur bourgeoise et le tablier de serge verte de l'apprenti tapissier.

Mais si l'image de ces damnées charmantes, Helena Baletti et Rosa Benozzi, occupa une place un peu trop large dans le chaste cœur de Marcel Pezard ; si en les voyant entourées de brillants courtisans, il pensa un instant que l'inégalité des conditions était une injustice ; s'il connut pendant quelque temps les tourments de l'amour sans espoir et de la jalousie sans droit ; s'il regarda une fois les baraques des recruteurs du quai de la Ferraille et les sombres maisons de la rue Quincampoix, les yeux purs de Charlotte-Françoise dissipèrent bientôt ces orages, et il avait bien oublié ces vains songes, le jour où, comblé d'honneurs, il écrivait sur son livre, à la date. du 20 août 1749 :

« J'ay été élu par le commissaire Prémonval, lanternier, pour les neuf lanternes de la rue de la Vieille-Monnoye et de la rue de la Savonnerie. »

Et plus loin :

« J'ay porté le dais du Saint-Sacrement à Saint-Jacques de la Boucherie, le 9 juin 1746. »

Mais le temps marchait, les idées changeaient ; en 1753, Pezard se résout à ouvrir son logis à diverses personnes.

On trouve donc sur le *memorandum* de Pezard une liste des différents locataires qui ont occupé avec lui la maison de la rue de la Vieille-Monnoye.

« En juillet 1761, j'ai sous-loué (sans bail) le quatrième étage de la maison à Mlle Flouet, (nom singulier qu'accompagne ce singulier énoncé de profession), amye de M. Raux, à 70 livres par an. »

Mais notre attention s'est surtout éveillée en rencontrant sur la liste de Pezard le nom d'un musicien, absolument inconnu, et qui remplissait cependant des fonctions importantes, car alors, comme aujourd'hui, il fallait pour les exercer posséder un grand talent musical :

« Le premier octobre, j'ay loué les deux chambres du troisième sur le devant, ainsi que celle du quatrième sur le derrière, à M. Fourquet, organiste de Saint-Eustache, à 180 livres par an. »

En rencontrant ainsi tout à coup le nom si complètement obscur d'un des vaincus de cette lutte, dont le prix est la renommée, nous nous sommes arrêté dans notre lecture. — Ainsi donc, ô monsieur Fourquet ! vous, un de nos plus humbles ancêtres, vous avez habité cette rue, effacée aujourd'ui comme votre mémoire ; avec quelque vieille compagne aussi ignorée que vous, vous avez logé dans ces deux petites chambres au troisième sur le devant ; vous aviez sans doute établi votre cabinet stérile au quatrième sur la cour : : et, songeant au sort brillant de Daquin, que vous avez envié, pensant à Rameau, qui comme vous fut organiste, vous avez, pendant une longue série de dimanches et fêtes, vous agitant dans votre buffet d'orgue, et vous escrimânt des pieds sur vos pédales comme un vendangeur qui foule le raisin, produit une quantité considérables d'antiennes, d'offertoires et de *Magnificat* : vous avez développé autant de sujets de fugue que Bach et que Hændel, et à la messe de minuit fait retentir sur l'instrument sacré les noëls enfantins et les tambourins chers aux fidèles d'alors.

Et pendant les longs jours que ·vous avez vécu, pas un rayon de gloire n'est venu réjouir le logement aux glaces éteintes et aux moulures peintes en gris-clair, que vous sous-louait, M. Pezart. Vous avez égréné vos journées une à une, faisant plus de chemin dans Paris que le cheval du docteur Desfonandrès ; vous avez été de la porte Saint-Bernard au Louvre, de la rue de l'Ancienne-Comédie au Châtelet, et tout cela pour recueillir la maigre manne que, sous la forme d'un cachet de la valeur d'un petit écu, vous tendaient ou ces belles marquises qui plus tard faisaient geler Mozart dans leur antichambre, ou le fils stupide de quelque bourgeois enrichi ; vous avez, dans la salle de musique des colléges, payé à l'heure comme un manœuvre, et à moitié endormi par la peine et l'ennui, écouté tapoter, sur un clavecin ruiné, de jeunes drôles, qui ne manquaient pas pendant votre sommeil d'orner de petits cornets de papier votre perruque *à la brigadière ;* puis, le soir venu, rentré dans votre cabinet sombre, au quatrième sur la cour, vous vous disiez qu'il était peut-être temps encore, que Rameau avait commencé tard, et soufflant de toutes vos forces sur l'étincelle presque éteinte de votre enthousiasme, vous repreniez quelque gros cahier manuscrit, à l'italienne, sur le papier rugueux duquel était écrit : *Hippomène,* ou bien *Jason !* cahier que le dégoût et la fatigue arrachaient bientôt de votre main, que vous laissâtes inachevé, et que l'on vit figurer incomplet et maculé dans la pauvre vente qui suivit votre décès solitaire.

O supplice de ceux qu'un sort rigoureux condamne à demander du pain à la lyre ! ô tourments réservés aux artistes qui sont forcés, pour faire cuire leur potage, de couper le bois vert de la forêt de lauriers !

Pauvre M. Fourquet ! Dieu veuille au moins que, grâce à vos travaux et à vos douleurs, vous ayez toujours pu satisfaire un propriétaire, peu exigeant heureusement, car, à la date du 31 mars 1763, nous trouvons, sur le livre de Pezart, cette note qui semble écrite de la main du bon Samaritain : « Accordé à M. Villette remise entière de la dette que lui et sa femme s'étaient engagés à nous payer d'ici à un an. »

Que Dieu te récompense, Marcel ! si là-haut, sur son grand-livre, le juste maître a trouvé quelques légères dettes inscrites à ton nom, il te les aura certainement remises aussi volontiers que tu as remis la sienne au pauvre M. Villette !

La vie honnête et bien conduite de Pezard ne fut cependant pas exempte de douleurs et d'inquiétudes. Trop souvent sur ces humbles pages, à côté de la naissance d'un enfant, se trouve la date funèbre et souvent bien rapprochée de sa mort. En 1758, son père et son bienfaiteur, M. Phiippe Pezard, mourut au Plessis-Bouchard. Dans cette même année, il perdit sa sœur Anne Pezart, veuve Herbault.

Tout cela est inscrit simplement, sans phrases, avec la résignation d'un chrétien, à côté de la date et. du jour où sont entrés chez lui les serviteurs et les employés dont deux seulement l'ont quitté avant sa mort, arrivée environ vers 1764. Depuis quelques années déjà et immédiatement après l'essai d'une association de banque avec M. Sturckein de Strasbourg, association dissoute après quatre ans d'existence, l'écriture si ferme de Pezart s'est amollie et les caractères ont singulièrement grossi. En 1751, la main encore plus pesante de

Marcel enregistre pour la première fois une dette importante contractée par lui envers les Dames de Sainte-Catherine. Le marchand mercier était un homme juste et craignant Dieu, et deux lignes de son écriture sur son livre de comptes valaient un acte notarié.

Cette légère éclipse de l'astre des Pezart fut de courte durée. Le 27 août 1763, il écrivait ceci, qui annonce certainement un retour de fortune et une nouvelle extension donnée à ses affaires :

« Ma femme et moi nous avons signé ce jour le bail de la maison de Mme la marquise de Rambur, à raison de 1,720 livres par an. »

Mais cette note est la dernière sur le livre de Pezart, et elle est de la main d'une femme, celle de Charlotte-Françoise probablement.

Cette nouvelle écriture, la précaution d'introduire le nom de sa femme dans ce bail de neuf années, l'absence totale de notes depuis l'année 1764, tout indique que Pezart alla bientôt retrouver son père Philippe. Il dut mourir en paix avec les autres et avec lui-même, sûr de revoir tous ceux qu'il avait aimés, et certain de ne pas trouver de l'autre côté du tombeau, ce ciel vide que nous ont préparé les modernes bienfaiteurs de l'humanité. . . . . · . . . . .

. . . .

Ces ombres sont justement oubliées.

Ces événements modestes sont sans doute peu intéressants. Nous avons trouvé cependant de la douceur à vivre ainsi quelques instants de la vie d'un de ces antiques et honnêtes habitants du vieux Paris disparu.

Oui, nous avouons avoir lu jusqu'à la dernière ligne ces annales d'une famille morte. Las des notoriétés suspectes et des hommes trop connus de notre temps, nous aimons à nous réfugier parmi les obscurs et les simples. Nous avons donc reconstruit pour nous y asseoir, ce foyer écroulé, et ressuscité pour les voir nous sourire, ces humbles et paisibles travailleurs qui, contents de la tâche imposée et remplie, nommaient leurs supérieurs sans les maudire, inscrivaient, sans tant parler d'égalité, le nom de leurs serviteurs sur la même page et à côté des noms de leurs enfants et de leurs amis, s'agenouillaient devant leurs autels au lieu de les insulter, et contribuaient modestement et utilement à la prospérité de la patrie, sans aspirer à la gouverner, au risque de la ruiner et de la détruire !

SOUVENIRS

DE LA

COMÉDIE ITALIENNE

———

Mlle GRANDMAISON

———

Dans l'horrible histoire des derniers jours de la Terreur, il est un moment épouvantable.

Après avoir détruit tous les contre-poids, exagéré jusqu'aux forfaits les plus inouïs cette énergie et cette audace qui firent leur discutable grandeur, tous les hommes sinistres de 93, sentant venir le châtiment et pris d'un vertige furieux, redoublent les coups de hache, et se mettent à frapper sur eux, autour d'eux, au hasard, en s'éclaboussant d'un sang de femme et d'enfant.

Dans cette nuit d'orage, au milieu de ce firmament rouge, comme une comète qui passe, l'épouvante en apparaissant, semble avoir brisé les derniers équilibres, et tous les météores sanglants du ciel révolutionnaire, précipités les uns sur les autres par une force inconnue et vengeresse, s'entrechoquent et se brisent.

Parmi les plus abominables épisodes de la découverte de la prétendue conspiration de l'étranger (hélas! nous savons aujourd'hui comment les démagogues sauvent la patrie!) il faut compter ces infâmes hécatombes des derniers jours de prairial où moururent sur la place de la Révolution : Cécile Renaud pour son enfantillage, Ladmiral pour son coup de pistolet inutile, les vierges de Verdun pour une fleur, vingt religieuses pour un psaume, la famille de Sainte-Amaranthe toute entière, femme, fille, gendre, enfants, amis et domestiques, pour un doigt de vin imprudemment versé.

En effet, ce fut, dit-on, pour reprendre le mot de son énigme prononcé pendant la chaleur d'un festin, que le sphinx impénétrable de la Révolution dévora tous ces malheureux.

Parmi les victimes charmantes décapitées pendant ces tristes jours sur cet étal alors parfumé de tant de sang innocent, il en est une qui nous intéresse tout particulièrement, car elle fit partie de ce monde des arts et du théâtre auquel nous-mêmes nous appartenons.

Mademoiselle Grandmaison, connue à la Comédie italienne sous le nom de Marie Buret ou Burette, liée avec M. de Sartines de liens illégitimes, obtint, grâce à la sincérité de son sacrifice et à la grandeur de son dévouement, l'honneur de marcher à la mort entre la mère et la femme de celui pour lequel elle donna sa vie. Le frère de lait de Mlle Grandmaison, le fidèle Biret, suivit sa sœur sur cette voie douloureuse, où marchait alors tout ce qui était coupable en France, d'une supériorité ou d'une vertu.

Depuis longtemps déjà nous désirions trouver et donner au public quelques détails biographiques et artistiques sur Mlle Grandmaison, cette modeste lumière de la Comédie italienne, sitôt éteinte par le vent de la hache de Sanson.

Le nom de Grandmaison égara longtemps nos recherches ; les journaux du temps, les archives de la Comédie italienne, l'*Almanach des spectacles* lui-même, ne gardent pas de trace de ce nom, depuis l'année 1780 jusqu'à l'année 1794.

Mais, en parcourant le si remarquable ouvrage de M. Lairtullier sur les femmes de la Terreur, nous apprîmes que Mlle Grandmaison s'appelait Marie Buret.

Muni de cette lumière, nous recommençâmes nos recherches et, à la page 239 de l'*Almanach des spectacles*, année 1784, nous trouvâmes enfin cette note : « Mademoiselle Burette (*sic*) l'aînée, a débuté dans le rôle de Marine de la *Colonie*, Colombine du *Tableau parlant*, Lucette de la *Fausse magie*, Agathe dans l'*Ami de la maison*, Rosette dans la *Bonne fille*. »

Puis, un an plus tard, dans la même collection, 1785, page 113 : «Si la retraite du sieur *Suin* et de la dame *Leroi* excite les regrets des amateurs, la réception du sieur *Courcelles* et des demoiselles Desforges et Buret (cette fois), leur promet des consolations et des plaisirs. »

Le *Journal de Paris*, à la date du 3 décembre 1782, rend compte ainsi des débuts de Mlle Buret :

« La demoiselle Buret, qui a débuté hier à la Comédie ita-
» lienne, a eu du succès. Elle a paru bonne musicienne ; sa
» voix a peu d'étendue, mais le son en est agréable et la plu-
» part des airs qu'elle a chantés ont été fort applaudis. Son
» jeu n'est pas aussi formé. On a remarqué qu'elle a l'habi-
» tude de faire des mines dans les endroits où il faut de la
» finesse (?). Elle ne manque cependant pas d'intelligence et
» peut devenir un sujet utile à ce spectacle. »

Nous allons, autant que cela est possible après 90 ans, contrôler l'opinion du critique aussi inconnu que malhabile qui jugeait ainsi Mlle Buret, et nous laisserons désormais à la pauvre comédienne ce nom de Grandmaison sous lequel elle vécut, aima et mourut (1).

---

(1) Mlle Buret avait très certainement une sœur. Cette sœur débuta à l'Opéra, le 25 mai 1772, dans le rôle d'*Armide*, de Renaud, et, le 7 août (*id.*), dans celui de *Sangaride*, d'Atys. Voir le *Journal de Paris* qui appelle cette demoiselle Buret, tantôt l'aînée et tantôt la cadette ; ceci était utile à établir, car cette confusion de personnes est plus tard funeste à la mémoire de Mlle Grandmaison.

Le 2 décembre 1782, il n'était pas question de sombres présages ; on jouait à la Comédie italienne, pour les débuts de notre héroïne, *la Colonie*, opéra en deux actes de Sacchiny (*sic*).

On avait commencé le spectacle par la pièce déjà ancienne de Sedaine et Monsigny, *le Roi et le fermier*, ouvrage comptant déjà vingt années d'existence.

Le foyer des artistes se remplissait peu à peu.

Les auteurs, les vieux habitués de la Comédie italienne, auxquels une familiarité quelconque avec les acteurs donnait ce droit, les comédiens qui ne jouaient pas dans la soirée, les médecins de service, arrivaient un à un, curieux d'entendre et de juger la débutante.

Le Roi et le fermier était une de ces bonnes petites torpilles, que la monarchie laissa avec tant d'insouciance attacher aux flancs de son antique navire.

Dans cet ouvrage, joué en 1762, comme dans tant d'autres opéras de Sedaine, le roi est encore le type de la justice et de la vertu ; mais le courtisan est aussi odieux, comparé au peuple, que le sera, trois révolutions plus tard, le bourgeois de 1847 comparé à l'ouvrier de 1849 dans un drame à succès du boulevard du Temple. Il fallait bien, après avoir réussi à Fontainebleau devant Sa Majesté et la divine marquise, réussir aussi à Paris devant les bourgeois frondeurs de la rue Mauconseil.

Dans *le Roi et le Fermier*, il s'agit toujours de tentatives de séduction faites sur une paysanne innocente. Si nous ne tenions pas compte du goût singulier qu'ont toujours eu pour la sueur du peuple les grands seigneurs du XVIIIe siècle, nous avouerions ne pas comprendre cette préférence exclusive accordée par les familiers des cours, aux maritornes mal soignées, sur les belles aristocrates de Versailles et de Fontainebleau ; mais enfin, et puisque Sedaine, l'affirme, il n'est pas permis de douter, — continuons.

Un monstre en habit brodé a donc fait entrer dans son château une jeune bergère et ses quatre-vingt-dix-neuf moutons ;

il refuse de laisser sortir ses cent victimes, à moins d'une rançon que les femmes disent toujours avoir refusée en jetant les hauts cris.

Heureusement que le roi, égaré à la chasse, est rencontré par l'amant légitime de la jeune fille, Richard, un des gardes de la forêt.

Dans le foyer des artistes on causait presque haut, sans s'inquiéter beaucoup de la pièce arrivée au troisième acte et à ce moment où le prince, inconnu, accepte de venir souper dans la cabane et dans la famille du vertueux Richard.

Mlle Grandmaison, complétement habillée et charmante dans son costume de Marine, mettait, devant la glace du foyer, avec des houppes de cygne et de petits disques en porcelaine, les dernières touches à son joli visage.

Grétry entra et se laissa tomber avec un « ouf! » sur le canapé du foyer ; il paraissait encore un peu endolori de la chûte qu'il venait de faire à l'Opéra, avec l'*Embarras des richesses*, poëme séduisant mais fatal de d'Allainval, auquel nous devons nous-même quelques cicatrices qui nous font encore souffrir parfois.

— Pardieu ! mon cher Anseaume, dit-il à demi-voix au secrétaire de la Comédie italienne, quelle singulière idée avez-vous eue de faire débuter cette petite, qui, dit-on, est gentille, dans la *Colonie* de Sacchini? il y a de si jolis rôles dans le nouveau répertoire ! — Et avec cette naïveté dont ses biographes nous ont conservé la mémoire, il cita tout d'un trait: Lucette dans la *Fausse Magie*, Agathe de l'*Ami de la maison*, Colombine du *Tableau parlant*, Lucile, Zémire, sans jamais se tromper et sans introduire une seule fois, dans cette nomenclature, le nom de la pièce d'un confrère.

Une tempête de bravos éclata tout à coup dans la salle et vint troubler les conversations.

La fameuse scène qui fit le succès de l'opéra de Sedaine était arrivée.

Richard, le garde-chasse, assis à la même table que son souverain, commençait avec lui ce dialogue :

« J'ai vu à la campagne ce que le roi ne voit pas toujours à la cour ! — Quoi donc? demande le roi. — Des hommes! répond Richard !

Bravo! dit d'une voix éclatante un petit jeune homme au teint brun, à la chevelure noire et crépue, au regard soucieux et sombre, qui s'était tenu jusqu'alors sans dire un mot dans un coin du foyer.

Cette exclamation réveilla le père Murgeon, vieux comédien à la retraite, qui venait chaque soir dormir près de la cheminée.

Sur la scène, le roi, toujours inconnu, chantait:

> Le bonheur est de le répandre, (*sic*)
> De le verser sur les humains.

Mais Richard, affirmatif et agaçant comme un professeur, l'interrompait :

> Ce n'est qu'ici, oui, ce n'est qu'au village
> Que le bonheur a fixé son séjour,
>   Loin de la ville, loin de la cour,
>   C'est à l'ombrage,
>   D'un vert feuillage,
>   Qu'on trouve ici et la paix et l'amour.
>   Lorsque le ciel lance ses traits
>   Sur nos têtes profanes,
>   La foudre frappe les palais,
>   Elle respecte les cabanes !

— Bravo! bravo! dit encore le jeune homme; oui, le bonheur n'est pas dans cette ville odieuse, il est loin de cette cour corrompue; ici il n'y a de place que pour les valets et les intrigants. Tenez, Monsieur, dit-il au père Murgeon, qui le regardait avec des gros yeux effarés, j'ai fait *les Parents imprudents*, *Clémence et Monjais*, *le Bon Angevin*, etc. ; j'ai joué avec succès à Bordeaux et à Marseille, et je ne puis obtenir à Paris, ni la représentation d'une de mes pièces, ni un ordre de début de MM. les gentilshommes de la chambre ; ici même...

— Monsieur Collot-d'Herbois ? dit la voix d'un huissier. — C'est moi, dit le jeune homme en se levant tout palpitant. — M. le semainier ne peut vous recevoir, continua l'huissier, ni demain, ni après, il m'a chargé aussi de vous remettre cette lettre et ce rouleau. L'homme aux cheveux crépus devint pâle: Insolents comédiens, dit-il, un jour viendra où l'on me paiera toutes ces injures ! Et, se précipitant hors du foyer, il heurta un homme à la tournure distinguée, à la physionomie sympathique, qui entrait en ce moment, et lui fit faire une pirouette pendant laquelle son chapeau lui échappa.— Hé ! bélître ! faites donc attention, dit l'homme ainsi heurté. — Pardon, Monsieur Clairval, dit l'huissier en ramassant avec respect le tricorne endommagé qu'il caressa plusieurs fois de son avant-bras avant de le rendre au premier ténor de la Comédie italienne — c'est un pauvre auteur éconduit, dont nous n'entendrons plus, je pense, jamais parler. — A moins, reprit Clairval, qu'il ne m'envoie, comme un de ses collègues qui n'a osé signer que de ces mots : « Un auteur refusé », des vers bêtes et injurieux comme ceux que j'ai reçus ce matin. — Injurieux, dit tout bas Anseaume au père Murgeon, oui ; mais bêtes, non ; dans le premier mouvement de sa colère il me les a dits, et les voici. Tu sais qu'il a été barbier avant d'être comédien :

> Cet auteur minaudier et ce chanteur sans voix
> Ecorche les auteurs qu'il rasait autrefois.

—Quelle bonne fortune pour l'*Espion dramatique* ! dit un homme aux yeux fatigués, à la physionomie fine et spirituelle, qui écoutait sans mot dire ; il se hâta de prendre une note.

Le *roi* et le *fermier* venaient de finir. Mlle Grandmaison battait de ses petites mains nerveuses le devant de sa jupe rose que tirait fortement derrière elle une servante à genoux. On parlait tout haut dans le foyer plein à étouffer ; on voyait

passer une à une, par la porte de communication, les actrices
de la Comédie, emmitouflées dans leurs voiles et leurs man-
chons. Elles se hataient d'aller prendre leurs places dans la
salle, le cœur ému d'un double sentiment ; l'espoir d'une chute
et la crainte d'un succès.

On frappa les trois coups, et le cœur de Mlle Grandmaison
subit cette terrible contraction que connaissent seulement
ceux-là qui vont jouer en quelques heures et dans une partie
presque toujours sans revanche, leur honneur artistique, leur
fortune et leur avenir.

De l'examen que nous avons fait de la partition de *la Colonie*, il résulte : que Mlle Grandmaison avait une voix de so-
prano ne dépassant pas le *la* naturel au-dessus des lignes ;
qu'elle vocalisait peu, avait du mordant et excellait à lancer
la gaudriole, car le joli rôle de Marine contient des plaisanteries assez risquées pour ne pas être supportées aujourd'hui sur
le théâtre de l'Opéra-Comique.

Mlle Grandmaison était donc, avec un talent musical très
inférieur, quelque chose comme une Lefèvre ou une Lemercier.

Son succès fut grand dans l'air : « Ah ! ma honte est extrême, mon visage est tout en feu ! » Et lorsque le gouverneur Fontalbe lui adressa ces paroles : « Je ne veux aimer que
toi ! quelles preuves en veux-tu ? » elle répondit d'un air si
chastement coquin : « Mais... les plus fortes ! » que les ado-
lescents qui buvaient ses paroles avec une attention haletante,
les bourgeois égrillards, les vieux pendards élèves et émules
de Richelieu, ainsi que les bourgeoises minaudières à l'esprit
plein de libertines pensées éclatèrent en applaudissements.

Dans ce temps, l'exagération de l'expression, un des symp-
tômes les plus certains des maladies de l'esprit, n'existait
point encore ; on n'avait point encore vu, pour une valeur de
six sous donner un assignat de mille francs ! on n'était pas
obligé de proclamer adorable ! ce qui était bien, et infect ! ce qui
était mauvais. La satisfaction du public, deux lignes bienveillantes dans un journal, un compliment de M. Grétry, un baiser

sur le front, de M. Delahoussaye le chef d'orchestre de la Comédie italienne, c'était ce qu'on appelait alors un succès.

Mlle Grandmaison obtint tout cela, et elle retourna chez elle rue Mêlée, bien heureuse.

Elle ne savait pas que, dans cette foule d'amoureux qu'elle avait vue à ses pieds toute la soirée, se trouvait le beau Sartines. Hélas! ce succès venait de la désigner à l'amour de cet homme qui, par une fatalité étrange, devait voir tomber sur l'échafaud la tête de toutes les femmes dont il fut l'amant ou l'ami.

Malgré ces brillants débuts, la carrière artistique de notre héroïne ne fut pas bien brillante.

Elle joua sur le théâtre de la Comédie italienne tous les rôles désignés par Grétry, le soir de ses premiers débuts; puis, à partir de la fin de ces débuts, on n'en parle plus guère, et enfin, dès l'année 1790, son nom disparaît de l'Almanach des spectacles. Elle fut certainement comprise dans les six sociétaires supprimés en 1790, et quitta dès lors le théâtre, car son nom ne se retrouve plus sur aucun tableau de troupe de Paris ou de la province.

Pour trouver la suite de la biographie de ce pauvre être malheureux et éphémère, il faut lire un récit intitulé historique et écrit, vers 1824, par Mme E. Labaume, d'après les confidences d'une parente des Saint-Amaranthe, échappée par miracle au massacre de sa famille. Ce récit, qui porte en certaines parties un vif caractère de vérité, est plein de notes précieuses dont de plus sérieux auteurs ont profité.

Il jouit d'une réelle autorité, car le consciencieux Lairtullier le cite comme preuve à l'appui, et Lamartine l'a vraisemblablement consulté.

D'après ces pages curieuses, Mlle Grandmaison fut la victime d'une de ces lamentables liaisons, où l'amour, le dévouement, l'abnégation, le sacrifice, toutes ces choses qui auraient porté des fruits magnifiques dans une association légitime et marchant vers un but avoué, à un moment donné et inévitable, se corrompent et se changent en poisons dévorants.

Alors le sort, avec la consciencieuse cruauté d'un juge impitoyable, vous fait payer d'une douleur chaque baiser volé, d'une torture chaque moment heureux dérobé à ces trésors, qu'on ne doit posséder qu'une fois, et que gardent les lois sans appel de la société et de la famille.

Nous ne parlons pas ici, bien entendu, pour ces aimables fils de Voltaire dont l'adolescence a commencé par ce mot maternel et charmant : Mon coq est lâché, prenez garde à vos poules ! et dont la verte jeunesse se passe à se faire suivre à force de caresses par de pauvres êtres abandonnés et confiants, qu'on écarte du pied, et même en levant sa canne, quand l'heure de la promenade est passée et que le moment est venue de rentrer chez soi et de s'établir commodément.

D'ailleurs, nous parlerions inutilement pour ces malins : absolument sans faiblesse et sans remords, ils ne sont dupes ni des poëtes, ni des calotins, ni des femmes, ne donnent pas dans le vieux jeu de la fidélité ou de la pitié, sont sans amour et sans haine, et composent en un mot ce type moderne et aimable si répandu dans ces derniers temps, et dont la multiplicité nous a conduits, grâce au suffrage universel, dans l'oasis où nous sommes.

M. de Sartines ne fut pas de ceux-là ; ce ne fut pas un cruel, ce fut un imprudent.

Comme ces gens qui empruntent sans compter, il eut le tort d'accepter de sa maîtresse un sentiment sérieux et durable ; et, ne pouvant payer ce sentiment d'un prix que la raison et un juste orgueil lui défendaient d'accorder, et auquel d'ailleurs sa maîtresse n'osait prétendre, il se lança, pour fuir les élancements de sa douleur, dans les folles entreprises du baron de Batz, fut proscrit, vit Mme de Saint-Amaranthe, l'aima, puis, un soir d'été, en jouant au volant avec Emilie de Saint-Amaranthe, à Cerny, dans un jardin dessiné par Hubert Robert et peint par Fragonard, il préféra Hébé à Junon, en fit l'aveu, fut pardonné, non sans larmes, et se lia avec Emilie de liens éternels, bénis par un vénérable solitaire qui trouvait dans les bois de Cerny un asile contre la méchanceté des humains. Au comble du bonheur, il rentra pour quelques instants dans la ferme où il se dérobait à la haine des tyrans.

Il y trouva Grandmaison.

Après avoir bravé mille morts et traversé ce cercle infernal que formaient autour de Paris les monstres de la Convention et les assassins de la Commune, elle venait, accompagnée du seul Biret, donner à son amant le conseil et les moyens de fuir loin de ce pays, où sa tête venait d'être désignée et mise à prix. Le faible Sartines ne put supporter un pareil choc ; il essaya de la froideur, fut vaincu, avoua tout, et Grandmaison, après de nobles et dignes paroles, reprit seule avec son frère de lait, dont le secret ne fut peut-être jamais connu d'elle ni de personne, la route de ce Paris, où elle rentra comme ces mères qui n'ont pu sauver leur enfant, et se rejettent dans l'incendie.

Après le départ de Grandmaison, Sartines ne pouvait plus faire qu'une seule chose, la suivre ! Mais les Saint-Amaranthe à leur tour ne voulurent pas le quitter, et cet homme brave, beau, loyal, sensible et fatal, précédé et suivi de victimes pour chacune desquelles il eut vingt fois donné sa vie, rentra à son tour dans cet enfer, où s'agitaient en liberté des démons plus hideux et plus méchants que tous ceux de Michel-Ange et de Milton.

On préparait la fête de l'Etre suprême ! de vains bruits de clémence couraient par la ville maudite. Gossec composait la musique de l'hymne de Th. Desorgues :

Père de l'univers, suprême intelligence,
Bienfaiteur ignoré des aveugles mortels,
Tu révélas ton être à la reconnaissance
    Qui seule éleva tes autels.

Ton temple est sur les monts, dans les airs, sur les ondes,
Tu n'as point de passé, tu n'as point d'avenir.

> Et sans les occuper tu remplis tous les mondes,
>   Qui ne peuvent te contenir.
>
> .   .   .   .
>
> Dissipe nos erreurs, rends-nous bons, rends-nous justes ;
> Règne, règne au delà du tout illimité ;
> Enchaîne la nature à tes décrets augustes,
>   Laisse à l'homme la liberté !

Mme de Saint-Amaranthe crut qu'en caressant les tigres on pouvait les adoucir ; aussi, un soir, Trial amena-t-il chez elle un homme de trente-cinq ans, d'une taille moyenne, droite. d'une allure franche et vive ; il remuait fréquemment les épaules et tournait la tête à droite et à gauche par l'effet d'une affection nerveuse ; sa figure était pâle et déjà ridée ; ses yeux, tristes et sans vivacité, aux paupières agitées d'un mouvement convulsif, se cachaient derrière des lunettes hermétiques, dites lunettes à tempes. (1)

Cet homme était Robespierre !

Ce qui se passa ensuite est demeuré un mystère.

L'histoire du souper pendant lequel Robespierre, comme un conspirateur de tragédie, aurait laissé échapper son secret, est admise par les uns et rejetée par les autres. Trial voulut-il, comme l'insinue Labaume, se venger sur Sartines d'une préférence accordée par Grandmaison ; cela est bien romanesque !

Pour expliquer cet horrible massacre, il n'est besoin que de songer à la folie terrible de cette affreuse époque, aux imprudences de Sartines, et aux parties insensées que jouait chaque jour, contre la démagogie aux abois, son ami le baron de Batz.

Quoi qu'il en soit, condamnées par le tribunal révolutionnaire, la mère, la femme et la maîtresse de Sartines se trouvèrent réunies pour la première fois, deux heures avant le trépas, sous la voûte sombre de ce Palais-de-Justice qui avait vu tant d'agonies !

(1) Portrait du temps.

Sartines, suivant l'habitude théâtrale de ce temps, voulut adresser un discours d'adieu (Socrate expirant ne l'avait-il pas fait?) à sa famille, à ses serviteurs, à ses amis, formés en cercle autour de lui.

Mlle Grandmaison attendait un peu en dehors de ce cercle, ne sachant pas s'il lui était permis de prendre sa part de ces consolations suprêmes. « Venez, dit Mme de Saint-Amaranthe en s'éloignant un peu de sa fille, venez Madame ; nous mourrons toutes ensemble. » Et, relevée par cette parole, acceptée dans cette communion de la mort, la Madeleine qui avait versé tous ses parfums et allait répandre sa vie aux pieds de cet homme qu'elle avait tant aimé, vint prendre place entre la mère et l'épouse de Sartines.

La lourde porte s'ouvrit, les tombereaux roulèrent ; les femmes partirent les premières, et Sartines monta dans la charrette destinée aux hommes, avec le fidèle Biret... qui, par un mouvement instinctif, s'éloigna de lui pour mourir.

A PROPOS

DE LA

COLLECTION PHILIDOR

———

Ntre autres raretés, la bibliothèque du Conservatoire psosède une collection aussi précieuse que peu connue. Cette collection, primitivement composée de nombreux volumes in-folio, dont quelques uns malheureusement n'existent plus, a été rassemblée par André Philidor, noteur et garde de la musique du roi. Dans une dédicace adressée à Louis XIV vers 1703, André Philidor, qui était le fils de Michel Philidor, le fameux hautboïste de Louis XIII, et qui fut le père de l'auteur d'*Ernelinde*, s'exprime ainsi :

« Sire, j'ai cru servir encore Votre Majesté en rassemblant, à force de peines et de dépenses, tous les airs qui ont servi aux divertissements de vos glorieux ancêtres, aussi bien que ceux auxquels Votre Majesté a daigné quelquefois prendre plaisir. »

Cette tâche que Philidor s'était imposée, il l'a consciencieusement remplie.

Depuis *la Bataille* composée par Jannequin dans l'ivresse du triomphe de Marignan, en passant par le branle de Pologne dansé par Henri III, sans oublier les tambourins et les musettes de Gascogne, chers à Henri IV, ni les symphonies de violons d'amour qui plaisaient tant à Marie de Médicis, tous les airs exécutés à la cour des Valois et des Bourbons, ont été scrupuleusement recueillis par le fidèle gardien de la musique du roi.

Toutes ces musiques, sur lesquelles les enchanteresses de l'escadron des filles d'honneur déployaient leurs grâces juvéniles, pendant que sous le velours et le drap d'or palpitaient les cœurs vaillants et fidèles des jeunes gentilshommes qui devaient un jour faire de ces belles fées des dames honnêtes et respectées, sont là, écrites sur un grand papier solide comme du parchemin, et notées avec des notes grosses comme celles du plain-chant.

Vous dormez là, vieux airs que n'ont point oubliés les échos de Chambord et de Fontainebleau, et qui passez encore la nuit, avec la brise, sur les vases de marbre blanc et les parterres encadrés de buis des jardins de Versailles! C'est avec une émotion triste et délicieuse que nous venons vous réveiller sous la basane tigrée de ces majestueux volumes timbrés d'or, car nous comprenons, nous, cet art mystérieux des sons que beaucoup prennent pour un art frivole, et nous savons que vos rhythmes naïfs, vos enfantines mélodies, et vos harmonies souvent maladroites ont été, pour beaucoup de cœurs en poussière et d'âmes exhalées, cette divine chanson de l'amour, qu'épelle l'enfance, que chante la jeunesse, et dont la vieillesse fredonne encore le vieux refrain presque oublié!

Oui, de la vierge vêtue de satin, au sein palpitant, à l'œil brillant et humide, se balançant gracieusement sur l'air voluptueux de la *pavane* ou de la *romanesca*, lorsque le temps aura fait la veuve vêtue de noir qui, pendant que les fils sont à la guerre, regarde, le front appuyé sur sa main, par-dessus l'eau verte des fossés les lointains bleuâtres de la campagne, autour de ce spectre aride, au milieu de ce triste silence un chant murmuré tout bas se fera encore entendre parfois; le rhythme en sera lent et les sons voilés, comme ceux des instruments de fête employés dans une cérémonie funèbre, mais ce sera encore toi, ô vieille mélodie! qui montera de ce cœur triste à ces lèvres pâles, comme un écho lointain de triomphe, de jeunesse et d'amour.

Le VIe volume de la collection Philidor contient ce qui nous reste de la musique et de la mise en scène, toujours fort curieuse et parfois absolument indispensable à l'action, des comédies-ballets de Molière. Ce volume se compose : du ballet de *Flore*, de l'*Amour médecin*, du *Pourceaugnac*, du *Bourgeois gentilhomme*, et finit par les *Jeux Pythiens*, premier titre des *Amants magnifiques*.

Louis XIV avait trente deux ans, quand les *Amants magnifiques* furent représentés; il venait d'ajouter à la France la Flandre toute entière conquise en une seule campagne, et les Hollandais, abandonnés par l'Angleterre, pouvaient déjà entendre les premiers grondements des foudres de 1672.

Nous avons envie à ce propos de nous singulariser en avançant ici une opinion qui va paraître d'une originalité bien audacieuse, après tant d'appréciations et d'écrits modernes.

Nous trouvons, nous, que Louis XIV était un grand roi !

Sans doute, il a commis quelques crimes contre cette liberté dont les fruits sont si magnifiques et si doux; sans doute, il tenait de Catherine de Médicis certains procédés un peu trop expéditifs à l'endroit des oppositions; sans doute les doux idéologues de 1793 et les inoffensifs discoureurs de 1871, ne peuvent approuver ses idées sur la conservation des objets d'art et la construction des bâtiments; certes, il n'aurait jamais songé à demander sur les affaires de l'État l'avis de gens auxquels on ne pourrait sans danger laisser le soin de leurs propres affaires. Mais il avait du bon; d'abord, il ajoutait à la

France l'Alsace, l'Artois, la Flandre, la Franche-Comté, la Cerdagne, le Roussillon, etc.; il prenait la liberté de prier les souverains étrangers, y compris même Sa Sainteté Innocent XI, de ne pas trop se mêler de nos affaires; il pratiquait l'égalité en faisant asseoir à sa table un excommunié de génie; quant à la fraternité, il croyait la servir utilement en tenant d'une main ferme le fer rougi du dompteur, dont la crainte seule, empêche les animaux bêtes et féroces de se jeter les uns sur les autres et de s'entredéchirer.

Et puis, et afin de revenir vite aux sujets qu'il nous est permis de traiter, le siècle de Louis XIV est, pour les artistes, ce moment splendide que trouveront sous l'Empire, les soldats, et sous les gouvernements parlementaires, les avocats. Dans ce siècle où brillent d'un éclat jusqu'alors inconnu deux auteurs dont un comédien, Molière et Racine, les romans comiques, commencés dans la charrette couverte d'une toile tendue sur des cerceaux, (modeste char plus souvent remisé dans les clairières de la forêt que sous les chaudes solives de l'auberge), se continuent et s'installent sous les plafonds dorés, remplis, comme des Olympes, de dieux et de déesses.

Les marmitons italiens, grandis par le génie, reçoivent des blasons et viennent s'asseoir au milieu des secrétaires d'État. durement morigénés par le maître : M. de Louvois appelle M. de Lully « mon confrère. »

C'est l'instant presque fabuleux, où Molière riche, glorieux. caressé des princes, mais portant dans le sein cette douleur mortelle qui le rendit toujours pitoyable aux misères, répond à Baron, lui annonçant la présence dans son antichambre d'un homme fatigué, aux chaussures écrasées par la marche, aux habits en lambeaux : « Fais-le entrer, c'est mon ancien camarade Mondorge avec lequel j'ai joué en Languedoc »; et, dit son biographe, il l'embrassa, le consola et rétablit ses affaires. Quel spectacle ! le vainqueur ne méconnaissant pas le vaincu ! Ragotin consolé par Roscius ! Limoges embrassé par Versailles !

Molière et Lully ! pour nous tous qui vivons et mourons du théâtre, ces deux noms et ces deux existences étroitement liées par le succès et la gloire, réalisent le rêve le plus éblouissant ! Aussi, parmi les jouissances que nous devons à nos études, à nos travaux et à l'amour du passé, dernier amour qui a bientôt, pour nous, remplacé tous les autres, nous mettons en première ligne un voyage bien court, mais tout rempli de souvenirs et d'impressions, que nous aimons à faire par un beau soleil d'été, à cette heure où le jour est comme notre vie, plus d'aux deux tiers écoulé, à cet instant où l'astre qui servit d'emblème à Louis XIV étend ses nappes lumineuses et tranquilles sur le pavé presque solitaire des rues de la butte des Moulins.

Nous partons du jardin du Palais-Royal, sur lequel se fixa le regard mourant de Molière ; car c'est au deuxième, sur le jardin, qu'était situé le riche appartement tout rempli de tableaux de prix, de glaces, de lustres,, de cabinets incrustés d'or et d'écaille, que l'auteur des *Médecins vengés* reproche si durement à Molière. Nous cheminons à travers les rues étroites, nous descendons la rue Sainte-Anne, et nous arrivons devant une grande maison d'aspect monumental qui fait le coin de la rue Neuve-des-Petits-Champs. L'ordonnance du bâtiment est majestueuse ; des pilastres engagés dans la muraille s'élèvent jusqu'au toit mansardé et couvert en ardoises ; la porte cochère, qui s'ouvrait sur la rue Sainte-Anne et dans l'encadrement de laquelle une boutique s'est logée, est surmontée d'un bas-relief représentant des timbales, des trompettes, des violons et des violoncelles ; une suite de fausses arcades règne sur toute l'étendue du superbe bâtiment.

Au sommet de chaque arcade, on voit sculpté en haut relief un mascaron ; par une allusion délicate aux œuvres du maître de la maison, un de ces mascarons représente Persée, un autre, Méduse coiffée de serpents. Les autres masques, Satyres cornus, Faunes à l'expression effrontée, ont sur les lèvres

ce sourire hardi dont riaient, sous leurs pampres de papier
peint et derrière leurs barbes de laine blanche ou noire, tout
ce peuple de choristes, de danseurs et de musiciens, dont l'ivresse était l'état presque habituel. A preuve, ce Dumesnil qui
jouait Renaud dans *Armide*, et qu'un amateur du temps se félicite d'avoir entendu un soir où, par hasard, dit-il, « il n'était pas saoul (*sic*). »

Population vile et facile, heureuse après tout, couchant dans
les bouges qui entouraient l'Opéra, ou sous les combles du
château de Versailles ; toujours sur les routes des résidences
royales, compagnons de travail et de débauche sur la tête desquels l'auteur d'*Armide* cassait volontiers son violon, et dont
les derniers descendants, devenus philosophes et tyrannicides,
insultèrent le roi Louis XVI, en lui appliquant grossièrement
les paroles menaçantes des psaumes, qu'habillés en gardes nationaux, ils chantaient dans la chapelle de Versailles.

Cette maison, que nous venons de désigner et d'essayer de
décrire, c'est la maison de Lully ! C'est là que le sous-marmiton de Mademoiselle, l'ancien garçon commissionnaire des
violons du roi, devenu gentilhomme et surintendant de la musique, attendit et reçut plus d'une fois son camarade Molière, alors qu'ils travaillaient tous deux à quelqu'un de ces
splendides ballets où Apollon, Neptune, les naïades, les nymphes, les mortels et les immortels se réunissaient pour célébrer la gloire du grand roi !

Souvent, sans doute, aux heures matinales, on voyait sortir
de la maison de la rue de Richelieu, se dirigeant vers l'hôtel
Lully, un homme, grand, ordinairement vêtu de noir, la taille
belle, la jambe bien prise, le teint brun, le nez gros, les lèvres
épaisses et bienveillantes, la physionomie mobile, les yeux
vifs sous d'épais sourcils noirs. Il montait le grand escalier de
pierre, que devait bientôt décorer le blason accordé à Lully
par Louis XIV (1), et entrait dans un cabinet plus que simple-

---

(1) D'azur à une épée d'argent, la garde et la poignée en or, posée en pal.

ment meublé, car le propriétaire de ce bel hôtel était avare, sa table était décriée et sa ladrerie, proverbiale à la cour. Lully était gros, petit, noir et de manières communes, mais plein de vivacité et d'esprit. Molière dut souffrir plus d'une fois du sans façon de ses manières ; il était même négligé de sa personne, et c'est avec quelque répugnance que l'ancien camarade de collége du prince de Conti, approchait ses manuscrits du clavecin empâté de tabac, sur le clavier duquel errait sans cesse une tabatière entr'ouverte.

Le travail commençait ; quelquefois la verve de l'ancien paysan florentin chassé de chez Mademoiselle pour un si comique délit, parvenait à dérider le front de Molière , car il était, dit son biographe, doux , mais très sérieux. Aujourd'hui nous dirions : très triste !

En retrouvant dans la collection Philidor ces admirables opéras : l'*Amour médecin, Sganarelle,* le *Bourgeois gentilhomme,* les *Jeux Pythiens,* dont il ne nous reste plus, pour ainsi dire, que les squelettes, et que nous ne voyons aujourd'hui que mutilés, dépouillés de leur musique, de leurs décors de féerie, de leurs danses ; en écoutant cette musique de Lully, applaudie par Molière ; en lisant ce songe du *Mariage forcé,* par exemple, qui n'est pas dans la comédie, auquel personne ne pense aujourd'hui, et dans lequel Molière, suivant son habitude à propos d'infortunes conjugales et de maris trompés, frappe sur sa douleur pour l'engourdir, l'idée nous est venue de rechercher toutes les causes de cette incurable tristesse dans laquelle a vécu et dont est mort ce maître du rire, qui riait si peu à la ville, et que Racine appelait « le contemplateur. »

Sans doute les peines que causa à l'auteur du *Cocu imaginaire* « la petite Béjart » sont déjà bien suffisantes pour expliquer et justifier sa tristesse. Mais si, malgré les compensations de

---

la pointe en bas; autour de la lame un serpent de sinople angué de gueules, et une bande d'or chargée à ses extrémités de deux roses de gueules brochant sur le tout.

la renommée et les consolations d'amis tels que Racine, Boileau, Sébastien Bourdon, et d'autres encore, Molière, comme un cheval trop chargé, s'abattit et mourut sous le poids de ses peines, c'est que la grande douleur que lui causa la cruelle enfant de dix-sept ans, qu'il eut l'imprudence d'associer à sa vie, ne fut que le complément de bien d'autres douleurs, et qu'avant ce funeste mariage contracté à l'âge de quarante ans, il était déjà touché par la mort.

Il faut bien le reconnaître et l'avouer ici, pour les cœurs aimants, — Molière était de ceux-là, — la haine est mortelle, et Molière fut haï de ses contemporains.

Sans doute il agaça courageusement et imprudemment cette haine, au milieu de laquelle il marcha comme dans une atmosphère empoisonnée ; mais ses adversaires lui répondirent avec des violences inouïes, et ne laissèrent pas, sans y enfoncer un aiguillon mortel, un seul endroit de son cœur vulnérable, fait aussi pour d'autres émotions que celles de la bataille furieuse et de la lutte sans pitié.

Nous avons voulu relire les écrits, aujourd'hui oubliés des insulteurs de Molière ; nous avons voulu, pour un instant rendre la voix à ces grenouilles crevées de leur fiel, qui coassaient jadis dans des marais aujourd'hui desséchés par les rayons du soleil ! Certes, ce n'est pas sans dégoût que nous avons remué cette haine figée et ces poissons éventés, mais il faut redire aujourd'hui de quoi est mort Molière, il faut que l'ombre insignifiante d'Armande Béjart, cette jeune pécore qui ne sut seulement pas rester veuve et mourut en s'appelant Mme Guérin, ne porte pas seule la responsabilité d'un forfait vraiment trop lourd pour elle, et que l'on sache aussi, avec quelle délicatesse Molière était attaqué et comment il était défendu par ses contemporains.

La guerre une fois déclarée, les attaques contre Molière commencent avec la vie du poète, et ne le quittent plus qu'au monument, ainsi que disait Corneille. On essaie d'abord d'établir qu'il pourrait bien être juif ! « Il est né dans la friperie, » dit un personnage des *Médecins vengés*. « Et qui dit friperie dit juiverie, » ajoute obligeamment l'autre interlocuteur. Ensuite l'auteur de la pièce fait avouer à *Elomire* (anagramme de Molière) qu'il a servi de garçon à l'opérateur Barry, et a commencé sa carrière de comédien sur les tréteaux.

Puis, dans une scène des plus curieuse où Molière est représenté sur son théâtre le rideau tiré, et au milieu de sa troupe révoltée contre lui, on lui fait encore avouer qu'il a couru dix ans la province, ayant bien de la peine à vivre, et ne prenant à la porte de ses tréteaux délaissés que cinq sous par personne !

Ces méchancetés, relativement encore assez innocentes, devaient à cette époque, fort contrister Molière, et le pouvaient desservir auprès de ses nobles patrons, qui se trouvaient ainsi indirectement accusés d'admettre dans leur intimité et de faire asseoir à leur table, un ancien pitre soupçonné de juiverie.

Mais continuons.

Voici que l'on attaque le mérite de Molière comme écrivain, et, ce qui lui fut peut-être plus sensible, que l'on déverse le mépris sur son talent de comédien. Il attachait à ce talent une grande importance, puisqu'il se donna un hoquet terrible et qui devint continuel, en voulant se corriger d'un défaut de prononciation, et, que, malgré les conseils de ses amis, il ne voulut jamais abandonner une profession, dans laquelle il ne recueillit pas toujours tous les suffrages.

Voici, dans *la mort de Pompée*, une imitation de Molière, faite, sous le nom d'Alcidon, par un *Brasseur* du XVIIᵉ siècle :

Il s'avance, dit Alcidon, la perruque :

> Plus pleine de lauriers qu'un jambon de Mayence,
> Les mains sur les côtés d'un air peu négligé,
> La tête sur le dos comme un mulet chargé,
> Les yeux fort égarés ; puis débitant ses rôles,
> D'un hoquet éternel sépare ses paroles.
> Et lorsque l'on lui dit : « Et commandez ici. »

Il répond (imitant Molière) :

Connaissez-vous César, de lui parler ainsi?

         (Un hoquet.)

Que m'offrirait de pis la fortune ennemie,

         (*Id.*)

A moi, qui tiens le trône égal à l'infamie?

         (*Id.*) (2)

Ensuite le même Alcidon, qui n'est ici, bien entendu, que l'interprète des collègues de Molière, et surtout de ce Montfleury raillé dans l'*Impromptu de Versailles*, reproche à celui qui avait osé toucher à l'orgueil des comédiens, diverses fautes contre la vérité et le bon sens :

D'abord, dans le rôle d'Arnolphe de l'*Ecole des Femmes*, quand la scène se passe dans la rue : de laisser en arrivant tomber son manteau de ses épaules, ce qui fait, dit le critique, que ce manteau peut tomber dans la boue. Ensuite : de se faire apporter, dans la scène avec Agnès, un fauteuil au milieu de la même rue, etc. Critiques, comme on le voit, fort importantes et auxquelles un certain vieux marquis qui joue, dans l'*Impromptu de l'hôtel de Condé*, le rôle du défenseur de Molière, répond avec une douce bonhomie :

Oui, pour le sérieux, c'est un méchant acteur.
J'en demeure d'accord; mais il est bon farceur.

Alcidon constate encore que l'*Impromptu de Versailles* n'est pas un impromptu.

Il a joué cela vingt fois au bout des tables.
Et l'on sçait dans Paris que faute de bons mots,
De cela, chez les grands, il payait son écot.

Alcidon se délecte aussi en pensant que la pièce ennemie a fait peu d'effet, et que le comédien fait *fiasco*.

Mais, dans cet impromptu, que tu fais si plaisant.
S'il est, comme tu dis si fort divertissant,
Pourquoi rit-on si peu?

---

(2) Ce hoquet n'était autre chose qu'une respiration rapide et bruyante, nécessitée par l'effort que faisait Molière, reprenant vivement sa respiration contenue pour ralentir un débit naturellement trop précipité.

LE MARQUIS.

Pourquoi? c'est qu'on admire !

Enfin, Montfleury a encore cette satisfaction de mettre en scène, sous le nom d'Alis, un libraire femelle qui refuse d'imprimer les pièces de Molière.

Vous en vendrez beaucoup et par toutes les places,

ALIS.

Il faudrait pour cela vendre aussi ses grimaces.

Elle ajoute enfin ces deux vers, contre lesquels ne daignent plus protester les mille éditions de Molière :

Si quand il fait des vers il les dit plaisamment,
Ses vers sur le papier perdent leur agrément.

De cette pièce de l'*Impromptu de l'hôtel de Condé* qui n'attaque encore que le talent et le physique de Molière, il ressort : qu'il faisait trop de grimaces,

Imitant en cela son maître Scaramouche,

qu'il faisait aussi trop de gestes et de contorsions, et que le jeu perpétuel de ses épais sourcils noirs le rendait plus laid qu'il n'était nécessaire, même dans le rôle d'Arnolphe.

Nous trouvons un charme douloureux à rappeler ces critiques en présence de l'œuvre immortelle de Molière, et c'est avec un intérêt plein de pitié que nous nous représentons, défiguré par la grimace de l'histrion, le noble et triste visage d'Alceste, que l'admiration du monde et la reconnaissance de la postérité ont coulé en bronze, sur le monument élevé à son génie.

Avant l'*Impromptu de l'hôtel de Condé*, Molière avait eu, à propos des *Précieuses Ridicules*, un gros ennui. Profitant de l'usage qu'avaient alors les auteurs de lire leurs pièces longtemps avant la représentation chez les grands seigneurs, un auteur médiocre nommé Somaize, vola hardiment les caractères et le sujet des *Précieuses* à Molière, et malgré ses réclamations, fit paraître sous son nom, les *Véritables Précieuses*, pièce qui n'est qu'un plagiat, à peine déguisé, de l'ouvrage de Molière.

Ce fut à l'occasion de ce vol que Somaize, dans la préface qui accompagne les *Véritables Précieuses*, mit en circulation cette histoire des papiers et des mémoires de Guillot Gorgu, achetés à sa veuve, et dans lesquels Molière aurait trouvé ses premières comédies.

Comme on n'osa pas attribuer plus tard, au successeur de Garguille, les *Femmes Savantes* et le *Misanthrope*, cette calomnie s'éteignit; mais on avait fait sortir une goutte de sang du cœur de Molière, le but était atteint.

Dans la pièce des *Véritables Précieuses*, avec la lourdeur de main et le mauvais goût de la médiocrité, au lieu des violons « qui donnent les âmes des pieds » et des « commodités de la conversation », Somaize a cité quelques autres phrases du répertoire des Précieuses. Ces phrases, au lieu de faire sourire, font lever les épaules. Dans cette langue étonnante qui, à force de se maniérer, finit par ressembler à de l'argot, la main s'appelle *la mouvante;* l'amour, *le frétillant nabot*; heurter avec le marteau de la porte se dit : *faire parler le muet?*

On n'envoie pas chercher une dame dans son carrosse traîné par deux chevaux, mais on donne l'ordre *de l'amener entre quatre corniches, tirées par deux pluches.* Enfin, pour dire qu'une belle, mariée depuis un an, est dans une position intéressante, on annonce, derrière l'éventail, *qu'elle ressent les contre-coups de la volupté permise !*

Tout cela n'est encore que bête, malveillant et de mauvais goût ; mais, la réputation et la gloire de Molière grandissant, la haine s'extravase et le fiel s'aigrit. Voici venir les odieuses pièces qui vont attaquer Molière dans son honneur, dans ses sentiments paternels, dans sa conscience : horribles ouvrages, dont il voudra un jour, ainsi qu'il le fit pour la *Vengeance des marquis*, braver la représentation ; alors il sera insulté sur la scène par les lazzis des comédiens ; on chantera devant lui l'infâme chanson de la *Coquille* :

Coquille si belle et si grande

. . . .

Nous n'osons citer le reste.

Il aura l'affreux courage de demeurer jusqu'à la fin, la poitrine ouverte et le cœur saignant, sur ce tréteau d'infamie, sans que, paraît-il, personne ait pris son parti et ait imposé silence aux histrions ivres de jalousie et de colère.

C'est alors que va se creuser sur son front cette ride qui deviendra chaque jour plus profonde, jusqu'au moment où, contrefaisant sa pâleur, sa toux, son amaigrissement, sa démarche chancelante, un comédien fera passer cette silhouette pitoyable, au milieu des plaisanteries et des rires d'un public raillant sa débilité et sa fin prochaine. Pendant ce temps, aux places modestes de l'hôtel de Bourgogne, se cacheront peut-être quelques-uns de ces gagistes et de ces valets de théâtre, toujours ennemis de leur directeur, pour lesquels, et afin de ne pas les laisser manquer de pain un seul jour, il expirera presque sur la scène.

Un monument de haine vraiment inoui, c'est la pièce intitulée : *Elomire hypocondre, ou les médecins vengés*. Cette pièce est la dernière que nous citerons, car nous sommes las vraiment de remuer ces infamies.

Pour qu'un public ait supporté, en présence d'un vivant, d'un concitoyen si lâchement attaqué, la représentation d'une telle pièce, il faut admettre que Molière, malgré la protection de la cour, ou peut-être même à cause de cette protection, était devenu un ennemi public.

Cette pièce fut jouée en 1670 ; à peine trois ans après, Molière se coucha dans le tombeau !

Il est des immortalités qui sont des châtiments. Disons ici que l'auteur s'appelait Boulanger de Chalussay, et que son nom lui survive ! il l'a voulu, car il a signé en toutes lettres *Elomire ou les médecins vengés*.

L'auteur d'*Elomire* commence à constater avec la joie de la

hyène et le flair du corbeau que Molière maigrit depuis quel-
temps. Voyez, dit-il :

> Et ces yeux enfoncés, et ce visage blême,
> Et ce corps qui n'a plus presque rien de vivant,
> Et qui n'est presque plus qu'un squelette vivant.

Puis il reprend une à une toutes les accusations portéescon-
tre Molière, depuis son compérage avec Baty, jusqu'aux im-
piétés (ò Tartuffe ?) qui avaient motivé, dit-il, la révolte de sa
troupe contre lui ?

Afin, aussi, de bien crever le cœur de l'amant jaloux, du rival du beau Lauzun, dans un autre endroit de la pièce, on
adresse ces vers à *Elomire* :

> Mais si tu te voyais, quand tu veux contrefaire
> Un amant dédaigné qui s'efforce de plaire :
> Si tu voyais tes yeux hagards et de travers,
> Ta grande bouche ouverte en prononçant un vers,
> Et ton col renversé sur tes larges épaules,
> Qui devraient à bon droit être l'appui des gaules,
> Car enfin, il est temps de te désabuser,
> Tu ne fus jamais bon que pour faquiniser !

Après ces injures et avec un *crescendo* de calomnies dont
Rossini seul a trouvé la musique cent cinquante ans plus tard,
Chalussay met dans la bouche d'Elomire ces indignes vers que
nous hésitons à reproduire, et que le public du temps suppor-
tait sans sifflets et sans cris.

On parle, bien entendu, d'époux trahis : *Elomire* dit que
quand il s'agit de ne pas être dupé, celui-là seul :

> Qui forge une femme pour soi,
> Comme j'ai fait la mienne, en peut jurer sa foi.

L'interlocuteur d'*Elomire* lui répond qu'après son mariage,
Arnolphe lui-même a dû être trompé par Agnès.

ELOMIRE

> Arnolphe commença trop tard à la forger.
> *C'est avant le berceau* qu'il y devait songer,
> Comme quelqu'un l'a fait !
>   — On le dit.
>   — Et le dire
> Est plus vrai qu'il n'est jour !

Louis XIV avait vainement vengé son poëte de cette calomnie, en tenant sur les fonts baptismaux le premier enfant, issu du mariage de Molière et d'Armande Béjart !

La pièce continue, et après de nombreux voyages faits par *Elomire*, cherchant vainement un médecin qui veuille traiter la maladie mortelle de l'ennemi de la Faculté, sans que cela soit nécessaire à l'action de la pièce, *Elomire* est traîné sur la scène par un exempt, aux pieds duquel il se jette, on ne comprend pas bien pourquoi, si ce n'est pour donner à l'auteur et à ceux qui jouaient dans les *Médecins vengés* cette suprême satisfaction de fouler aux pieds et d'écraser ce quasi-cadavre, qu'ils venaient de s'efforcer de déshonorer.

Nous avons fermé cette comédie avec un sentiment de tristesse plus encore que de dégoût. Ainsi donc, lorsque le mineur à la recherche de l'or pur est venu, au bout de la galerie inexplorée apporter des flambeaux dans la nuit, rien ne le défend contre la piqûre et les attouchements empoisonnés des êtres malsains qui vivent dans les ténèbres.

Ainsi donc, il faut toujours que le géant soit mordu par la vipère et se couche sur sa blessure mortelle, aux regards indifférents, et souvent hostiles, de ceux pour lesquels il a combattu !

Nous avons détourné les yeux d'*Elomire ou les Médecins vengés*. Même à la bibliothèque de la rue Richelieu, ce paradis du bouquin, nul n'a voulu faire à ce vieux petit cahier de papier pustuleux, l'aumône d'une reliure.

Nous avons songé alors au grand et majestueux volume de Philidor ! C'est là que, conservées dans la musique de Lully, sommeillent, entourées de leurs magnificences, et de cette cour que leur formaient tous les beaux-arts réunis, ces belles endormies, les comédies-ballets de Molière.

Un jour, l'artiste remarquable, l'élégant écrivain qui dirige aujourd'hui la Comédie française, et qui, pour la conduite et l'intelligence des grands spectacles, est de la famille de Lully et de Molière, viendra à quelque anniversaire chercher dans les volumes de Philidor cette musique où sont notées les intentions et parfois même les intonations de l'auteur du *Bourgeois Gentilhomme* ; il nous rendra, par exemple, dans son entier cette charmante comédie, *les Amants magnifiques*. Peut-être alors quelque chose du malheureux Poquelin palpitera-t-il encore au fond de cette tombe modeste, tant de fois déplacée, que lui accorda la pitié du grand roi, et dont sa veuve fut obligée de lui faciliter l'accès en jetant de l'argent à la foule, qui sans cela eût peut-être insulté sa cendre.

Dernière rançon payée par le génie à l'imbécillité et à l'ingratitude populaire !

FIN

329. — Boulogne (Seine). — Imp. JULES BOYER et Cie.

TABLE DES MATIÈRES.